Das imaginäre Ich

Subjekt und Identität in Ingeborg Bachmanns Roman "Malina" und Jacques Lacans Sprachtheorie

AF888556

Europäische Hochschulschriften
Publications Universitaires Européennes
European University Studies

Reihe I
Deutsche Sprache und Literatur

Série I Series I
Langue et littérature allemandes
German Language and Literature

Bd./Vol. 1184

PETER LANG
Frankfurt am Main · Bern · New York · Paris

Saskia Schottelius

Das imaginäre Ich

Subjekt und Identität in Ingeborg Bachmanns Roman "Malina" und Jacques Lacans Sprachtheorie

PETER LANG
Frankfurt am Main · Bern · New York · Paris

CIP-Titelaufnahme der Deutschen Bibliothek

Schottelius, Saskia:

Das imaginäre Ich : Subjekt und Identität in Ingeborg Bachmanns Roman "Malina" und Jacques Lacans Sprachtheorie / Saskia Schottelius. - Frankfurt am Main ; Bern ; New York ; Paris : Lang, 1990
(Europäische Hochschulschriften : Reihe 1, Deutsche Sprache und Literatur ; Bd. 1184)
ISBN 3-631-42095-1

NE: Europäische Hochschulschriften / 01

ISSN 0721-3301
ISBN 3-631-42095-1

©Verlag Peter Lang GmbH, Frankfurt am Main 1990
Alle Rechte vorbehalten.

Das Werk einschließlich aller seiner Teile ist urheberrechtlich geschützt. Jede Verwertung außerhalb der engen Grenzen des Urheberrechtsgesetzes ist ohne Zustimmung des Verlages unzulässig und strafbar. Das gilt insbesondere für Vervielfältigungen, Übersetzungen, Mikroverfilmungen und die Einspeicherung und Verarbeitung in elektronischen Systemen.

Es könnte viel bedeuten: wir vergehen,
wir kommen ungefragt und müssen weichen.
Doch daß wir sprechen und uns nicht verstehen
und keinen Augenblick des andern Hand erreichen,

zerschlägt so viel: wir werden nicht bestehen.
Schon den Versuch bedrohen fremde Zeichen,
und das Verlangen, tief uns anzusehen,
durchtrennt ein Kreuz, uns einsam auszustreichen.

Ingeborg Bachmann, 1948

Inhalt

Vorbemerkung

Die vorliegende Studie ist die überarbeitete Fassung einer Magisterarbeit, die 1988 geschrieben wurde. Sie schien sich aus mehreren Gründen für eine Veröffentlichung zu empfehlen.

Die Tatsache, daß die Bachmann-Forschung des letzten Jahrzehnts weniger intensiv war als zuvor, ist vermutlich weder damit zu erklären, daß die 'Bedeutung' der Dichterin erschöpft ist, noch mit einem nachlassenden Interesse des Publikums an ihren Werken. Vielmehr ist anzunehmen, daß die früher dominierenden Forschungsrichtungen ('Methoden'), die vornehmlich biographistisch, sprachtheoretisch und schließlich feministisch ausgerichtet waren, nichts Neues mehr versprachen. An diesem Endpunkt beginnt Saskia Schottelius. Sie versucht, die neostrukturalistische Theorie Jacques Lacans auf den zu interpretierenden Text strikt anzuwenden und darüber hinaus durch eine genaue Textanalyse die 'Struktur' des Romans freizulegen.

Es ergibt sich: "Malina" konstituiert sich als Roman nicht durch die Geschichte, die erzählt wird, sondern durch die Genese des Textes, dessen 'Gegenstand' nichts anderes ist als - ästhetische Erfahrung. Das Schreiben fällt mit dem Geschriebenen in der Herausbildung einer gleichermaßen offenen wie (notwendig) abgeschlossenen 'Struktur' zusammen.
Es geht nicht um den Nachweis von 'Bedeutungen' des Erzählten (das sich immer wieder 'aufhebt'), sondern um den Nachvollzug des Gewordenen, als dessen (ästhetisches) Charakteristikum sein Funktionszusammenhang zu denken ist. Dieser läßt sich in der Rezeption von Mal zu Mal neu (und verschieden) ent-decken.

Die vorliegende Arbeit macht deutlich, wie offen und zugleich bestimmbar der Roman "Malina" ist; und sie demonstriert, daß eine Interpretation bestimmt und 'richtig' sein kann, wenn

sie neben sich Raum läßt für andere Interpretationen, die sich auf andere Rezeptionserfahrungen und die daraus gewonnenen - am Text überprüften - Erkenntnisse stützen.
Ein ästhetisches Werk ist, wie jedes Individuum, "ineffabile".

Norbert Oellers Bonn, im Januar 1990.

I. Einleitung

I.1. Skizze eines Problemfeldes: Ich ohne Gewähr

> Ich ohne Gewähr! Denn was ist denn das Ich, was könnte es sein? - ein Gestirn, dessen Standort und dessen Bahnen nie ganz ausgemacht worden sind und dessen Kern in seiner Zusammensetzung nicht erkannt worden ist. Das könnte sein: Myriaden von Partikeln, die 'Ich' ausmachen, und zugleich scheint es, als wäre Ich ein Nichts, die Hypostasierung einer reinen Form, irgendetwas wie eine geträumte Substanz, etwas, das eine geträumte Identität bezeichnet, eine Chiffre für etwas, das zu dechiffrieren mehr Mühe macht als die geheimste Order.[1]

Diese Erklärung aus einer der Frankfurter Poetik-Vorlesungen von Ingeborg Bachmann liest sich wie ein Kommentar zur Subjektkonstitution des Erzähler-Ichs in ihrem Roman "Malina". Denn dieses Ich erweist sich in dem Versuch, sich seiner selbst bewußt zu werden, immer wieder als Projektion. Als Ich im Personenverzeichnis und als Brief-Ich sucht es[2] Schutz in der Behauptung, Ich zu sein, und bleibt doch die "Hypostasierung einer reinen Form"; in seinem Verhältnis zu anderen erfährt es sich nur als Produkt fremder Erwartungen und Vorstellungen; in seinen Utopien und fiktiven Entwürfen ist es "irgendetwas wie eine geträumte Substanz", während es in der Beziehung zum Vater und zu Malina tatsächlich so scheint, als sei dieses Ich ein "Nichts". Bei einer solchen Fülle von Ich-Erscheinungen stellt sich zunächst die Frage, welcher Art die Zustände sind, die das Ich in seiner Vorstellung und in der Darstellung einnimmt, und welche Gründe für diese Uneinheitlichkeit bestehen. Da neben der Identitätsproblematik die Sprachthematik im Mittelpunkt des Romans steht, ist es notwendig, als Grundlage für die Interpretation eine Theorie zu wählen, die beide Aspekte miteinander verbindet.

Jacques Lacans Theorie des Subjekts basiert gleichermaßen auf linguistischen und psychologischen Untersuchungen und stellt den Zusammenhang zwischen der entwicklungs-genetischen und sprachlich-kulturellen Determinierung des Menschen her. In Anknüpfung an die romantische Philosophietradition unterscheidet Lacan zwischen einem imaginären Ich ganz im Sinne einer "geträumten Identität" und einem Ich, das außerhalb der bewußten Wahrnehmung liegt, das "Nichts"[3] ist im Sinne von etwas, was sich selbst zugunsten der symbolischen Ordnung aufgibt. Demzufolge ist für Lacan Ich-Spaltung kein krankhaftes Phänomen, sondern sie wird als Grundbedingung menschlichen Seins erkannt. Wie nahe die eigentliche Problemstellung in "Malina" den wichtigsten Thesen der von Lacan begründeten strukturalistischen Psychoanalyse ist, zeigt die Interpretation einer der Schlüsselstellen im Roman auf der Basis von Lacans Theorie der Subjektgenese im Spiegelstadium (Kap.I.2.,I.3.). Im Roman wie in der Theorie geht es um die besondere Bedeutung des Imaginären für die Konstitution des Subjekts sowie um die Rolle der Sprache als ermöglichendes und zugleich entfremdendes Moment im Prozeß der Ich-Bildung. Während Lacan sowohl die Zerrissenheit als auch die Determination des Subjekts über sein Begehren anthropologisch bestimmt, werden in "Malina" die Möglichkeiten und Grenzen der Selbstfindung innerhalb einer spezifisch weiblichen Identitätsproblematik gezeigt. Dabei steht jeweils die Spaltung des Subjekts unter dem Effekt des Signifikanten im Vordergrund.

Um der Gefahr zu entgehen, den Roman auf die Theorie Lacans zu reduzieren, soll im Anschluß an diese Gegenüberstellung zunächst textimmanent verfahren werden. Es wird der Frage nachgegangen, inwieweit es sich bei der Konstruktion des Romans um eine Form von potenzierter Fiktion handelt (Kap.II). Offensichtlich realisiert sich die Spaltung des Subjekts auch auf formaler Ebene, was in einer 'widersprüchlich' gestalteten Erzählweise zum Ausdruck kommt. Inhaltlich korreliert die dargestellte Wirklichkeit mit der Uneinheitlichkeit dieses Ichs und seiner Perspektive. Das Berichtete ist nicht in bezug auf einen der Realität entsprechenden Ablauf von Handlung, sondern in Abhängigkeit von den verschiedenen Ich-Zuständen innerhalb einer vorgestellten Gegenwart zu verstehen. Deshalb ist es problematisch, sich nur auf Sinn und Bedeutung der einzelnen 'Geschichten' zu konzentrieren. Vielmehr muß man berücksichtigen, daß die in "Malina" auftretenden Personen immer auch als Projektion der Ich-Figur aufzufassen sind und ihre Geschichte/n als Illustration einer nur indirekt zu artikulierenden Erfahrung dient/dienen. "So eine Geschichte ist ja ein Gewebe"[4], erklärt Ingeborg Bachmann in Anbetracht der "Malina"-Konstruktion. Und um dieses "Gewebe" nicht zu zerreißen, sollte der Interpret behutsam den einzelnen 'Fäden' nachspüren, um einen Zugang zu der Gesamtstruktur des 'Stoffes' zu erhalten. Was für Ingeborg Bachmann in der schriftstellerischen Betätigung das Kompositionsprinzip ist (vgl.: Bachmann, GI, S.114), muß umgekehrt auch für den Rezeptionsprozeß gelten. In diesem Sinne und in Ergänzung zu ihrer Definition der Geschichte sei Roland Barthes zitiert:

> Text heißt Gewebe; aber während man dieses Gewebe bisher immer als ein Produkt, einen fertigen Schleier aufgefaßt hat, hinter dem sich, mehr oder weniger verborgen, der Sinn (die Wahrheit) aufhält, betonen wir jetzt bei dem Gewebe die generative Vorstellung, daß der Text durch ein ständiges Flechten entsteht und sich selbst bearbeitet; in diesem Gewebe - dieser Textur - verloren, löst sich das Subjekt auf wie eine Spinne, die selbst in die konstruktiven Sekretionen ihres Netzes aufginge.[5]

Barthes' Beschreibung von der Auflösung des Subjekts im Text trifft genau das Problem, mit dem der Interpret des Romans "Malina" konfrontiert wird. Denn hier ist das sprechende Ich trotz der extremen subjektiven Perspektive kaum auszumachen - noch bevor es am Ende ganz im Text verschwindet.
Für die Strukturanalyse des Romans bietet sich Michel Foucaults Essay "Das unendliche Sprechen"[6] als Ausgangspunkt an, weil in "Malina" keine eindeutige Aussage, sondern das Sprechen selbst im Vordergrund steht. Da der Tod des Subjekts als Textgrenze konstitutiv ist, können die verschiedenen Formen von Transformationen als Versuch interpretiert werden, diese Grenze mit der Verlängerung des Sprechaktes hinauszuschieben. Dabei läßt die metaphorische Redeweise eine räumlich unbegrenzt erscheinende Spiegelstruktur entstehen, während das metonymische Sprechen zu einem Sich-Verlieren im Text auf zeitlich fortschreitender Ebene führt.
Der zweite Teil dieser Interpretation untersucht das Verhältnis

des Roman-Ichs zu anderen und zu dem 'großen' Anderen im Sinne Lacans. Als Erklärungsansatz dient seine Theorie des Begehrens in Zusammenhang mit der These vom Primat des Signifikanten. Ausgehend von der Unterscheidung zwischen imaginärer Leidenschaft und grenzenloser Liebe (Kap.III.1.) gilt es, die Bedeutung der imaginären Dimension im Verhältnis Ich-Ivan herauszustellen (Kap.III.2.). Das narzißtisch ausgerichtete Begehren, den eigenen Mangel in der Ich-Du-Symbiose zu verdecken, realisiert sich hier auf sprachlicher Ebene. Während die Ich-Figur die sprachliche Vereinigung über den direkten Kontakt mit dem anderen stellt, 'ver-wendet' Ivan Worte als Machtmittel und Form der 'Selbst-Behauptung' zugleich. Am Ende dieser Beziehung ergibt sich für das Ich die Frage nach der Bedeutung der symbolischen Ordnung für das Verhältnis der Geschlechter zueinander und nach einer grundsätzlichen Schuldübernahme durch Sprache.

In Teil B der vorliegenden Arbeit bildet die Analyse des Traumkapitels den Schwerpunkt - unter anderem auch, weil dieses in der Regel von den Interpreten nicht als eigenständiger Untersuchungsgegenstand behandelt oder aber ganz ausgespart wird. Ein kurzer Überblick faßt an dieser Stelle den Stand der Forschung zusammen und belegt sowohl die Notwendigkeit einer eingehenden Beschäftigung mit dem Traumkapitel als auch die Vorteile einer Argumentation auf der Basis von Lacans Theorie des Subjekts (Kap.IV.1.). Daß es sich bei schwer verständlichen Textstellen keineswegs einfach um eine Anhäufung von Zufallsstoff handelt, wie der Autorin Bachmann vorgeworfen wurde[7], zeigt der Versuch einer Strukturanalyse in Kapitel IV.2., die durch ein Schema veranschaulicht wird. So läßt sich der Zusammenhang von Leitmotiven und Einzelthemen innerhalb der Traumgruppen systematisch erfassen. Hier, wie in der gesamten Untersuchung, wird Wert darauf gelegt, solche Textstellen zur Erklärung heranzuziehen, die - soweit das zu beurteilen möglich war - bisher in anderen Interpretationen unberücksichtigt blieben oder nur in begrenztem Umfang beachtet wurden.

Auf dem Hintergrund der historischen und strukturellen Bedeutung des Ödipuskomplexes (Kap.IV.3.) lassen sich verschiedene Phasen in der Entwicklung des Traum-Ichs unterscheiden: von der Zerstörung der primären Ich-Du-Symbiose in Zusammenhang mit dem Auftreten der symbolischen Differenz über den Kampf um die Herrschaft im Zeichen des Vaters bis hin zur Demaskierung der Allmacht des Herrensignifikanten (Kap.IV.4. und IV.5.). Die Geschichte des Ichs in Auseinandersetzung mit dem Repräsentanten der symbolischen Ordnung gestaltet sich als verzweifelte Suche nach einem harmonischen Ort in der privaten und sprachlichen Wirklichkeit. Dabei steht die Frage nach der Stellung der Frau im Symbolischen und den ihr eigenen Artikulationsmöglichkeiten, besonders im künstlerischen Schaffensprozeß, im Vordergrund (Kap.IV.6.). Dieser erweist sich, ebenso wie die private Rede, als ein Produkt aus Eros und Gewalt, was sich unter anderem auch an der formalen Gestaltung des Traumkapitels ablesen läßt. Dennoch scheint es, als habe Ingeborg Bachmann mit dem Verfahren der Transposition eine Möglichkeit gefunden, die 'be-herrschenden' Redeformen zu unterlaufen. Denn gerade in dieser Form der Nachahmung artikulieren sich der Wunsch nach Distanz und der Versuch, eine positiv nicht faßbare Wahrheit durchscheinen zu lassen. So gesehen ist auch inhaltlich die Überdeterminierung der Vatergestalt Ausdruck eines Aufbegehrens gegen die von ihm repräsentierte Ordnung.

Die Stimme des Ichs in den Dialogen "Von letzten Dingen" (249)[8], die es im 3. Kapitel des Romans mit Malina führt, unterscheidet sich radikal von den Sprachformen im 2. Kapitel und den "Satzgruppen" (46) mit Ivan (Kap.V.1.). Hier versucht die Ich-Figur, der Sprache der Frau, die sich im Traumkapitel auf eine kaum hörbare "Geisterstimme" (223) beschränkte, eine neue Richtung zu geben, indem sie den Klang und die Vielstimmigkeit der Worte wieder aufleben läßt. Die Bedeutung dieser musikalischen Gespräche liegt darin, daß die Ich-Figur in ihnen an die Grenze zwischen vollem Sprechen und endgültigem Verstummen gerät. Diese Grenze verkörpert Malina, das Alter ego der Ich-Figur und zugleich Titelzeichen des Romans. In der Weise, in der er das Sprechen der anderen dirigiert und manipuliert, 'bedeutet' er das Prinzip der symbolischen Differenz (Kap.V.2.). Lacan zufolge ist das Erlangen einer wahren Identität, das heißt einer Einheit mit dem Grund seiner selbst als Ursprung jeder Signifikanz, undenkbar, da diese notwendig mit dem "fading"[9], dem Verschwinden des Subjekts verbunden ist. Genau das aber realisiert sich auf den letzten Seiten des Romans. Die Auseinandersetzung zwischen dem Ich und Malina ist der Kampf zwischen der reflexiven und der 'ex-zentrischen' Form des Denkens und des Seins (Kap.V.3.). Malina markiert die Stellung des imaginären Ichs als 'Sub-jekt' des Signifikanten. Er 'untersagt' das verzweifelte Festhalten an der Illusion eines autonom denkenden und handelnden Ichs. Dennoch kann es am Ende des Romans nicht darum gehen, daß ein Teil-Ich das andere besiegt oder beseitigt. Auch "Malina", der Roman wie die Person, die überlebt, ist schließlich das Produkt von Formwille und Sprachkraft - eine Einheit aus Eros und Gewalt. Denn die erzwungene Selbstaufgabe des Ichs ist ja auf der anderen Seite verbunden mit einer vollkommenen Selbsterfahrung, realisiert in der buchstäblichen Einheit mit dem Text als einem absoluten Sein im Wort.

I.2. Spiegelbewußtsein: Jacques Lacans Theorie des Subjekts

Lacans Theorie des Subjekts umfaßt einen genetisch-psychologischen und einen linguistischen Aspekt, deren Grundzüge sich am besten ausgehend von dem bereits 1936 gehaltenen Vortrag über "Das Spiegelstadium als Bildner der Ichfunktion"[1] darstellen lassen. Aber schon die Auslegung dieses relativ kurzen und im Vergleich zu späteren Texten recht verständlich formulierten Aufsatzes erweist sich als problematisch. Lacan sucht seinen eigenen Anspruch an die Formulierung der Wahrheit durch Sprache in den Theorien selbst umzusetzen[2] und bedient sich einer Redeweise, die als Diskurs im eigentlichen Sinne des Wortes bezeichnet werden muß:

> Der Sinn des Sinns in <u>meiner</u> Praxis begreift sich daraus, daß er flieht, rinnt: gleichsam aus einem Faß und nicht

> indem er Reißaus nimmt. Dadurch, daß er rinnt (im Sinn: Faß), gewinnt ein Diskurs seinen Sinn, will sagen dadurch, daß seine Wirkungen unmöglich zu berechnen wären. (Lacan, SII, S.7)

So kann man in bezug auf seine Theorie vom Spiegelstadium entweder von einer ursprünglichen Ich-Gespaltenheit ausgehen, wie Helga Gallas[3] das tut, oder aber mit Manfred Frank[4] von einer vorsprachlichen Einheit im "infans-Stadium" (Lacan, SI, S.64) sprechen. Beide Interpretationen sind möglich, insofern nach Lacan die "Verkennungsfunktion" (Lacan, SII, S.209) des Ichs gleichermaßen Effekt und Ursache des Bewußtwerdungsprozesses ist. Wichtig ist die aus diesen Ansätzen resultierende Unterscheidung zwischen einem sich seiner selbst bewußten reflexiven 'moi' und einem irreflexiven, unbewußten und außerhalb der Rezeption durch die symbolische Ordnung liegenden (ex-zentrischen) 'je'[5]. Lacan entwickelt seine Theorie des gespaltenen Subjekts, indem er auf die besondere Bedeutung der jubilatorischen Aufnahme des Spiegelbildes beim Kleinkind im Alter von sechs bis achtzehn Monaten verweist - einem Zeitraum also, der sich mit dem von Adolf Portmann als extra-uterinen Frühjahr bezeichneten Lebensabschnitt überschneidet. Diese primäre Identifikation interpretiert Lacan als Ursprung aller späteren Identifikationen des Subjekts:

> Die jubilatorische Aufnahme seines Spiegelbildes (...) wird von nun an - wie uns scheint - in einer exemplarischen Situation die symbolische Matrix darstellen, an der das Ich (je) in einer ursprünglichen Form sich niederschlägt, bevor es sich objektiviert in der Dialektik der Identifikation mit dem andern (...). (Lacan, SI, S.64)

Dieser andere ist zu begreifen als Form im Sinne einer Erscheinung, die durch ihre bildnerische Funktion auf das Ich gestaltend wirkt. So vermittelt findet das Kleinkind zu einer Einheit, die es trotz eines ausgeprägten Wahrnehmungsvermögens, aber aufgrund der mangelnden Fähigkeit zur motorischen Beherrschung des eigenen Körpers noch nicht besitzen beziehungsweise empfinden kann.

> Man kann das Spiegelstadium als eine Identifikation verstehen im vollen Sinne, den die Psychoanalyse diesem Terminus gibt: als eine beim Subjekt durch die Aufnahme eines Bildes ausgelöste Verwandlung. (Lacan, SI, S.64)

Die erreichte Ganzheit ist also im Grunde das Produkt der eigenen Imago, die "die Instanz des Ich (moi) auf einer fiktiven Linie situiert" (Lacan, SI, S.64).
Auf dem Hintergrund dieser mangelnden, aber für das Subjekt nur scheinbar erreichbaren Einheit erweisen sich alle Versuche im Leben eines Menschen, eine Vollkommenheit zu erreichen, als 'spekuläre', imaginäre Entwürfe. Ein Erkennen über das Bild des anderen - und das heißt auch: des als Spiegelbild interpretierten Primärobjekts - bedeutet immer ein Verkennen des eigenen Ichs. Erst der Umweg über die symbolische Ordnung versetzt den Menschen in die Lage, sein imaginiertes Bild als Bild des anderen wahrzunehmen und von diesem zu trennen - also über die Möglichkeit, durch Artikulation und in der Differenz zu allen anderen sich selbst zu 'behaupten'. Der Eintritt in die Ordnung des Dritten, der Sprache, erfolgt gezwungenermaßen, da das 'infans' zunächst nicht in der Lage ist, sich dezidiert zu äußern und also seine vitalen Bedürfnisse jederzeit und in jeder Hinsicht befriedigen zu können. Lacan sieht im 'An-spruch', in der 'Entäußerung' der Bedürfnisse an eine dem Kleinkind fremde Ordnung, einen Prozeß, in dem sich der Ver-/Erkennungsvorgang und die Ich-Gespaltenheit erst als unaufhebbarer Mangel manifestieren. Er spricht von "einer Umleitung der Bedürfnisse des Menschen, die dadurch auftritt, daß dieser spricht, in dem Sinne, daß seine Bedürfnisse in dem Maße, wie sie dem Anspruch unterstellt sind, entfremdet zu ihm wiederkehren" (Lacan, SII, S.126). Gleichzeitig konstituiert sich im Übergang von der narzißtischen zur ödipalen Phase als Differenz zwischen den vitalen Bedürfnissen des Kleinkindes und der artikulierten Bitte ein symbolisches Begehren. Es verweist fortan als unbewußtes Begehren nach dem "Begehren des Andern" (Lacan, SII, S.130)[6] auf das gebrochene Verhältnis von 'je' und 'moi'. Das Begehren ist symbolisch, weil es mehr als ein Bedürfnis umfaßt, weil es "weder Appetit auf Befriedigung, noch Anspruch auf Liebe (ist), sondern vielmehr die Differenz, die entsteht aus der Substraktion des ersten vom zweiten, ja das Phänomen ihrer Spaltung* selbst" (Lacan, SII, S.127). Denn "der An-

spruch an sich zielt auf etwas anderes als die Befriedigungen, nach denen er ruft. Er ist Anspruch auf eine Gegenwart oder auf eine Abwesenheit" (ebd.).
Damit wird verständlich, warum nach Lacan die Ordnung der Sprache im Zusammenhang mit der Macht des Vaters gesehen wird, das Kind von der Mutter zu trennen. Dessen Anspruch auf die Mutter wird begriffen im Sinne eines Realitätsgesetzes, dem sich das Kind zu unterwerfen hat und durch das die imaginäre Ich-Du-Symbiose aufgelöst wird. Allerdings bezieht sich Lacan hier nicht allein auf die Präsenz des realen Vaters, sondern vielmehr auf die Funktion einer trennenden Instanz schlechthin. Im Übergang zu seiner linguistischen Argumentation begreift er den Phallus als Funktion, als "privilegierten Signifikant" und als "Zeichen der Latenz, mit der alles Bedeutbare geschlagen ist, sobald es in der Signifikantenfunktion aufgehoben* ist" (Lacan, SII, S.128).
Das Ich des Selbstbewußtseins entwickelt sich als ein Anspruch-Erhebendes und In-Anspruch-Genommenes über einen Dritten, der es als Repräsentiertes zwar ermöglicht, es zugleich aber in der Bewegung der Differenzierung durchstreicht.

> Die Sprachwirkung ist die ins Subjekt eingeführte Ursache. Vermöge dieser Wirkung ist dieses nicht Ursache seiner selbst; es trägt nur den Wurm der Ursache in sich, der es spaltet. Seine Ursache nämlich ist der Signifikant, ohne den kein Subjekt im Realen wäre. (Lacan, SII, S.213)

Das Subjekt existiert also im Realen, als wahres Subjekt aber 'ek-sistiert' es, insofern es sich außerhalb jeder Form von Wahrnehmung und Bewußtsein befindet. Der Umweg über die symbolische Ordnung bedeutet Aufschub, Trennung und Entfremdung und eröffnet - neben der Möglichkeit der Selbstbehauptung - die trennende, 'unter-scheidende' Lücke, in der das wahre Subjekt verschwindet, um dem Sinn Raum zu geben.[7]

I.3. Zum Beispiel: Die Spiegelszene in "Malina"

> Ivan ist nicht gewarnt vor mir. Er weiß nicht, mit wem er umgeht, daß er sich befaßt mit einer Erscheinung, die auch täuschen kann, ich will Ivan nicht in die Irre führen, aber für ihn wird nie sichtbar, daß ich doppelt bin. Ich bin auch Malinas Geschöpf. Ivan hält sich sorglos an die Erscheinung, meine Leibhaftigkeit ist ihm ein Anhaltspunkt, vielleicht der einzige, aber mich stört sie (...). (105)

Eine der Schlüsselstellen im Roman "Malina" eignet sich im besonderen Maße, über die Parallele zu Lacans Subjekttheorie die Struktur der fiktiv-imaginären Dimension nachzuzeichnen, in der sich das Ich konstituiert. Es handelt sich hierbei um die Beschreibung einer imaginierten Szene, in der das Ich zu einer Identität mit sich selbst in Form des eigenen Spiegelbildes zu gelangen versucht. Die Szene vollzieht sich im Anschluß an eine Situation, in der sich die Ich-Erzählerin durch eine von Ivan unbedacht geäußerte Formulierung als von ihm getrennt und seiner Welt nicht zugehörig erfährt.

> Ivan kritisiert unsere Schulen und ihre Lehrpläne, insbesondere dieser irrsinnigen Turnstunden wegen, die woanders stattfinden und immer am Nachmittag. (...) Nur dieser Turnstunde wegen hat er heute die Nerven verloren, er hat gesagt 'bei euch' und das zu mir, als wäre die Turnstunde der Inbegriff einer Welt, zu der ich gehöre und die abzulehnen ist (...). (138)

Dieses Erlebnis und die damit zusammenhängende aufsteigende Angst (138) produzieren im Ich den Wunsch nach einer inneren Einheit und einem harmonischen Zustand mit sich selbst. Erreicht werden soll er völlig unabhängig von anderen und durch den wiederholten Anblick des Spiegelbildes:

> (...) ich muß mich im Korridor vor dem langen Spiegel mehrmals drehen, meilenweit, klaftertief, himmelhoch, sagenweit entfernt von den Männern. Eine Stunde lang kann ich zeit- und raumlos leben, mit einer tiefen Befriedigung, entführt in eine Legende (...). (139)

Über die Ausschaltung der Faktoren, die den Bewußtwerdungs-/Artikulationsprozeß notwendig begleiten (Zeit und Differenz), wird der Zustand einer Einheit imaginiert, die wie im Spiegelstadium als "wahnhafte Identität" (Lacan, SI, S.67) bezeichnet werden muß. Dieser Versuch kann als Wunsch des Ichs gelesen werden, unabhängig von den Gegebenheiten der Realität mittels der eigenen Einbildungs- und Vorstellungskraft die Trennung, "das Schizoid der Welt, ihr(en) wahnsinnig(en), sich weitend(en) Spalt" (28), der auch durch das Subjekt selbst hindurchgeht, zu überwinden oder zu schließen. Im Grunde jedoch wird er nur imaginär unterlaufen. Die Scheinhaftigkeit der vermeintlich erreichten Identität offenbart sich bereits durch die Beschreibung selbst, da die Formulierungen vorwiegend in der Passivform gehalten sind und so eine Perspektive des Erblicktseins durch den anderen implizieren:

> Es entsteht eine Komposition, eine Frau ist zu erschaffen für ein Hauskleid. Ganz im geheimen wird wieder entworfen, was eine Frau ist, es ist dann etwas von Anbeginn, mit einer Aura für niemand. (...) es wird in den Spiegel gesehen, es ist immer Sonntag, es wird in Spiegel gefragt (...). (139/40)

Der Versuch, die eigene Ganzheit in der Projektion herzustellen, erweist sich als Verkennung. Die imaginäre Einheit entsteht auf Kosten einer Entfremdung und über eine verstellte Sehweise, die im Prozeß des Gemacht-Werdens ihren Ausdruck findet. Das Ich erblickt sich in einer von der 'Spekulation' vorgeschriebenen, festgelegten Rolle, die es auf eine glänzende Oberflächlichkeit reduziert. Es wird zum 'moi', zum Objekt einer Erfahrung und der Erwartung anderer. In diesem Zusammenhang ist auch die auffällig geschilderte Prozedur des Sich-Schminkens und Sich-Einkleidens (ebd.) zu verstehen - nämlich als eine durch die Spiegelung erfahrene Maskierung.
Ähnliches läßt sich auch in bezug auf das Liebesverhältnis zwischen der Ich-Erzählerin und Ivan feststellen. Dort erweist sich die durch die Existenz Ivans empfundene "Konversion" (34), welche die Fremdheit des eigenen Körpers wieder aufzuheben schien, als Inversion: als spiegelbildliche Umkehrung, die das zerstörte Ich verändert, nicht aber wieder herzustellen vermag.

> Ich denke jetzt manchmal, daß ich mich einfach zurückbekomme, so wie ich einmal war. Ich denke zu gern an die

> Zeit, in der ich alles gehabt habe, (...). Dann ist alles lädiert, beschäftigt, gebraucht, benutzt und schließlich zerstört worden. (moderato) Langsam habe ich mich gebessert, ich habe ergänzt, was immer mehr fehlte, und ich komme mir geheilt vor. Nun bin ich also beinahe wieder, wie ich gewesen bin." (325)

Hier stellt sich die Frage, ob der Wunsch, sich mit sich zu identifizieren, tatsächlich eine 'Heilung' meint: Verweist er tatsächlich auf einen einstigen vollkommenen Zustand oder resultiert er nicht vielmehr daraus, daß sich das Ich im dialektischen Prozeß mit der Außenwelt als uneinheitlich erfährt? Wenn das der Fall ist, dann gäbe es diese ersehnte Ganzheit grundsätzlich nur im Imaginären, und dann könnten alle Identitätswünsche und Verschmelzungsphantasien immer nur als Utopie artikuliert werden - so, wie das im Text selbst realisiert ist. Die in der Spiegelszene angesprochene und in ihr wiederkehrende Legende (139f.), in der sich das Ich einst zu "verstecken" (61) suchte, wäre dann tatsächlich zu verstehen als die "Legende einer Frau, die es nie gegeben hat" (61). Das bedeutet, daß der angestrebte Zustand nur als ein zukünftiger entworfen werden kann und in seinen genauen Umrissen nicht definierbar ist. In den Utopien und über die literarische Fiktion[1] versetzt sich das Ich an einen anderen Ort (u-topos), der als vollkommen empfunden wird, aber fragmentarisch bleibt.
Auch der Eintritt in den Spiegel und damit hinter die Bildfläche der Repräsentation ist nur 'scheinbar' ein Ausweg aus der reflexiven Bewegung der Selbstbespiegelung. Er vollzieht sich imaginär in dem Augenblick, in dem die Passivformen aufgegeben werden und über den Konjunktiv die Zukunftsvisionen einsetzen: "(...) es wird in den Spiegel gefragt, an der Wand, es könnte schon Sonntag sein. Einmal werden alle Frauen goldene Augen haben (...)." (140)
Der Übergang, der den Augenblick des Verschwindens markiert, stellt wieder den Bezug zur Kagran-Legende her ("es könnte schon Sonntag sein"). Die Prinzessin, die über Nacht das "zweite Gesicht" (68) bekommen hatte, spricht dort von einem Wiedersehen mit dem Fremden, das mehr als zwanzig Jahrhunderte später an einem Tag stattfinden soll, an dem sie ihre Augen

verlieren und an dem im Spiegel Sonntag sein wird (69). Bei dieser Formulierung handelt es sich um die Übernahme eines Verses aus Paul Celans Gedichtband "Mohn und Gedächtnis".[2] Man kann dieses indirekte Zitat als Hinweis darauf lesen, daß die befreiende Kraft des Poetischen hervorgehoben werden soll. So verkörpert auch der Fremde der Legende, der die Prinzessin durch seinen Gesang fasziniert, eine musische Gestalt. Wichtig ist die durch diese Formulierung hergestellte Verbindung zu den Utopiefragmenten, in denen wiederholt ein unbestimmter Tag angesprochen wird: ein Tag, an dem sich ein neues Verhältnis des Menschen zu sich selbst und seiner Umwelt einstellen soll (123f., 140-44). Dieser in eine unbestimmbare sowie ungewisse Zukunft verlegte Tag erfährt im Augenblick der Spiegelszene eine Konkretisierung durch die Bezeichnung "Sonntag" und über den Rückbezug auf die Prophezeiung in der Legende. Während dort jedoch die Hoffnung der Prinzessin angelehnt ist an einen Fremden, der sowohl die Züge Ivans als auch Malinas trägt, ist das Ich in der Spiegelszene "sagenweit entfernt von den Männern" (139). Hier findet sie allein zu einem "Anbeginn" (ebd.) zurück, der an die grenzen- und bestimmungslose Urlandschaft der Legende erinnert (vgl. S.62,65). Deshalb ist die in die Spiegelszene integrierte Utopie bezogen auf die Zukunft der Frauen - und nicht auf die der Menschen im allgemeinen (140).

Wie aber läßt sich der Zusammenhang mit dem Verweis auf den Verlust der Augen erklären? Positiv ausgelegt könnte diese Vorausdeutung auf die Möglichkeit hinweisen, daß das Ich an diesem Tag sowohl von der eigenen entstellenden Perspektive als auch von den formenden Blicken anderer befreit sein wird. So heißt es auch: "Ich blinzle, wieder wach, in den Spiegel" (140), nachdem das Ich darin verschwunden war, und später: "ich war nicht da für Ivan" (ebd.). Das Ich war also in einen zeit- und raumlosen Zustand versetzt, in dem weder sie sich selbst noch der Geliebte sie sehen konnte: in einer "Aura für niemand" (139).

Auf der anderen Seite verweist dieser Bezug eindeutig auf das Ende des Romans, auf einen Zeitpunkt, an dem das Ich bereits in der Wand verschwunden ist[3] und nachträglich feststellt: "Er (Malina) hat meine Brille zerbrochen, er wirft sie in den Papierkorb, es sind meine Augen (...)" (355). In beiden Situationen bedingt der Verlust der Augen das Verschwinden des Ichs. Der ersehnte utopische Zustand, der in den fragmentarischen Entwürfen noch ins Formel- und Phrasenhafte abgleitet und von negativen 'Erinnerungen' an die legendäre Vergangenheit durchbrochen ist (140), fordert also als reiner Zustand die Selbstaufgabe des Ichs. Während das Erblinden am Ende des Romans als gewaltsamer Akt negative Tendenz besitzt, ist es in der Legenden-Prophezeiung, auf die in der Spiegelszene verwiesen wird, verbunden mit dem positiven Ereignis eines 'Wieder-Sehens'. Dieses ist vielleicht aufzufassen im Sinne eines Wiedersehens mit dem unbekannten Fremden, den das Ich für sich selbst darstellt; vielleicht aber auch im Sinne eines Neu-Sehen-Könnens und mit Bezug auf den Ödipus-Mythos, in dem das Erblinden ein wahres Erkennen bedingt.[4] Auf ein solches Motiv verweist auch einer der letzten Gedankengänge, den die Ich-Erzählerin vor ihrem endgültigen Verschwinden äußert:

> (...) ich habe einen Grad von Denkenmüssen erreicht, an dem Denken nicht mehr möglich ist, ich sinke in den Schultern ein, es wird mir so heiß, weil ich das Gesicht zu nahe an der Herdplatte habe. Nous allons à l'Esprit! (352)[5]

Wie in dem utopischen Entwurf der Spiegelszene verbinden sich hier die Angst vor dem Selbstverlust mit der Hoffnung auf einen neuen 'unreflektierten' Zustand und vielleicht auch auf Unsterblichkeit. In der Spiegelszene aber ist der Zeitraum des Verschwindens begrenzt, und zwar auf den Zeitraum des Entwerfens einer literarischen Utopie, die das Ich wieder in die Wirklichkeit zurückkehren läßt, weil sie noch unvollkommen ist.

Mit dem Austritt aus dem Spiegel gerät das Ich erneut in Uneinigkeit mit sich selbst: "Ich bin in den Spiegel getreten, ich war im Spiegel verschwunden, ich habe in die Zukunft gesehen, ich war einig mit mir und ich bin wieder uneins mit mir" (140). Kaum in die Wirklichkeit zurückversetzt, sieht sich das Ich wieder als ein Sich-Maskierendes: "Ich blinzle, wieder wach, in den Spiegel, mit einem Stift den Lidrand schraffierend. Ich kann es aufgeben" (ebd.). Es wird wieder zu dem selbstbewußten ("wieder wach"), reflexiven 'moi' im Spiegel, das das wahre Ich in der Alltagswirklichkeit und als Funktion nur zu vertreten scheint. Eine Trennung des Ichs in zwei unabhängig voneinander und nebeneinander existierende Teile seiner selbst wird auch syntaktisch hervorgehoben; es heißt: "Einen Augenblick lang war ich unsterblich und ich, ich war nicht da für Ivan und habe nicht in Ivan gelebt, es war ohne Bedeutung" (140; U.v. S.Sch.). Aufgrund der sehr differenzierten Sprachverwendung der Autorin scheint es angemessen, in dieser Formulierung eine bewußte Unterscheidung zwischen einem nicht sichtbaren, faßbaren und einem an die Existenz Ivans und der anderen angelehnten Ich zu sehen. Im Moment des Verschwindens der Erzählerin war das andere ihrer selbst nicht da für Ivan, was sowohl bedeutet unsichtbar für Ivan als auch in seiner Existenz nicht angewiesen auf ihn. Das 'es' der Aussage "es war ohne Bedeutung" schließt also gleichzeitig den fremdbestimmten Teil des Ichs, das Leben in und durch Ivan und Ivans Leben selbst ein. Die Ich-Figur kann nur zu sich finden, wenn sie die Bedeutung zurückweist, die sie dem anderen beimißt und die er ihr umgekehrt verleiht. Vielleicht kann man diesen Schritt aus dem Spiegel und die damit verbundene erneute Uneinigkeit es Ichs als Eintritt in die symbolische Ordnung interpretieren. Die imaginäre Einheit und der Entwurf eines Ideal-Ichs (vgl. Lacan, SI, S.64) sind aufgelöst. Statt dessen tritt die Teilung und damit der Andere in ihr (144) immer deutlicher als der bestimmende andere in der Gestalt Malinas in den Vordergrund[6]. Nicht die Vereinigung von Identitäten (30) und eine Übereinstimmung in Anpassung und Schweigen, sondern Auseinandersetzung, Gegensätzlichkeit und Spannung bestimmen deren Verhältnis zueinander. Dennoch kann Malina nicht als Vertreter der symbolischen Ordnung angesehen werden, denn auch Malina existiert, ebenso wie Ivan, nur als Entwurf der Ich-Figur, als eine "der erdachten Gestalten, der bald auflebenden und bald absterbenden Figuren" (148) auf der "Gedankenbühne" (301) des Ichs. Das Verhältnis zu Malina aber bedeutet eine Steigerung, denn hier wird das Subjekt des Entwurfes selbst zum "Geschöpf" (105), das heißt, es wird seiner eigenen Schöpfung unterworfen. In diesem Sinne wird die Macht der Ordnung des Dritten über die Abhängigkeit zu Malina thematisiert. Er selbst aber ist nicht der 'große' Andere, sondern symbolisiert, auch als Titelzeichen des Romans, den Prozeß der Überantwortung an diese Macht - und zwar in der Funktion einer ausübenden Gewalt.

Die Dreier-Konstellation Ich-Ivan-Malina kann als symbolische Konstruktion gelesen werden, über die sich die Identitätssuche der Ich-Figur dargestellt findet - als eine Konstruktion also, hinter der sich das wahre Ich ('je') unfaßbar verbirgt: "Es ist mir nur eine Unbekannte immer nachgeglitten in eine weitere Unbekannte." (309)
In beiden Erscheinungsformen, als imaginäres Ich und als ein von der Macht der symbolischen Ordnung abhängiges, erfährt die Ich-Erzählerin eine Festlegung vom Ort des anderen, durch den sie sich zwar zu erfassen vermag, der aber zugleich eine Entfremdung bewirkt. Im Schnittpunkt dieser Determinierung entsteht das Begehren, das die Ich-Figur auf die Suche nach einem anderen Ort führt, welcher jedoch als Fluchtpunkt fragmentarisch und illusorisch bleibt. Das Reale, die dritte Modalität in der Lacanschen Topologie des Subjekts, verstanden als Wahrheit des Subjekts und Ort des Unbewußten, bleibt somit das Unmögliche[7]. Zugleich ist es aber Ursache für das Begehren des Subjekts, das diesem folgend entweder den Umweg über das Symbolische nehmen muß oder aber im Imaginären befangen bleibt - dessen Weg also "zwischen zwei Mauern des Unmöglichen" (Lacan, Sem.11, S.175) verläuft. Hierin liegt ein Hinweis auf die paradoxe Struktur des Begehrens, in der das verlorene Objekt, das einen realen Mangel erzeugt, als Wiederholung in der Signifikantenkette 'in-sistiert', obwohl es in dieser nur als Leerstelle 'ek-sistiert':

> Als Repräsentant der Repräsentation im Phantasma, d.h. als urverdrängtes Subjekt trägt das $, das vom Begehren

> schräggestrichene S, das Realitätsfeld; und dieses selber erhält sich nur durch die Aussonderung des Objekts a, das ihm gleichwohl seinen Rahmen gibt. (Lacan, SII, S.87, Anm. 18)

Das Reale determiniert also den Weg des Subjekts als Weg des Fehlens und Begehrens, kann aber selbst nur unabhängig von den als Realität aufgefaßten Erscheinungen erfahren werden.
In "Malina" entwickelt die Ich-Figur, getrieben von dem Wunsch, das Unmögliche zu erreichen, als Form der Selbstfindung die Möglichkeit des Erfindens. Dieses soll als Prozeß dem Rückfall in gewöhnliche Erinnerungen (20) entgegenstehen. Indem die Ich-Erzählerin nicht das zeitlich Geordnete und real Plausible, sondern allein das subjektiv Mögliche und Wahrscheinliche als Wirklichkeit hinstellt, versucht sie ihrer eigenen Wahrheit näherzukommen und läuft zugleich Gefahr, sich selbst, also die gesuchte Identität, in der Fiktion zu verlieren.

I.4. Selbstreflexion als Fiktion: Entwürfe des Ich

4.1. Die Erzählkonstruktion

Abgesehen von der Einleitung und vom Schluß kann der Roman "Malina" wie eine Art Tagebuch gelesen werden, in dem ein Ich seinen Gefühlen und Gedanken aus einer extrem subjektiven Perspektive heraus Ausdruck zu schaffen versucht. Das Erzählen erweckt den Eindruck von Unmittelbarkeit und Erlebnisnähe und schließt sich zu einem Bericht zusammen, der chronologisch zu sein scheint. Offensichtlich aber ist die Redeweise der Ich-Erzählerin entsprechend ihrer Seinsweise gespalten: das spontane Sprechen und Berichten wird durch eine Konstruktion, die die Abgeschlossenheit der Handlung bereits impliziert, immer wieder in Frage gestellt.
Schon die Einleitung verleiht dem Roman den Charakter einer Inszenierung. Durch die quasi-dramatische Situierung von Zeit, Ort und Personen werden die Fiktionalität und der Kunstcharakter des Erzählten betont. Auch die unterschwellige Einbeziehung des Lesers in die scheinbar monologischen Gedankengänge[1] und

die Tatsache, daß das Ich im Personenverzeichnis eine bestimmte Auswahl treffen, Daten verschweigen oder manipulieren kann, unterstreichen den Formwillen und die Distanz der Ich-Erzählerin. Man kann zwischen einer bewußt gestaltenden und einer emotionalen Erzählweise unterscheiden. Dabei durchkreuzt das Ich der Mitteilungsebene, das die Notwendigkeit der Formgebung artikuliert, immer wieder das Sprechen des aus nächster Nähe und Betroffenheit erzählenden Ichs.[2] Auf beiden Ebenen ist das Ich Subjekt der Aussage, und es überwiegt seine formale Bedeutung als Erzähler oder Sprecher. Das Subjekt der Äußerung, nach Lacan Subjekt des Signifikanten, dagegen artikuliert sich im metonymischen Gleiten des Sinns hinter den fixierten (= formulierten) Aussagen und kommt so nur indirekt zur Sprache.[3] Das erklärt, warum die Ich-Figur ihre Erzählung in einer betont distanzierten und kalkulierten Weise 'in Szene setzt': Hier artikuliert sich der Zwang, im Augenblick der Äußerung an eine determinierende (Sprach-)Form gebunden zu sein, durch die jede Unmittelbarkeit der freien Aussprache mit dem 'An-Spruch' verhindert zu werden droht. Das Ich ist nicht Herr seiner Redeweise, sondern 'ent-spricht' der Ordnung des Signifikanten, insofern "das Subjekt der Bahn des Symbolischen folgt"[4] und der Signifikant Regie über die Auftritte und Rollen der Subjekte führt[5]. Das Subjekt erscheint so als untergeordnetes Moment in einer transsubjektiven Struktur. Nicht die Freiheit der Ich-Erzählerin, sondern die notwendige Abhängigkeit von einer bestimmten und zugleich bestimmenden Darstellungsweise wird zum Ausdruck gebracht.

Inhaltlich umgesetzt findet sich dieser Aspekt in dem gehemmten Aussprachebedürfnis der Ich-Figur. Auf der einen Seite will sie erzählen und setzt auch dazu an, auf der anderen Seite kommt sie aber nie dazu, das zu sagen, was sie wirklich meint. Die grundsätzliche Diskrepanz zwischen Anspruch und Aussage wird von der Ich-Erzählerin empfunden und dargestellt als eine Störung in der Erinnerung. Während sie zunächst noch postuliert, daß es nichts mehr gebe, "was mich in meiner Erinnerung stört" (20), und sie sich fragt, "was soll mich stören, an einer Stadt zum Beispiel, in der ich geboren bin" (ebd.), heißt es gegen Ende der Einleitung: "Ich will nicht erzählen, es stört mich alles in meiner Erinnerung" (24). Vielleicht liegt hier die Betonung auf dem Erzählen im Sinne eines Erklären-Müssens, das aufgrund der Komplexität der angestrebten Aussage unmöglich erscheint. Die andauernde Störung (vgl.u.a. S.259,274f.,279,290, 324), die das Aussprechen blockiert, baut zwar die Spannung im Roman auf, insofern der Leser hofft, daß sie aufgedeckt wird, zugleich aber entzieht sie sich jeder eindeutigen Bestimmung. Die Ich-Figur verwirft nach und nach alle Erzähl- und Erkläranfänge für die Zeitpunkte, an denen "es wirklich passierte" (21), weil diese sich auf die "gewöhnlichen Erinnerungen" (20) beziehen und damit nur "Zurückliegendes, Abgelebtes, Verlassenes" (20) betreffen. Die aufgestellten Vermutungen kommen nicht mit der von ihr intendierten Aussage zur Deckung. Sukzessiv werden die eigenen Behauptungen revidiert bis hin zur absoluten Verneinung, an die sich lediglich ein dunkler Bezug auf das Traumkapitel anschließt:

> Es war nicht auf der Glanbrücke, nicht auf der Seepromenade, es war auch nicht auf dem Atlantik in der Nacht. Ich fuhr nur durch diese Nacht, betrunken, der untersten Nacht entgegen. (23)[6]

Das Ich ist auf der Suche nach einer "verschwiegenen Erinnerung" (20), bei der es sich um eine Erfahrung handeln muß, die hinter den konkreten Erinnerungen liegt und durch bloße Benennung der Ereignisse und Gegebenheiten nicht darstellbar ist. Das undefinierbare 'Etwas', das immer stört, wird bis zum Ende des Romans nicht aufgelöst. Es unterliegt Veränderungen, zum Beispiel im Traumkapitel, in dem an Stelle der andauernden Störung ein immer neuer Verdacht aufkommt, aber 'es' läßt sich auf kein entscheidendes und einschneidendes Ereignis oder Erlebnis reduzieren. 'Es' ist vielmehr die Störung selbst, die als unaufhebbarer Mangel und vielleicht als unüberwindbares Hindernis jedes Kommunikationsversuches thematisiert wird. Was von dem Ich und durch den Roman hindurch erzählt werden soll, bleibt im Grunde verborgen, bildet eine "dunkle Geschichte" (19,171),

aus vielen wahrscheinlichen und auch unwahrscheinlichen Geschichten zusammengesetzt, die den Leser auf die gleiche verzweifelte Suche - eben nach diesem 'Es' - führen, auf die sich das Ich selbst begibt.
Die einzige Möglichkeit, die Wahrheit - was auch immer hier darunter zu verstehen ist - zu artikulieren, besteht darin, sie an-zusprechen anstatt sich aus-zusprechen, also ex negativo darauf hinzuweisen. Deshalb überhäuft die Ich-Figur den Leser und auch Malina, den Zuhörer, mit Geschichten, die nur in ihrer Verweisfunktion auf etwas ganz anderes eine Wahrheit be-deuten. So zum Beispiel in der "Geschichte" (297) von den drei Mördern (52f.,263,297), von der das Ich sagt, daß sie "über diese drei nur etwas aufzeichnen (wollte), um hinzudeuten auf einen vierten, denn die Geschichte von meinen drei Mördern ergibt keine Geschichte" (297)[7]. Erst durch die Verbindung mit bruchstückhaften Erinnerungen erhellt das Ich den Zusammenhang zwischen "diese(n) drei Abende(n), die viele Jahre auseinanderliegen" (296 f.), und den im Traumkapitel angesprochenen Todesängsten:

> (Ich bin aber gegen den elektrischen Stacheldraht gelaufen.) Ich erinnere mich doch an eine Kleinigkeit. Ich habe einmal Tag für Tag mein Essen weggeschüttet, ich habe heimlich auch den Tee weggeschüttet, ich muß gewußt haben, warum. (297)

Obwohl es an einer Stelle heißt, der Vater sei der Mörder (247), kommt es trotzdem zu keiner eindeutigen Aussage über diesen Mörder und dessen Gründe - ganz abgesehen davon, daß viele der Romanfiguren irgendwann vom Ich des symbolischen oder versuchten Mordes bezichtigt werden (124: Lina, 161 f.: Antoinette, 294: Ivan, 332: Malina u. a.).
Wo assoziative Hinweise fehlen, tritt Malina als Gegenüber auf, vor dem die Ich-Figur sich und ihre Geschichte/n klären kann (19). Er versteht diese besondere, eigene "Art des Ausdrucks" (263) und ergänzt ihr übergroßes "Einbildungsvermögen" (ebd.) durch sein "Vermögen, mit dem er alles ausbildet, auszeichnet, auffüllt, vollendet" (ebd.). Es heißt von ihm in bezug auf die Geschichte von den drei Mördern:

> Malina will keine Schilderungen und Eindrücke von irgendwelchen Abendessen, die ich einmal mit Mördern verbracht habe. Er wäre aufs Ganze gegangen und nicht mit einer Impression zurückgeblieben oder mit dieser dumpfen Beunruhigung, sondern er hätte mir den wirklichen Mörder vorgeführt und mich durch die Konfrontierung zu einer Erkenntnis gebracht. (263)

Offensichtlich aber hat die Ich-Figur Angst vor dieser Konfrontation mit der Wahrheit und den Konsequenzen, die sich daraus ergeben könnten. Wenn sich die Gelegenheit dazu bietet, weicht sie selbst Malina aus (vgl. S. 218, 186 f., 311 f., u.ö.). Auch in den Gesprächen mit ihm werden Erklärungen oder unmittelbare Eingeständnisse, falls überhaupt abgegeben, immer wieder verworfen beziehungsweise ersetzt durch Mutmaßungen oder Behauptungen. Oft ist nicht zu unterscheiden, ob die Behauptungen der Ich-Figur der Realität entsprechen, in ihr nur verankert oder als Projektionen der Erzählerin zu verstehen sind. Vorgestellte, erfundene und wirklich erlebte Erfahrungen oder Begebenheiten stehen für sie gleichberechtigt nebeneinander, wenn es darum geht, ihren Empfindungen Ausdruck zu verschaffen. Damit ist die dargestellte Wirklichkeit immer fraglich, und selbst die als realistisch ausgewiesenen Erzählabschnitte müssen in bezug auf den inneren Zustand der Ich-Erzählerin gelesen werden.

I.4.2. Die Figurenkonstellation

Ebenso wie die im Roman dargestellte Wirklichkeit dienen auch Ivan und Malina in ihrer 'Gestaltung' als Hintergrund oder Folie, auf der sich das Ich abzeichnet. Beide Figuren sind als eigenständig zu verstehen, insofern deren Anwesenheit für die Ich-Erzählerin Wirklichkeit ist und deren Auftreten realistisch geschildert wird. Als Projektionen der Ich-Figur aber existieren sie lediglich in der Behauptung, und das bedeutet: als Mittel der Selbstbehauptung in einer Situation, in der sie sich deren Gegenwart in 'Wirklichkeit' nur vorstellt, also sie behauptet.[1]

Schon in der Einleitung zum Roman erhält der Leser keine Charakterisierung, durch die Ivan und Malina als Persönlichkeiten gekennzeichnet wären, sondern eine Beschreibung der Bedeutung, die sie als Bezugspersonen für das Ich tragen. Und auch diese Beschreibung umfaßt mehr den Lebensraum und den Zeitraum, den die Ich-Figur als den einzig für sie maßgeblichen bestimmt, als die Personen selbst. Es geht um den Ort "Ungargasse" Nummer sechs und neun (10) sowie um den Zeitraum "heute" (8) für Ivan - beziehungsweise die "verlorene Zeit" (17) für Malina. Dabei wird das Verhältnis der drei Hauptfiguren zueinander durch den Ort definiert als Nebeneinander oder Gegenüber, wobei die Zahlensymbolik zusätzlich ein Spiegelverhältnis ausdrückt. Später wird Ivan immer wieder mit diesem Lebensraum der Ich-Erzählerin, der als "Ungargassenland" (25) dargestellten Straße, in Verbindung gebracht. Sie bildet für die Ich-Figur einen Zufluchtsort vor den Bedrohungen der Außenwelt. Bereits hier deutet sich an, daß es ihr weniger um die Person des anderen geht als um den Raum, den er ihr eröffnet und in dem sie zu sich kommen kann (10). In geradezu aristotelischer Manier ist sie darum bemüht, eine Ortseinheit festzulegen und an ihr festzuhalten. Diese Einheit betrifft aber nicht den tatsächlichen Handlungsraum der Romangestalten, sondern die Intention der Ich-Erzählerin, die Gegenwart in einem Hier und Heute einzufrieren. Mit dem Bereich der Ungargasse soll ein Bewußtseinsfeld geschaffen werden, in dem ihr gesamtes Gedanken- und Vorstellungsgefüge einen Raum erhält. Das "Ungargassenland" (25) bildet für die Ich-Figur eine eigene Welt, vor der die Realität der Außenwelt in den Hintergrund tritt:

> Wenn man die Welt vom III. Bezirk aus sieht, einen so beschränkten Blickwinkel hat, ist man natürlich geneigt, die Ungargasse herauszustreichen, über sie etwas herauszufinden, sie zu loben und ihr eine gewisse Bedeutung zu verleihen. (10)[2]

Entscheidend ist, daß diese Schutzzone ihre Kraft nicht nur dann verliert, wenn sie von der Ich-Erzählerin verlassen werden muß, sondern auch, sobald Ivan oder Malina dort nicht anwesend sind (vgl. S.177 u. 299).

Neben dieser extrem subjektiven raum- und zeitraumorientierten Umschreibung der Bedeutung der beiden männlichen Hauptfiguren erfährt der Leser einiges Wenige aus dem Personenverzeichnis, das dem Text vorangestellt ist. Hier werden sie, insbesondere aber Ivan, ausdrücklich und auffällig als authentisch dargestellt. Die Ich-Figur verschweigt und verändert Daten, um, wie es heißt, "keine unnötigen Verwicklungen für Ivan und seine Zukunft heraufzubeschwören" (7). Ivan existiert also wirklich - zumindest wird er (dem Leser) so realistisch 'vorgestellt', daß dieser Eindruck entsteht.
Auch Malina scheint mitten aus dem Leben gegriffen zu sein[3], obgleich die Beschreibung seiner Lebensdaten bereits widersprüchlich ist. Sein Geburtsort wird nicht genannt, die Altersangabe ist umständlich und verwirrend ("Alter, dem Aussehen nach, unbestimmbar, heute vierzig Jahre alt geworden" (7)), seine Tätigkeit als Angestellter im Österreichischen Heeresmuseum undurchsichtig, da er sie angeblich "aus Gründen der Tarnung" (7) ausübt. Ebenso mysteriös mutet die Beschreibung der Bekanntschaft der Ich-Figur mit Malina an. Einerseits definiert sie dieses jahrelang andauernde Zueinander-Hinfinden als unumgängliche Bestimmung, der sie selbst zulaufen mußte (14), andererseits macht sie ihre Begegnung mit ihm davon abhängig, daß sie sich auf der Suche nach ihm befunden habe (16-18). Auf den ersten Blick erscheint die Schilderung wirklichkeitsbezogen und wahrscheinlich, insgesamt aber ist sie unglaubwürdig und widersprüchlich: Erst macht sie sich, nachdem sie Malina nur zweimal zufällig begegnet ist, allerlei Vorstellungen von ihm, denkt sich ihn im Ausland (16) und dichtet ihm Namen und mysteriöse Geschichten an (17); später bringt sie ihn mit dem Bruder der Maria Malina in Verbindung, ohne zu dem Zeitpunkt wissen zu können, daß dieser mit dem gesehenen Mann identisch ist. Wenn die Ich-Figur erklärt, daß es "diese dritte unappetitliche Berührung durch eine Zeitung (...) nur für mich mit ihm gab" (17), bedeutet das nicht, daß sich die anderen Leser unter dem unbekannten Schriftsteller niemanden vorstellen konnten. Das Ich hat Malina, so wie es ihn "aus der Wirklichkeit

verschwinden" (17) lassen konnte, in diese überhaupt erst hineingeholt. Erst gegen Mitte des ersten Kapitels (105) erfährt der Leser, daß es sich bei Malina um eine Art Alter ego der Ich-Figur handelt und daß die angebliche Begegnung den Zeitraum beschreibt, in dem er sich im Ich herausgebildet hat:

> Über Malina wiederum habe ich so viele Jahre nachgedacht, es hat mich so verlangt nach ihm, daß unser Zusammenleben eines Tages nur noch die Bekräftigung war für etwas, was immer so sein hätte sollen und nur zu oft verhindert worden war, durch andere Menschen, durch verkehrte Entschlüsse und Handlungen. (130)

Hier stellt sich die Frage, ob die Ich-Figur erst im nachhinein die Wirklichkeit zur Wahrscheinlichkeit entstellt, wie zum Beispiel bei Erinnerungen:

> Im Café Musil habe ich vielleicht doch nicht das Stück Torte nach der Aufnahmsprüfung bekommen, aber ich möchte es bekommen haben und sehe mich mit einer kleinen Gabel eine Torte zerteilen (21)

oder ob ihre Schilderungen nicht insgesamt einer verändernden Perspektive unterliegen, so daß auch die 'gegenwärtigen' Berichte als Entstellungen gelesen werden müssen. Diese Vermutung läßt sich am besten an Hand der Darstellung der Liebesbeziehung Ich-Ivan überprüfen.

Auffällig ist, daß die Ich-Figur nie ohne Umschweife von ihrem Verhältnis zu Ivan spricht, sondern immer assoziativ im Verlauf eines sie beherrschenden Gedankenganges. Das wird im ersten Kapitel besonders deutlich, in dem sie über ihr leidenschaftliches Verhältnis zu Ivan berichtet, das der Schilderung nach jedoch "nur aus Warten und Rauchen besteht" (26). Und obwohl Ivan gar nicht in Wien ist, erzeugt sie - wie im Traumkapitel - Ivans "Allgegenwart" (236), indem sie sich dessen Tagesablauf mit einer Genauigkeit ausmalt, als schildere sie eine Beobachtung (25f.). Über die Wahrscheinlichkeit, daß Ivan die Frühnachrichten hören könnte, und die sich daran anschließenden zitierten Eingangsworte eines Nachrichtensprechers kommt die Ich-Figur auf 'ihr' Ungargassenland zu sprechen. Hier lebt anscheinend eine Gemeinschaft Gleichgesinnter, denn es heißt, Washing-

ton und Moskau und Berlin würden dort von niemandem ernst genommen (25). Dann überschlagen sich die Assoziationen, ein Gedanke erzeugt stichwortartig den nächsten, führt scheinbar fort und doch immer wieder zurück in den Vorstellungsbereich um Ivan, das Ungargassenland und die Liebe.
Wenn auch das Verlangen nach Ivans Allgegenwart und die damit verbundene übergroße Einbildungskraft aufgrund ihrer Liebe zu ihm nichts Ungewöhnliches sind, so wird doch im Verlauf der nächsten Abschnitte immer deutlicher, daß fast alle Aussagen über ihre Umwelt auf ihren eigenen Zustand bezogen sind. Die reale Lebenssituation der Ich-Figur unterliegt den ihr eigenen Möglichkeiten und Fähigkeiten zur Erzeugung einer subjektiven Wirklichkeit und gleicht so gesehen einem künstlerischen Schaffensprozeß. Ihr Lebensraum verändert sich und wird zur "Gedankenbühne" (301), auf der auch Ivan auftritt, ohne tatsächlich gegenwärtig zu sein.
Nach sieben Erzählabschnitten, die ausschließlich von Ivan und der Liebe zu ihm handeln, ist noch immer kein Wort von ihm gefallen, bei dem es sich nicht um einen Satz im Rahmen erläuternder Zitate handelt. Seine Reden sind als Erinnerungen oder Vorstellungen der Ich-Figur in ihren Gedankengang eingebaut ("denn sowie ich ansetze mit einem gewöhnlichen Satz (...), unterbricht Ivan mich" (31)). Erst im neunten Erzählabschnitt läßt ein einziger Satzteil auf Ivans Anwesenheit schließen: "Da Ivan mich fragend anschaut, (...)" (33). Aber als Ivan sie fragt, wovon sie gerade gesprochen habe, so als sei er die ganze Zeit anwesend gewesen und doch abwesend, wie in ein Lesen vertieft, führt das Ich seine monologischen Gedankengänge fort. Es wird nicht erkennbar, was aus Ivans Gegenwart geworden ist. Auch die ersten Telefonsätze (36) sind Zitate innerhalb eines Vorstellungsgefüges, in dem die Ich-Figur sich fragt, "ob man heute schon sagen dürfte, daß wir miteinander reden und uns unterhalten können wie andere Menschen" (35). Das ist aber ganz offensichtlich nicht der Fall, da es sich, wenn überhaupt, um Zitate aus einer früheren Zeit handelt. Was die Ich-Erzählerin für Ivan annimmt, nämlich daß ihre "geringsten Worte (...) so

geladen sind", daß sie aus ihr "mit einer hundertfachen Bedeutung kommen für ihn" (37), scheint nur umgekehrt zu gelten. Die Ich-Figur wertet Ivans wenige Worte und Gesten und auch seine Schweigsamkeit als Ausdruck einer unaussprechlichen und unausgesprochenen Harmonie, die von Ivan - vorausgesetzt, er existiert in dem Maße, wie behauptet - nicht empfunden und erwidert wird.

Indem mit und von Ivan nur wenig gesprochen wird, will die Ich-Figur ein Tabu wieder herstellen, das den "Wortscheingefechte(n)" (37) der Öffentlichkeit entgegenwirkt. Die Geschichte soll eine verschwiegende bleiben, damit sie nicht durch Benennung an Bedeutung verliert und zu einem Teil des Geredes wird. Das Ich läßt "den Vorhang fallen" und tritt "allein vor Ivan", um den "ersten Kühnheiten" und "letzten sanften Ergebenheiten wieder eine Chance" (31) zu geben. Dabei setzt das Tabu sowohl die Verschwiegenheit des Erzählers als auch die der Liebenden voraus: die Diskretion und das 'stille' Einvernehmen.

Da dieser Gedankengang als Anspruch der Ich-Erzählerin geäußert wird, ist es wahrscheinlich, daß die Geschichte zwischen ihr und Ivan 'in Wirklichkeit' gar nicht oder nicht so wie dargestellt stattgefunden hat. Neben den gewöhnlichen Geschichten soll eine verschwiegene bestehen bleiben und damit ein wirkliches Geheimnis, das nicht "erbrochen werden (kann) wie eine verschlossene Lade" (32).

Nicht die intime Beziehung zweier Partner, sondern der Zustand der Ich-Figur steht hier im Vordergrund, ihre Fähigkeit, auf einmal und mit all ihren Sinnen sich selbst und die Welt empfinden zu können. Sie entwickelt ein Lebensgefühl, bei dem zum Beispiel Ivans "Zimtgeruch" (335) viel mehr auf ein kindliches, fast weihnachtliches Glücksgefühl verweist als auf ein sexuelles. Die Angst vor der Enthüllung, vor der Entblößung eines jeden Geheimnisses (32,100) aber bleibt: Wie Marcel, der Clochard, fürchtet sie, von den Ausdünstungen des Glücks reingewaschen zu werden (297f.). Dieses Glück, das es einmal gegeben haben muß, kehrt zwar <u>in</u> der Vorstellung einer Liebesbeziehung in die Gefühlswelt der Ich-Figur zurück, ist aber <u>als</u> Vorstellung nicht haltbar zu machen (vgl. S.74,94). So erscheint auch Ivan am Ende vor den Augen des Ichs in seiner ganzen, "nackten" Wahrheit, nämlich als Skelett, als Trugbild einer Empfindung:

> Ivan ist nicht mehr Ivan, ich sehe ihn an wie ein Kliniker, der eine Röntgenaufnahme studiert, ich sehe sein Skelett, Flecken in seiner Lunge vom Rauchen, ich sehe ihn selber nicht mehr. (331)

Deshalb heißt es auch gegen Ende des Romans: "Nur Ivans Geschichte mit mir, da wir keine haben, die wird nie zu erzählen sein (...)" (335). Die Geschichte, von der im Verlauf des Romans einiges Wenige berichtet wird, stimmt also zumindest hinsichtlich der Bedeutung, die ihr vom Ich zugemessen wird, nicht überein mit der Wirklichkeit. Sie bezeichnet aber trotzdem eine Wirklichkeit, nämlich die in der Wunsch- und Vorstellungswelt der Ich-Figur verankerte. An der erzählten Handlung wird das daran deutlich, daß sich Ivans Verhalten ihr gegenüber nicht entscheidend oder vielleicht gar nicht ändert. Es scheint sogar, als ob er das sogenannte Liebesverhältnis gar nicht aufkündigt[4], da es in 'Wirklichkeit' höchstens eine mehr oder weniger oberflächliche Bekanntschaft gegeben hat. Nicht umsonst wird dem Leser der Inhalt von Ivans Brief, den das Ich am Wolfgangsee erhält (162), verschwiegen. Der Brief enthält keine Entscheidung oder Absage, sondern fungiert vielmehr selbst als ein Zeichen, das nur für die Ich-Figur etwas bedeutet - ebenso wie die ganze Beziehung unter dem Zeichen, dem "Losungswort" (29) Ivan steht, das für sie allein Gültigkeit hat. Berechtigterweise fragt sie sich schließlich selbst: "Ob Ivan auch denkt, daß es früher nicht so war, oder scheint es nur mir, daß es früher anders war als heute" (333).

Es ist allein das Ich, das Ivan aus seinem gewöhnlichen Leben hinaushebt, so hoch hinauf, daß er in dieser dünnen Luft nicht mehr atmen kann (336). Die Ich-Figur ist es auch, die sich selbst erhöht, indem sie den anderen als "Transformator" (300) benutzt, der zwischen zwei Welten vermitteln soll. Insofern ist Ivan nur Liebesobjekt im Sinne eines Lebensanspruchs. Dies gilt auch, obwohl einzelne Erzählabschnitte dafür sprechen, daß er wirklich existiert, wie zum Beispiel die Schilderungen über Ivan und die Kinder. Aber genauso, wie der Besuch bei den Altenwyls als Bild für gesellschaftliche Zwänge und Gepflogenheiten verstanden werden kann,[5] dienen auch jene Beschreibungen als bildliche Vergegenwärtigung einer Vorstellung oder eines Wunsches. Das bedeutet, daß Ivan jemanden wie Ivan repräsentiert, worauf auch sein Name hinweist,[6] der aber "heute" für das Ich wirklich ist. Er ist als tatsächlich existierende Person innerhalb der Erzählhandlung ein Prototyp, der für das Verhältnis des Ichs zum geliebten anderen, zum ersehnten Du steht.

Als Romangestalt erfüllt Ivan also eine doppelte Funktion: einerseits Teilaspekt des Ichs zu sein, da sie in ihm die ersehnte Komplementärgestalt sieht und durch ihn zu einer Identität gelangen will; andererseits als der grundsätzlich andere zu erscheinen, der in seiner Andersheit als solcher nicht anerkannt wird. So gesehen ist das ganze Verhältnis im Grunde ein Prozeß, in dem das Ich im anderen zu sehen versucht, was in Wirklichkeit nicht existiert, also Sehn-Sucht im wörtlichen Sinne. Dieser Prozeß wird dadurch dargestellt, daß die Romanfigur Ivan im Text größtenteils nur als Fiktion einen Platz findet. Wie bei Malina hat die Ich-Erzählerin ein Geheimnis in den anderen hineininterpretiert, und so, wie sie Malina auf Wunsch verschwinden lassen konnte, hat sie auch Ivan wieder entzaubert. Damit ist der Entwurf einer geglückten Liebe, der Behauptung, "Glücklich mit Ivan" (25) zu sein, verworfen. Der als Liebes-ent-täuschung dargestellte Prozeß schildert die Erfahrung einer Ich-Verkennung, die am Beispiel dieser zwischenmenschlichen Beziehung ihre beste Verdeutlichung findet.
Die gleiche Doppelfunktion erfüllt auch die eigentliche Geschichte dieser Liebe. Bezieht man sich auf die erzählte, größtenteils ins Innere der Ich-Figur verlegte Handlung, schildert sie einen Prozeß von der totalen Hingabe zur totalen Vereinnahmung. Aufgrund der hohen und einseitigen Gefühlsintensität des liebenden Ichs werden gleichermaßen die eigenen Möglichkeiten und Fähigkeiten beschränkt sowie die des anderen überschätzt und überfordert. Die Geschichte beschreibt Liebe

als "ekstatische(n) Zustand" (Bachmann, GI, S.74), die "eine solche Ausschließlichkeit erreicht, daß sie vom anderen nicht mehr verstanden, auch nicht erwidert werden kann. Sie ist nicht lebbar für Ivan" (Bachmann, GI, S.75). Genauso wenig ist sie lebbar für das Ich, weil die ins Unwirkliche erhobenen Gefühle und der damit verbundene Zustand auf einen imaginären Zeit- und Lebensraum begrenzt sind. Dieser divergiert mit der Realität und muß notwendig mit ihr konfrontieren, solange nicht beide Liebenden <u>eine</u> Illusion teilen.

> Die Liebe ist für das Ich im Buch von solcher Ausschließlichkeit, daß nichts daneben Platz hat. Sie drückt sich nicht durch ein Geschehen aus, sondern durch Intensität, durch Fanatismus. Diese Art von Liebe kann nicht in der Zeit bestehen. (Bachmann, GI, S.74)

Das pathologische Festhalten (9) an einem scheinbar konkreten Heute, das aber entgrenzend und zeitlos aufgefaßt und verwendet wird, erweist sich als verzweifelter und zum Scheitern verurteilter Versuch, "dieses sich verabschiedende Glück, das seine Zeit gehabt hat" (334), zu verlängern. Damit bildet und bedeutet diese Geschichte zugleich den Versuch, eine Vorstellung, die für jemanden das Leben verkörpert, zur Wirklichkeit zu erheben. Die Grenzen dieser Möglichkeit aber kommen darin zum Ausdruck, daß das Ich über die Fiktion nicht zum Leben findet, sondern nur eine Form des Überlebens erfindet. Beide Aspekte bedingen und ergänzen einander, denn das, was die Geschichte erzählt, spiegelt sich in ihrer Konstruktion: Der Versuch, durch Ivan die Liebe aufleben zu lassen, erstarrt zum Bild, der Charakter des Geliebten verliert durch Rollenhaftigkeit, und das Ich wird sich selbst am Ende zur "Karikatur" (349). Innerhalb des Erzählten und Erdachten macht sich die Ich-Figur ein Bild von Ivan, das mit seinem dargestellten Verhalten immer deutlicher divergiert, als Teil der Gesamthandlung entsteht ein Bild über die Liebe, das nur als Vorstellung existiert.[7]

Nicht nur Ivan allein, sondern alle Personen, die in der räumlich begrenzten Welt der Ich-Figur einen Platz finden, auftauchen oder nur erwähnt werden, sind als eine Auswahl fiktiver, aber repräsentativer Prototypen, innerhalb der erzählten Handlung jedoch durchaus real zu verstehen. Während einerseits Figuren auftreten, die den Eindruck vermitteln, daß es sie in Wirklichkeit gegeben hat oder noch gibt (Ivan, die Altenwyls, Herr Mühlbauer und andere), scheint eine andere Gruppe von Personen Aspekte oder Eigenschaften des Ichs zu verkörpern, insofern sie mit der Ich-Figur durch eigenartige Verbindungen eine Einheit bilden: Malina, der Andere in ihr (144), Lina, die wiederum "mit Malina im Bunde" (121) ist, Lily, die am gleichen Tag wie die Ich-Figur geboren ist (147), Eleonore, die imaginäre Zwillingsschwester (222 f.), und viele andere. Dabei demonstrieren offensichtlich fiktive Personen, wie der Vater, aber auch Malina, dessen Position nur schwer festzulegen ist, in ihrer Macht oder Gewalttätigkeit gerade den Einfluß, den andere Personen im Laufe eines Lebens auf die Identität eines Menschen ausüben können. Sie verkörpern also die Wirklichkeit als Wirklichkeit für das Ich, und zwar insofern sie trotz ihrer zweifelhaften Existenz das Ich manipulieren und beeinträchtigen können. Der Prozeß der Selbstentfremdung ist dadurch dargestellt, daß diese Figuren als Traumgestalten oder Lebenspartner die Identität des Ichs gefährden. Die Ich-Figur, die zu ihrer ureigenen Realität zurückzufinden versucht, muß erkennen, daß sie mehr oder weniger von dem Einfluß anderer Personen abhängig ist, die ihr "Eigenschaften gegeben" oder sie "mit Geschichten versehen" (264) haben.

A. Kompositionsprinzipien des Romans

II. Das unendliche Sprechen

II.1. Das Ich und 'ihre' Geschichte(n)

In ihren Stellungnahmen zu "Malina" betont Ingeborg Bachmann immer wieder, welch große Mühe sie auf die Komposition des Romans verwendet hat (Bachmann, GI, S.96,107,114,126). Demnach sind die einzelnen Textteile so miteinander verwoben, "daß jeder Satz, der im ersten Kapitel auftaucht, sich noch einmal auf etwas bezieht, das etwa im dritten Teil vorkommt" (Bachmann, GI, S.114). So gleicht die Geschichte, von der der Roman im ganzen handelt, einem "Gewebe" (ebd.), dessen einzelne Fäden wiederum in sich geschlossene Erzählteile bilden, ohne daß diese jedoch in ihrem vollen Umfang aus sich selbst heraus verständlich wären. An der Zusammensetzung des dritten Kapitels, das überwiegend aus einer Aneinanderreihung exemplarischer Erzählungen und dazwischengeschalteter Dialoge besteht, wird deutlich, daß die Geschichten im einzelnen als Illustrationen dienen. Sie machen das zu Vermittelnde als konkret Gegenständliches lesbar, sprechen die dahinterliegende Erfahrung aber nicht aus, sondern spiegeln diese.

Das Ich berichtet hier über Vergangenes und Vorgestelltes, das einander durchkreuzt und fließend ineinander übergeht. Dabei basiert das Imaginierte oft auf einem realen Vorfall oder einer Erinnerung, während rein ideelle Entwürfe auf die psychische Realität des Ichs verweisen. Die Geschichten lassen sich entsprechend dem Grad ihrer Realitätsbezogenheit verschiedenen Ebenen zuordnen:

(1.) Zum einen handelt es sich um Erinnerungen, denen eine besondere Bedeutung verliehen wird, weil sie - einen wichtigen Lebensabschnitt betreffend - auf das Ich verändernd eingewirkt haben. Sie werden entweder assoziativ geweckt, oder das Ich kommt unvermittelt darauf zu sprechen. Hierzu zählen unter anderem die Erinnerung an die Arbeit im Nachrichtendienst (270-274) und die Erinnerung an das Rigorosum (322-325).

(2.) Davon unterscheiden sich Erzählungen oder Monologe, die in direktem Zusammenhang mit einer Erinnerung stehen, vorwiegend aber dazu dienen, die Ein- und Ansichten des Ichs zu veranschaulichen. So zum Beispiel der Monolog über die Männer (282-288) und die daran sich anschließende (fiktive) Erinnerung an die Zeit der "universellen Prostitution" (289-291) oder die mit der Erinnerung an die Nachkriegszeit verbundene Beschreibung des "universellen schwarzen Marktes" (275-277).

(3.) Daneben erzählt die Ich-Figur Geschichten über andere Menschen, an die sie sich erinnert oder von denen sie indirekt erfährt, um damit ihre eigenen Ängste, Wünsche und Sehnsüchte zu umschreiben. Dabei gibt es zwei Arten von Verknüpfung: Die Verbindung zu der Situation der Ich-Erzählerin im Zusammenhang mit dem Fall Kranewitzer (252-256) beispielsweise oder mit der Zeitungsnachricht über die Ermordung von Frauen (292f.) stellt sich für den Leser intuitiv her. In bezug auf die Geschichte von den drei Mördern (52f.,263,297) und die von Marcel, dem Clochard (279,297-299), aber wird auf deren Beispielcharakter direkt hingewiesen.

(4.) Eine ähnliche Funktion erfüllen Beschreibungen von Vorfällen, die das Ich sich einbildet und die als Vorstellungen ihrem inneren Zustand entsprechen. Sie entspringen einer realen Situation, sind selbst aber fiktiv: so unter anderem die Vorstellung über die eigene Hinrichtung (317-320), die über das von Malina geschenkte Kleid als Nessusgewand (338f.) sowie die Vorstellung, mit dem Gesicht auf die Herdplatte zu fallen und halb zu verbrennen (353).

(5.) Schließlich handelt es sich auch um fiktive Geschichten im Rahmen der schriftstellerischen Tätigkeit der Ich-Erzählerin, die deren ambivalente Gefühle anderen, vor allem aber Ivan und Malina gegenüber beschreiben und ihr Verhältnis zu ihnen metaphorisch reflektieren. Das leisten zum Beispiel die Legende über "Die Geheimnisse der Prinzessin von Kagran" (62-69) und die Geschichte von den drei Todesgefahren, die das Ich über Malina schreibt (303-305 u. 311f.).

Die Geschichte des Ichs, das sich in Geschichten Ausdruck zu schaffen versucht, situiert sich auf der Grenze zwischen Wahrscheinlichem und Unwahrscheinlichem, zwischen Möglichem und Unmöglichem. Sie wird ersetzt durch Erinnerungen und Vorstellungen, welche die eigentliche Geschichte des Subjekts aus dem Text ausschließen, indirekt aber auf diese verweisen. Dadurch wird der Eindruck zerstört, daß die Geschichte dieses Ichs wirklich so stattgefunden hat oder notwendig so verlaufen mußte. Das Erzählen der Ich-Figur richtet sich gegen die strenge Zeitlichkeit allen Berichtens und damit letzten Endes gegen die Illusion vom ungebrochenen Verhältnis eines Ichs zu 'seiner' Geschichte. Die Ich-Figur in "Malina" hat, wie die Bachmann in einem Essay über Robert Musils Roman "Der Mann ohne Eigenschaften" formuliert, "mehr Möglichkeitssinn als Wirklichkeitssinn" (Bachmann, GW IV, S.87). Sie durchläuft eine Geschichte, die erst in der Vielfalt ihrer Beziehungen wahrnehmbar wird und nicht dadurch, daß ihr ein kontinuierlicher Sinn unterstellt wird. Es scheint, als habe Ingeborg Bachmann einen Gedanken Musils aufgegriffen und ins Literarische umgesetzt. In seinem Roman "Der Mann ohne Eigenschaften"[1] postuliert Musil:

> Die meisten Menschen sind im Grundverhältnis zu sich selbst Erzähler. (...) sie lieben das ordentliche Nacheinander von Tatsachen, weil es einer Notwendigkeit gleichsieht, und fühlen sich durch den Eindruck, daß ihr Leben einen 'Lauf' habe, irgendwie im Chaos geborgen.[2]

Genau das demonstriert die (Ich-)Inszenierung, wie sie in "Malina" über das Personenverzeichnis und die Einleitung vorgenommen wird. Sie dient als Kunstgriff, über den dieses Grundverhältnis des Menschen zu sich selbst dargestellt wird, und kann als Versuch des Roman-Ichs gelesen werden, sich selbst eine Geschichte 'zuzuschreiben'. Der ambivalenten Ich-Erzählerin aber ist wie Musils Protagonisten Ulrich "dieses primitive Epische abhanden gekommen".[3] Für sie "muß einfach alles gleichzeitig aufkommen und auf mich Eindruck machen" (307), und sie ist glücklich, daß ihr "Leben endlich keinen Verlauf mehr (nimmt)" (27), so daß es sich vor dem Leser "in einer unendlich verwobenen Fläche ausbreitet".[4]

Das bedeutet nicht, daß sich das Ich nur in Illusionen ergeht und einer allumfassenden Innerlichkeit verfallen ist. Vielmehr wird das zu Erzählende in einer Form artikuliert, die das Erfahrene als Möglichkeit und damit eine andere Wirklichkeit erfaßt. In diesem Sinne kann man mit Lacan sagen, daß "die Wahrheit von anderswo her garantiert (ist) als von der Realität, die sie betrifft: aus dem Sprechen. Aus diesem auch trägt sie das Merkmal davon, das sie in einer Fiktionsstruktur ansiedelt" (Lacan, SII, S.182).

II.2. Der Tod als Grenze im Roman

> Vielleicht gibt es im Wort eine Wesensverwandtschaft zwischen Tod, grenzenlosem Sich-selbst-Verfolgen und Selbstdarstellung von Sprache. Vielleicht ist die sich ins Unendliche verlängernde Spiegelkonfiguration, die gegen die schwarze Wand des Todes steht, fundamental für jedes Sprechen, seitdem es nicht mehr spurlos vergehen will.[1]

In seinem Essay "Das unendliche Sprechen" plädiert Michel Foucault für eine Ontologie der Literatur, die von dem "Phänomen der Selbstdarstellung der Sprache" (Foucault, Schr., S.93) ausgeht. Dabei unterscheidet er drei Schreibweisen, die er exemplarisch belegt: ausgehend von dem Verhältnis zwischen Sprechen und Tod über die Theorie von der Spiegelung der Erzählung in der Erzählung bis hin zur These von der unendlichen Fortsetzung und Aufhebung der Sprache selbst. Foucaults Überlegungen sollen auf die Analyse des "Malina"-Romans ansatzweise übertragen werden, wobei - entgegen seiner historischen Argumentation - Merkmale ganz unterschiedlicher und von ihm ausdrücklich unterschiedener Schreibweisen nebeneinander berücksichtigt werden. Es wird nicht versucht, eine Theorie zur Methode umzufunktionieren, sondern es werden mit ihrer Hilfe ohnehin offensichtliche Aspekte in Hinsicht auf das Verhältnis von Reden und Tod erörtert.

Der Roman "Malina" läßt sich als eine Erzählung aus der Perspektive dessen interpretieren, der angesichts des eigenen Todes sein Leben zu klären sucht. Ein solcher Ansatz legitimiert sich dadurch, daß auf das Verschwinden des Ichs am Ende des Romans die gesamte Erzählung hindurch hingedeutet und das Verhältnis Leben-Sterben bereits in der Einleitung reflektiert wird (23). Dabei ist schon hier ausdrücklich von Selbstmord die Rede (9). Die Ich-Figur behauptet, 'Heute' sei "ein Wort, das nur Selbstmörder verwenden dürften" (9), und ist gleichzeitig darauf bedacht, aus jedem Tag der erzählten Handlung ein 'Heute' zu machen. Es soll also eine Deckungsgleichheit von Zeit und Handlung erreicht werden, die strenggenommen nur im Moment des Todes möglich ist.

Damit sind der Tod und das Ende noch vor Beginn des eigentlichen Berichtens, also noch vor dem Aufleben der Ich-Figur in der Beziehung mit Ivan, als Perspektive in die Erzählung eingeschlossen. Dieser Eindruck wird durch die besondere Art der Erzählkonstruktion noch verstärkt. Denn das Ich artikuliert sich in einer aufgespaltenen Zeitlichkeit: Während die präsentische Redeweise dem Vergangenheitscharakter des Erzählten 'widerspricht', wird aus der anderen Perspektive das unmittelbar erlebte 'Heute' inszeniert und dessen Ende bereits antizipiert. Das Erzählen, das einen Bewußtwerdungsprozeß beschreibt, setzt nicht einfach ein, sondern nimmt seinen Ausgang aus der Position dessen, dem ein Wissen um das Ende unterstellt werden kann. Der Erzählvorgang selbst wird reflektiert und Fakten werden vorweggenommen, die sich erst aus dem späteren Verlauf der Handlung ergeben.[2] Das Ich der Einleitung, das auch innerhalb des Berichteten immer wieder zu Worte kommt, spricht aus einem Wissen heraus, das erst das Ende des Textes garantiert, und es sucht dieses Ende zu verzögern, indem es sich selbst in eine vor-läufige, präsentische Situation versetzt. Ähnlich wie Odysseus in Foucaults Interpretation stimmt hier das "andere" Ich "den Gesang seiner eigenen Identität (an), (...) um das Schicksal abzuwenden, das ihm durch ein Sprechen vor dem Sprechen zugetragen wird" (Foucault, Sch., S.90). Insofern erzählt das doppelte Ich in "Malina" seine eigene Geschichte als die eines Toten. Während die Gewißheit des Todes und dessen Anerkennung erst den Wunsch produzieren, sich seiner Identität bewußt zu werden, stellt sich der Reflexionsprozeß selbst gegen die bedrohliche Nähe eines sicheren Endes. Damit werden das Verstummen und der Aspekt des Todes zu textkonstitutiven Elementen, die den Ablauf der Handlung bedingen und dessen Bedeutung erzeugen.

In einer recht verschlüsselten Textstelle der Einleitung, in der das Ich im Anschluß an die verworfenen Erzählanfänge den Zusammenhang von Leben und Tod reflektiert, geht es um die sowohl formal als auch inhaltlich umgesetzte Dialektik von Anfang und Ende. Es handelt sich hier um Assoziationen in bezug auf den Geburtstag der Ich-Figur, von dem sie sagt, daß sie nicht weiß, "wer die Unvorsichtigkeit begangen hat, sein Leben auch an dem Tag anzufangen, der für mich der erste war" (22). Auffällig ist, daß sie die Tatsache, "daß an dem Tag (...) wenigstens jemand gestorben war" (23), besonders hervorhebt. Sie spricht dem Tag ihrer Geburt eine bestimmte Bedeutung zu, insofern er nicht unter einem günstigen Stern, sondern unter dem Zeichen steht, Todestag eines anderen Menschen zu sein: "Ich kenne nicht die Befriedigung, mit Alexander dem Großen, mit Leibniz, mit Galileo Galilei oder Karl Marx in eine Sternstunde geraten zu sein"(22), heißt es und wenig später:

> Auf die Gefahr hin, auch der Vulgärastrologie ins Gehege zu kommen, weil ich mir die Zusammenhänge hoch oben über uns einbilden darf, wie ich will, (...) hänge ich meinen Anfang mit einem Ende zusammen, denn warum soll nicht jemand zu leben anfangen, wenn der Geist eines Menschen verlischt (...). (23)

Meines Erachtens erfährt die Aussage, "hänge ich meinen Anfang mit einem Ende zusammen", keine Überinterpretation, wenn man sie auf den Erzählvorgang selbst bezieht, der mit einer allwissenden Perspektive einsetzt, die aber erst aufgrund der Vorwegnahme des Endes eingenommen werden kann. Auch die wenig geläufige poetisch-beschönigende Formulierung, "wenn der Geist eines Menschen verlischt", gemahnt an das Ende des Romans sowie an die kurz vor dem Verschwinden des Ichs noch geäußerte Hoff-

nung, die im "Nous allons à l'Esprit" (352) ihren Ausdruck findet.
Interessant ist ferner, daß der Name des Mannes, der an diesem Tag gestorben ist, verschwiegen wird und stattdessen Erinnerungen an einen Film über Venedig und die Musik, die ihn begleitete, auftauchen:

> (...) aber den Namen dieses Mannes nenne ich nicht, denn wichtiger ist, daß mir dazu gleich das Kino hinter dem Kärtnerring einfiel, in dem ich zwei Stunden lang, in Farben vertan und in viel Dunkelheit, zum erstenmal Venedig gesehen habe, die Schläge der Ruder ins Wasser, auch eine Musik zog mit Lichtern durchs Wasser und ihr dadim, dadam, das mich mitzog, hinüber in die Figuren, die Doppelfiguren und ihre Tanzschritte. So war ich in das Venedig gekommen, das ich nie sehen werde, an einem windigen, klirrenden Wiener Wintertag. (23)

Diese Beschreibung löst unterschiedliche Assoziationen aus, die auch als gängige Vorstellungen dem Venedigmotiv anhaften. Zum einen verweist die Formulierung, "Venedig (...), das ich nie sehen werde", auf den unerfüllt gebliebenen Wunsch der Ich-Figur, irgendwann einmal mit Ivan dort einen Urlaub zu verbringen (49,151). Sie bezieht sich damit unter anderem auf die Vorstellung von Venedig als dem Ziel der Hochzeitsreisenden und dem Ort der Liebenden.[3] Andererseits ist die Stadt im Wasser auch Bild für die spiegelnde und täuschende Doppeldeutigkeit, wobei hier die Verbindung mit den Figuren und Doppelfiguren einen Hinweis auf die Ich-Konstitution in "Malina" abgibt. Und schließlich dient Venedig, besonders auch in der literarischen Tradition, als Chiffre für das Dunkle, das Unergründliche und den Tod.
Der Unerreichbarkeit, der Doppeldeutigkeit und dem Tod werden aber die Musik und die Tanzschritte entgegengesetzt. Verstanden als Symbol für die befreiende Kraft der Kunst deuten sie einen positiven Gegenentwurf an. So wird zum Beispiel der Tanz des Ichs im Traumkapitel, in dem sich das "dadim, dadam" leicht verändert wiederholt, dargestellt als befreiende Bewegung und Ausdruck für künstlerische Selbstbehauptung, der die Macht und die Gewalt des Vaters nichts mehr entgegenzusetzen haben (235).

Die Gedankengänge im Anschluß an das Venedigmotiv bis hin zu der Wiederaufnahme der thematisierten Störung sind durch ein Höchstmaß assoziativer Verdichtung gekennzeichnet. Ganz am Ende scheinen sich Sinn und Zusammenhang in dem Maße aufzulösen, in dem auch die gesuchte Melodie im Geschrei der mehrstimmigen Diskussionen zugrunde geht:

> Die Musik habe ich oft wiedergehört, improvisiert, variiert, aber nie mehr so und richtig, einmal aus einem Nebenzimmer, wo man sie zerfetzte während einer mehrstimmigen Diskussion über den Zusammenbruch der Monarchie, die Zukunft des Sozialismus, und einer begann zu schreien, weil ein anderer etwas gegen den Existentialismus oder den Strukturalismus gesagt hatte, und ich horchte vorsichtig noch einen Takt heraus, aber da war die Musik schon zugrunde gegangen im Geschrei, und ich ohne mich, weil ich sonst nichts mehr hören wollte. (24)

Musik und Tanz, ähnlich wie auch die Liebe, bilden eine Gegenkraft zu dem öffentlichen Gerede, dem "Gemetzel in der Stadt" (32). Aber ihnen droht die Gefahr, durch dieses 'überstimmt' zu werden. Musikalität wird hier wörtlich zu dem, was sich der Rede entzieht. Damit ist auch eines der Grundmotive angedeutet, das den Roman strukturiert und den Kompositionswillen der Autorin unterstreicht. Es ist die Musikalität im Erzählen, die vor allem in dem durchgängig verwendeten "Pierrot-Lunaire"-Motiv ihren Ausdruck findet und die hier in diesem Erzählpassus in einer Art Engführung aller Themen einen Höhepunkt hat.[4] Der Sinn der letzten, 'ausklingenden' Sätze gleitet metonymisch unter Signifikaten, die als fragmentarische Erinnerungen neben der Musik Gedanken an Tod und Krieg wieder aufleben lassen:

> Oft will ich ja nicht hören, und oft kann ich nicht sehen. So wie ich das sterbende Pferd nicht ansehen konnte, das von einem Felsen gestürzt war bei Hermagor, (...) oder wie ich die Große Messe von Mozart nicht hören konnte und nicht die Schüsse auf einem Dorf im Fasching. (24)

Die erwähnten Schüsse beziehen sich auf eine Kindheitserinnerung der Ich-Erzählerin an "damals in Klagenfurt, als sie Wilma und mich an die Wand stellten und erschießen wollten" (115); es heißt hier weiter: "ich kann keine Schüsse hören, seit einem Fasching, seit einem Krieg, seit einem Film" (ebd.).

Damit schließt sich auch inhaltlich der Gedankenkreis von der Geburt bis zum Tod, vom Aufleben bis zum Mord.

Unter dem Aspekt des bevorstehenden Endes können die Geschichten des Romans als "Aufnahmen" verstanden werden: Ein Ich läßt in dem Bewußtsein des eigenen Todes - und das heißt auch in Anbetracht aller möglichen und 'erlittenen' Todesarten - sein Leben wie einen Film vor seinem geistigen Auge vorüberziehen. Auffälligerweise wird auch der Titel des ersten Romankapitels als Filmtitel beschrieben[5], während der des zweiten Kapitels auf einen Filmtitel referiert[6] und die Einleitung sich wie ein Exposé zu einem Film lesen läßt. Alle Schilderungen, Berichte und Begebenheiten fungieren als 'Vorstellungen', die wie ein Film ablaufen, damit sich die Ich-Figur vor "letzten Dingen" (vgl. den Titel des dritten Kapitels) über ihre eigenen Möglichkeiten und ihre innere Realität noch einmal bewußt werden kann. Das erklärt auch, warum die Personen als Projektionen und die Geschichten als beispielhafte Illustrationen von Lebenserfahrung erscheinen. Das sichere Ende - des Erzählens und/ oder des Lebens - ist die einzige Realität, der das Ich sich zu beugen hat.
Gleichzeitig demonstrieren die als Filme interpretierten Geschichten, daß das Ich immer nur indirekt zu sich selbst zu kommen vermag. Wie ein Spiegelbild produzieren die Geschichten lediglich das Abbild eines Originals, das sich selbst dem Blick entzieht. Und ebenso, wie die Ich-Figur wiederholt von einem Venedig spricht, das sie "nie sehen" (23) und nie kennenlernen wird (102), weil der Film den unmittelbaren Eindruck und Anblick bereits vorweggenommen hat, so entwirft sie in der Erzählung ein Bild von sich selbst, das auf ein un-sichtbares und un-bekanntes Original verweist. Venedig dient somit auch als Symbol für die <u>eigene</u> Unerreichbarkeit, Doppeldeutigkeit und Todesnähe.
Nach Lacan erschließt sich für das Subjekt, das der Sprachwirkung unterstellt ist, die Wirklichkeit immer nur in der Form der antizipierten Nachträglichkeit. Eben dieser "Umkehrungs-

effekt, durch den das Subjekt auf jeder Stufe zu dem wird, was es wie von vornherein schon war, und sich allein im Futurum exactum - es wird gewesen sein - kundgibt" (Lacan, SII, S.183), vollzieht sich hier im Moment des Bewußtwerdungs-Prozesses, den der Roman als Ganzes darstellt.

> Hier schleicht sich die Ambivalenz eines Verkennens (méconnaître) ein, das dem Sich-Kennen (me connaître) wesentlich ist. Denn das Subjekt kann sich in dieser Rückschau allein eines Bildes vergewissern, im Moment, wo es ihm gegenübersteht: des antizipierten Bildes, das es sich von sich selber macht in seinem Spiegel. (Lacan, SII, S.183)

Diesen ambivalenten Prozeß zwischen Rückschau und Vorwegnahme, zwischen Vergegenwärtigung und Verlust im Moment des Bewußt-Seins drückt auch die widersprüchliche Verwendung des Zeitraums 'Heute' in "Malina" aus.
Einerseits ist dieses Heute ein Moment, der die bis zum Tode verbleibende Zeit, welche mit der erzählten Zeit zusammenfällt, in eine Art Tagtraum fixiert. Damit ist 'heute' weder der letzte Tag im Leben eines Menschen, noch handelt das Traumkapitel tatsächlich von den Träumen einer einzigen Nacht (181), denn "das ganze Buch sollte sein wie die erratischen Monologe in der Nacht, in denen der Mensch, der am Tag dieses und jenes tut, zu sich kommt und wirklich denkt" (Bachmann, GI, S.73). Durch das intensive Festhalten an 'ihrem' Heute versucht die Ich-Figur, die Vergangenheit und die Zukunft aus der Gegenwart auszuschließen, damit für die Vergänglichkeit kein Platz bleibt:

> Nie mehr wollte ich wissen, wie der Anfang war (...). Aber eines Tages werde ich es wissen wollen und von dem Tag an werde ich zurückbleiben und zurückfallen in ein Gestern. Aber noch ist nicht morgen. Ehe gestern und morgen auftauchen, muß ich sie zum Schweigen bringen in mir. Es ist heute. Ich bin hier und heute. (155)

Andererseits ist das Heute für sie ein Tag, durch den sie "nur in höchster Angst und fliegender Eile kommen und davon schreiben" (8) kann. Es ist von einer Bedrohung die Rede, die "ein immer neues, bedrängendes" (9) Heute auf das Ich ausübt. Eine Erklärung für die Angst und die Eile, die mit dem Heute verbunden sind, kann dem Text nur indirekt entnommen werden. Es ist lediglich die Rede von Briefen und Nachrichten, die zwar in einem Heute geschrieben sind, aber "in keinem Heute mehr ankommen werden" (9), so daß sie besser "nicht beendet" und "nicht abgeschickt" (9) werden sollten - wie die späteren Briefe der Ich-Erzählerin selbst. Auch das Heute hat also mit Unwiederbringlichkeit und einer nicht zu erreichenden Unmittelbarkeit zu tun. Anstelle einer eindeutigen Erklärung aber findet sich dieser Aspekt im Sprechen selbst dargestellt: Das Ich benutzt hier die Beschreibung einer bestimmten körperlichen Befindlichkeit, die das Heute bei ihr auslöst, dazu, der Unmöglichkeit des zeitlichen Stillstands Ausdruck zu verschaffen. Es ist eine Beschreibung in fliegender Eile, in der die treibende Zeit tickt und pocht wie das Herz der Ich-Figur selbst:

> Wenn ich hingegen 'heute' sage, fängt mein Atem unregelmäßig zu gehen an, diese Arhythmie setzt ein, die jetzt auch schon auf einem Elektrokardiogramm festzustellen ist, es geht nur nicht hervor aus der Zeichnung, daß die Ursache mein Heute ist, ein immer neues, bedrängendes, aber den Beweis für die Störung kann ich erbringen, im fahrigen Code der Mediziner verfaßt, für etwas, das dem Angstanfall vorausgeht, mich disponiert macht, mich stigmatisiert, heute noch funktionell, so sagen sie, meinen sie, die Beweiskundigen. (9)

Die Arhythmie, die Unregelmäßigkeit der Herztätigkeit, macht das Ticken der Zeit fühlbar und hörbar, während der Text unaufhörlich fortschreitet. Das Erzählen selbst wird von der Zeit verfolgt, es flieht in einem einzigen Satz, der sich mit der Zeit zu überschlagen scheint und der aufgrund seiner Länge "in einem rasanten Tempo genommen werden (muß), mit einem unmerkbaren Slalom der Augäpfel, weil er sich sonst nicht ergibt" (95). Das Heute drückt also genau den von Lacan beschriebenen Umkehrungseffekt aus, bei dem ein direktes Erfassen seiner selbst immer nur scheinbar möglich ist, insofern das bewußte Sein im Moment der Wahrnehmung immer schon vergangen ist.

Mit dem Heute möchte das Ich der Zeitlichkeit des Seins einen unveränderten Zeitpunkt entgegensetzen, der den natürlichen Ablauf der Dinge aufhält und sich damit gegen ein bevorstehendes, aber immer präsentes, immer schon inbegriffenes Ende stellt. So gesehen befindet sich das Ich "in jenem dem Tode nahen Raum, der sich aber gegen den Tod stellt" (Foucault, Schr., S.90). Reden und Tod scheinen sich 'zeit-weise' gegenseitig auszuschließen. Dabei ermöglicht es vor allem die thematisierte Störung, den Tod beziehungsweise das Ende hinauszuzögern. Zugleich hindert sie das Ich aber auch daran, zu sich selbst zu kommen. Der Versuch, sich fragend am Leben zu erhalten, vollzieht sich in der Dialektik zwischen dem Verlangen nach Schweigen und Verschweigen und dem Wunsch, sich zu artikulieren.[7]

Um das volle Sprechen zu erreichen, ist es notwendig, daß die Ich-Figur sich ein Gegenüber schafft, nämlich Malina, der als fiktiver Gesprächspartner das Fortschreiten des Bewußtwerdungsprozesses ermöglicht. Damit gerät Malina aber zugleich in die Position dessen, der das Ich seinem Ende zutreibt. Dagegen nun richtet sich immer wieder der Wunsch und die Sehnsucht der Ich-Erzählerin, das reine Da-Sein als ein Sein ohne Zeit zu erreichen.

Die Suche der Ich-Figur nach ihrer Identität kann verstanden werden als ein Anreden gegen den Tod, das sich aber in dem Wissen und der Angst vollzieht, daß diese Suche bereits von ihrem Ende her determiniert ist.

II.3. Transformationen im Text: Die Geheimnisse der Prinzessin von Kagran

Auf einer zweiten Ebene betrifft der Akt des Erzählens gegen den Tod weniger die Beziehung des Subjekts zu seiner eigenen Vergänglichkeit als vielmehr die Macht der Sprache, eine selbstreferentielle Eigendynamik zu entwickeln und sich im Prozeß der Spiegelung einem Ende entgegenzustellen.

> An der Grenzlinie des Todes reflektiert sich das Sprechen: es trifft auf so etwas wie einen Spiegel; und um den Tod aufzuhalten, der es aufhalten wird, hat es nur eine Möglichkeit: in sich, in einem Spiel mit Spiegeln, das selbst keine Grenzen hat, sein eigenes Bild entstehen zu lassen. (Foucault, Sch., S.91)

Es geht hier um die Spiegelung der Erzählung in der Erzählung, um "phantastische Vervielfältigungen und Verschachtelungen" (ebd., S.92) innerhalb eines Textes. Eine solche Struktur besitzt und bildet die in den Roman integrierte Legende von den "Geheimnisse(n) der Prinzessin von Kagran" (62-69). So wie Scheherazade in "Tausendundeine Nacht" - dies ein Beispiel von Foucault (Foucault, Schr., S.94) - eine Episode erzählt, die ihre eigeneGeschichte spiegelt, beschreibt die Ich-Figur in 'ihrer' Legende die Begegnung der Prinzessin mit dem Fremden, die nicht nur ihre Beziehung zu Ivan nachvollzieht, sondern auch das Ende ihrer Entwicklung antizipiert.

> Die Spiegelstruktur ist hier explizit; in seiner Mitte hält sich das Werk einen Drehspiegel vor (fiktiver Raum, wirkliche Seele), in dem es en miniature erscheint und sich selbst zuvorkommt (...). (Foucault, Schr., S.94)

Die Kagran-Legende als Text im Text fungiert aber nicht nur als Drehspiegel für die Liebesbeziehung im ersten Kapitel, sondern in ihr wird die gesamte Geschichte der Ich-Figur von deren Anfang bis zum Ende metaphorisch 'reflektiert'. Dabei verdoppelt sich das Erzähler-Ich, das ja durch die Struktur des Romans schon selbst zum Objekt einer Aussage wurde, erneut, indem es sich hinter einer weiteren Form verbirgt: "(...) verstecken könnte ich mich in der Legende einer Frau, die es nie gegeben hat" (61). Zugleich ist das Ich auch hier Subjekt eines Aussagevorgangs, da es explizit als Autor (der Legende) ausgewiesen ist (70). Schreiben heißt also auch für das bereits auf die Heute-Ebene projizierte Erzähler-Ich, "(...) sich in einen virtuellen Raum der Selbstdarstellung und Verdoppelung (zu) stellen (...)" (Foucault, Schr., S. 92).

II.3.1. Legendäre Identität

Die Legende ist in den Handlungsablauf des Romans integriert, aber durch Kursivdruck von ihm abgesetzt. Auffallend ist die Art und Weise, wie die Ich-Figur ihre Erzählung einleitet. Sie berichtet davon, daß sie bei einem Antiquitätenhändler ein altes Schreibpult gesehen hat, das sie gerne kaufen möchte, weil sie

> dann etwas aufschreiben könnte auf ein altes, dauerhaftes Pergament, wie es keines mehr gibt, mit einer echten Feder, wie es keine mehr gibt, mit einer Tinte, wie man sie nicht mehr findet. (61)

Alle weiteren Vorstellungen, die sie darüber äußert, was und wie das zu Erzählende niederzuschreiben sei, sind durchgehend in der Konjunktivform gehalten. Dies kann als Hinweis darauf verstanden werden, daß die Legende in bezug auf das Ersehnte und Erwünschte nur Annäherungscharakter besitzt. In dem Wunsch nach der Verwendung einer längst vergangenen 'Schreibart' (Pergament, Feder, Tinte, Inkunabel, Majuskel) drückt sich die Sehnsucht nach einer ursprünglichen Sprache aus.[1] Zugleich offenbart sich aber hier ein anderer Widerspruch: und zwar der zwischen der in dieser Legendeneinleitung formulierten Unmöglichkeit einer Versprachlichung der intendierten Aussage und der Tatsache, daß diese Erzählung dennoch als Produkt im Text steht. Es wird nämlich hier der Eindruck erweckt, als befände sich das Ich in einem Antiquitätengeschäft (61), und diese Vorstellung wird auch im Anschluß an die Legende aufrechterhalten (70). Damit ist der Prozeß des Schreibens selbst ins Unmögliche erhoben, überschlagen oder getilgt worden, weil er in dem 'in Wirklichkeit' begrenzten Zeitraum einer Kaufentscheidung ansiedelt. Die Frage, wer hier eigentlich spricht, läßt sich nicht eindeutig beantworten. Der Text als solcher scheint sich verselbständigt und das Subjekt des Erzählvorgangs zum Verschwinden gebracht zu haben. Da aber in den Abschnitten vor und nach dem Kursiveinschub ein Wechsel von Präsens zu Perfekt stattgefunden hat, besteht auch die Möglichkeit, daß die bereits abgeschlossene Handlung im erzählten Nachhinein verdichtet wurde. Andererseits bestätigt dieser zeitliche Wechsel, durch den der Leser langsam in die Präteritumform der Legende hinein- und wieder aus ihr herausgeführt wird, daß die Erzählposition hier keineswegs eindeutig ist. Schreiben bedeutet für das Ich als Autor, das angestrebte Heute verlassen zu müssen und sich zu ihm in Distanz zu setzen. Fast unmerklich ändert sich die Perspektive, die jetzt der allwissenden Erzählhaltung der Romaneinleitung sehr ähnlich ist. Aus diesem Grunde ist es auch problematisch, die Legende auf gleicher Ebene mit den späteren Utopie-Fragmenten als Ansatz zu dem schönen Buch zu interpretieren, das die Ich-Erzählerin für Ivan schreiben möchte (53f.). Dies wäre ohnehin nur möglich, wenn man den Inhalt der Legende auf das positive Ereignis einer Rettung und Wiederbegegnung reduziert und deren tödliches Ende von der Interpretation ausschließt.[2]

Die Kagran-Legende[3] spiegelt die Geschichte der Ich-Erzählerin unter verschiedenen Aspekten und auf unterschiedlichen Ebenen. Besonders auffällig und häufig sind die inhaltlichen Übereinstimmungen zu der Beziehung Ich-Ivan und den damit verbundenen Wünschen, Hoffnungen und Ängsten der Ich-Figur. Zunächst wird der Ort der Legende, das Land an der Donau, ebenso historisch situiert wie schon in der Einleitung die "Hungargasse" (11). Allerdings handelt es sich jetzt um eine vorgeschichtliche Zeit, in der es "keine Länder und keine Grenzen" (65) gab und alles namenlos war. Dennoch erinnert dieses Land an der Donau, das "immer in Gefahr" (62) war, an das von der Ich-Figur beschworene Ungargassenland, das es zu verteidigen und für das es zu kämpfen gilt, weil es "von der Rache aller Länder bedroht" (115) ist.

Auf eine Verkörperung Ivans in der Figur des Fremden verweisen vor allem die Umstände, unter denen eine Begegnung stattgefunden hat beziehungsweise sich noch ereignen soll (Türkenbund, Blumenfenster u.a., vgl. S.25 mit S.69), aber auch verschiedene Charaktereigenschaften, die sowohl Ivan als auch dem Fremden - hier metaphorisch verschlüsselt - zugeschrieben werden.[4]

Der Fremde trägt aber auch Züge Malinas. Auf ihn wird im ersten Abschnitt der Kagran-Legende durch die Erwähnung des heiligen Georgs (62) hingewiesen, als den sich die Ich-Erzählerin Malina in der namenlosen Zeit ihres Kennenlernens am liebsten vorstellte (17). Auch die ersten Tränen, die die Prinzessin bei dem Verschwinden des Fremden weint (64), erinnern an diese Zeit, als die Ich-Figur unbedingt mit Malina in Kontakt kommen wollte, dieser sich aber, während sie weinte, in der Menge verlor (16). Der Verlust der Herrschaft, die kampflose Gefangennahme und die verzweifelte Situation, in der die Prinzessin "nicht vor und nicht zurück" (67) kann, stehen in Bezug zu späteren Gesprächen mit oder Feststellungen über Malina. Dieser ist offensichtlich mit dem Ich an der "Herrschaft" (351) und fordert am Ende von ihr, nicht zu kämpfen und weder vor- noch zurückzugehen (329f.).

Die Identität des Fremden ist sehr vielschichtig. Er ist, ebenso wie andere Figuren im Roman, eine Doppelfigur (vgl. Bachmann, GI, S.88), gleichermaßen von Ivan- und Malina-Aspekten gekennzeichnet. Zusätzlich verkörpert er, der die Prinzessin durch eine nie gehörte Stimme fasziniert, auch eine musische Gestalt. Die Begegnung mit ihm kann als eine Begegnung mit dem Absoluten, dem Schönen und der Kunst verstanden werden. Dabei liegt gerade in der Art und Weise, wie die Ich-Figur deren gemeinsame Zukunft beschreibt, ein wichtiger Hinweis auf die Spiegelstruktur in der Legende. Die Vision eines Wiedersehens ist ja eine Collage aus Zitaten, die zum Teil in der Spiegelszene wieder aufgenommen werden, als die Prophezeiung in Form einer Begegnung des Ichs mit sich selbst eine Erfüllung findet (vgl. Kap.I.3. der vorliegenden Arbeit). Entscheidend an den Zitaten ist das Formelhafte. Mangels direkter Referenzobjekte entzieht sich diese Passage einer festlegenden Bedeutung und steht - obwohl sie als Eindruck oder Ahnung undefinierbar bleibt - dennoch nicht leer im Text:

> Die Prinzessin sah auf die erloschene, welkende Blume, die auf dem Boden liegengeblieben war und sagte, die Augen schließend, auf der Schwelle des Traumes: Laß mich sehen! (...) sprechen wirst du wie die Menschen: Geliebte... (...) wir werden Karten spielen, ich werde meine Augen verlieren, im Spiegel wird Sonntag sein. (...) ich weiß nur die Worte dafür, doch wir werden es sehen, wenn du mir die Dornen ins Herz treibst (...). (68/69)

Auf dieser Basis wird eine Sprache gewonnen, die in einem uneingeschränkten, nicht determinierten Raum ansiedelt, in dem nicht das Wort das Leben vertritt, sondern, als Geste verwendet, das Leben bedeutet. Ingeborg Bachmann erklärt:

> Es gibt für mich keine Zitate, sondern die wenigen Stellen in der Literatur, die mich immer aufgeregt haben, die sind für mich das Leben. Und es sind keine Sätze, die ich zitiere, weil sie mir so sehr gefallen haben, weil sie schön sind oder weil sie bedeutend sind, sondern weil sie mich wirklich erregt haben. Eben wie Leben. (Bachmann, GI, S.69)

Zitate stehen also weniger in Bezug zu dem ursprünglichen Kontext, dem sie entstammen, sondern sie kennzeichnen in ihrer Verwendung den Übergang vom Gerede zur Geste. Diese ist für die Ich-Figur in "Malina" "kein leerer Ablauf, keine belanglose Wiederholung" (46), sondern wird als "neu erfüllter Inbegriff feierlicher Formeln" (46) verstanden. Ebenso verhält es sich mit den Zitaten, die auf kein Signifikat im eigentlichen Sinne verweisen und die dennoch Bedeutung erzeugen, weil ihr Stellenwert in der Wiederaufnahme variiert. In diesem Zusammenhang ist es auch interessant, daß ausgerechnet der Spiegel als Signifikat für die Spiegelung fungiert und daß der Blick in ihn Utopie- und Legendenfragmente zugleich entstehen läßt:

> Einmal werden alle Frauen goldene Augen haben, sie werden goldene Schuh und goldene Kleider tragen, und sie kämmte sich ihr goldenes Haar, sie raufte sich, nein! und im Wind wehte ihr goldenes Haar, als sie auf ihrem Rappen die Donau hinaufritt und nach Rätien kam... (140)

Hier durchkreuzt die 'legendäre' Vergangenheit der Ich-Erzählerin in negativer Tendenz die utopischen Vorstellungen von einer gleichsam harmonischen, glänzenden und poetischen Welt. An der Grenze zum Unsagbaren öffnet sich also das "Labyrinth der Wiederholung, des sich verdoppelnden Sprechens, das zum Spiegel seiner selbst wird" (Foucault, Schr., S.93).

Das Mittelstück der Legende, in dem die Prinzessin die Orientierung verliert und schließlich "an die Grenze der Menschenwelt" (66) gelangt, kann als metaphorische Umschreibung des seelischen Raumes verstanden werden, in dem sich die Ich-Figur im Traumkapitel befindet. Sowohl die Prinzessin als auch die Ich-Erzählerin verirren sich hier in einem einsamen, "verschlossenen verwunschenen Reich" (66), in dem sie von einem

"Heer fremder Wesen umzingelt" (67) und von der "gewaltigste(n) Kolonne aus Schattenwesen" (67) bedroht werden. Todesängste (67), Orientierungslosigkeit (65) und die nicht endende Hoffnung auf eine Befreiung stehen gleichermaßen im Mittelpunkt dieser Textteile. Unter anderem erinnert auch der "erste Stern" (63), der als Sternschnuppe vom Himmel herabfällt, an eine Traumszene, in der das Ich in seiner Gefangenschaft einen "ersten rötlichen Stein" (241) mit der Botschaft: "Staunend Leben" (ebd.) zugeworfen bekommt. Der Stern und der Stein drücken jeweils die Hoffnung auf eine Befreiung aus. Auch daß es sich bei der "befremdlichen Landschaft" (65) der Legende um ein "Labyrinth der Kanäle" (ebd.) handelt, verweist auf den Ort der Handlung in Carol Reeds Film "The Third Man", auf den durch den Titel des Traumkapitels angespielt wird. In diesem nach Graham Greenes gleichnamigem Roman gedrehten Film findet der Protagonist Harry Lime Zuflucht und Tod in einem anderen Labyrinth der Kanäle: in der unterirdischen Kanalisation Wiens.[6]

Ein letztes Beispiel soll verdeutlichen, inwieweit der Legendenstoff die Traumlandschaft des zweiten Kapitels in sich aufnimmt und Zusammenhänge wahrscheinlich macht.

Als sich die Prinzessin in Gefangenschaft befindet, heißt es, daß sie "sich lieber den Tod geben (wollte), als sich einem alten König zuführen (zu) lassen" (62). Während hier offenbleibt, warum die Prinzessin eine solche Angst empfindet, einem "alten König (...) zur Frau gegeben" (62) zu werden, wird dieser Gedanke im dritten Kapitel noch einmal aufgenommen. Dort heißt es im Zusammenhang mit dem Wunsch der Ich-Figur, einen jüngeren Bruder zu haben:

> Jeder ältere Mann entsetzt mich, auch wenn er nur einen Tag älter ist, und ich würde es nie über mich bringen, ich würde mir lieber den Tod geben, als mich ihm anzuvertrauen. (259)

Die Ängste der Prinzessin werden hier also fast wörtlich wiedergegeben, während zugleich eine Bedeutungsverschiebung von 'antrauen' zu 'anvertrauen' stattfindet. Die Ich-Figur erklärt des weiteren, daß ihre Furcht "aus keiner vernünftigen Überlegung" (260) kommt und daß "Ekel oder Zuneigung (...) ihr vorausgegangen" (ebd.) sind. Ihren Ausführungen ist ein eindeutiger Hinweis auf die Figur des Vaters im Traumkapitel zu entnehmen:

> Ich muß die Daten wissen, ich muß wissen, daß er fünf Tage jünger ist, sonst werde ich heimgesucht von diesen Zweifeln, es könnten Angehörigkeiten bestehen, ich komme unter den größten Fluch, denn so könnte mir noch einmal etwas geschehen, und ich muß mich mehr und mehr fernhalten von der Hölle, in der ich schon einmal gewesen sein muß. Aber ich erinnere mich nicht. (259)

'Angehörigkeit' ist das Stichwort für die Angst der Ich-Erzählerin, von einer an die Vaterfigur erinnernden Person unterdrückt zu werden. Der Altersunterschied ist deshalb so entscheidend, weil die Unterwerfung unter einen jüngeren Mann für das Ich keinen Zwang und keinen Gewaltakt bedeutet: "Ich muß mich freiwillig unterwerfen können (...)" (259).

In einem zwischen zwei Alpträume eingefügten Dialog mit Malina spielt das Stichwort 'Angehörigkeit' wieder eine besondere Rolle. Auf Malinas Frage, warum die Ich-Figur als Traumtochter ihren Vater gedeckt und dessen Schuld an einem Mordversuch gegenüber der Polizei bestritten hat, erklärt sie, daß die mögliche "Behauptung: Angehörigkeit" (218) ein Wort gewesen wäre, mit dem sie "alle Fragen zunichte gemacht" (ebd.) hätte. Familiäre Angehörigkeit bedeutet in diesem Kontext die Übertragung der Schuld und zugleich die Verpflichtung, die Gefahr einer Bestrafung vom Vater abzuwenden: "(...) ich habe die Spuren verwischt, falsch ausgesagt, das gehört sich doch, nicht wahr?" (216).

Ein älterer Mann weckt im Ich Assoziationen an die Macht, die Gewalt und die Schuld des Vaters. Nur die Sicherheit, daß Malina und Ivan jünger sind als die Ich-Figur, gibt ihr die Freiheit, ohne falsches Pflichtgefühl und ohne Schuldkomplexe zu leben. Dies alles wird unter anderem auch vor dem Hintergrund thematisiert, daß der Vater im Traumkapitel als Nazi-Verbrecher dargestellt ist (246).[7] Im Zuge einer sehr persönlich und individuell empfundenen Kollektivschuld haben sich im Ich zwanghafte Ängste manifestiert, die sich auf dem engen Grat zwischen natürlicher familiärer "Zuneigung" und einem zutiefst empfunde-

nen "Ekel" (260) bewegen. In diesem Zusammenhang steht auch das Inzestmotiv im Traumkapitel: als Ausdruck für die Einimpfung des Schreckens, der Gewalt und der Schuld und als Hinweis auf den 'heute' noch und immer wieder aktuellen Aspekt des Schuldig-geboren-Seins.
Nicht umsonst ist der Vater auch einer der Bewacher oder Leiter des Judentransportes, auf dem der Geliebte, der legendäre Fremde in der Gestalt Ivans, zu Tode kommt. In diesem Kontext lassen sich die Celan-Zitate als Anspielungen auf die Judenverfolgung und -ermordung während der NS-Zeit auffassen: Auch Celan, dem das Hitlerregime Jahre der Verfolgung und Zwangsarbeit und den Tod seiner Eltern gebracht hat, war Jude - ebenso wie der Fremde der Legende, dessen Volk "älter als alle Völker der Welt und (...) in alle Winde zerstreut" (68) ist.

Die bisher erbrachten Hinweise schöpfen keineswegs die gesamte Bedeutungsvielfalt und den Beziehungsreichtum der Kagran-Legende aus. Sie verdeutlichen aber, daß "Die Geheimnisse der Prinzessin von Kagran" nicht allein - wie fast durchweg in der Sekundärliteratur behauptet - das Liebesverhältnis Ich-Ivan spiegeln. Der Fremde verkörpert zwar in erster Linie den Geliebten, trägt aber auch Züge des fiktiven Lebenspartners Malina und ist eine Art künstlerischer Komplementärgestalt. Darüber hinaus ist die Legende nicht nur die Wiederholung bzw. Vorwegnahme dessen, was die Beziehung Ich-Ivan und ihre Entwicklung charakterisiert. Hier spiegelt sich vielmehr die gesamte Geschichte des Ichs von deren hoffnungsvollem Anbeginn über ein Mittelstück, das sich in einem zugleich beängstigenden und auch faszinierenden Traumbereich abspielt, bis hin zum endgültigen Verschwinden am Schluß des Romans. Bezeichnenderweise setzt die Legende zu einem Zeitpunkt ein, nachdem der entscheidende Ivan-Satz schon gefallen ist: "Das wirst du wohl schon verstanden haben. Ich liebe niemand" (57). In ihr wird also etwas bereits Abgeschlossenes wieder 'ins Leben gerufen'[8], um der Absolutheit eines bereits angekündigten Endes (der Beziehung Ich-Ivan) zu entgehen und um den Tod zu umgehen.

Die Spiegelstruktur der Legende, in der der Roman "en miniature erscheint und sich selbst zuvorkommt" (Foucault, Schr., S.94), läßt sich zusammenfassend folgendermaßen umreißen:
Am Anfang der Legende wie zu Beginn des Romans steht Malina in der Gestalt des heiligen Georgs, des Drachentöters und Gründers der Stadt Klagenfurt. Somit erscheint Malina als Bedingung für die Ich-Figur, die (wie die Autorin Ingeborg Bachmann) in eben dieser Stadt geboren ist (8), und gleichermaßen als Titelzeichen von Roman und Legende. Die Begegnung mit dem Fremden erfolgt in einer Situation, in der für die Prinzessin alles ebenso hoffnungslos erscheint wie für die Ich-Figur vor ihrer Bekanntschaft mit Ivan: "(...) und wie schwer und ganz hoffnungslos war es für mich, ehe es geschah!" (33). Der Fremde bleibt zunächst, wie Ivan für den Leser, eine körperlose Stimme, der die Prinzessin verfallen ist - genauso wie das Ich, wenn es vor dem Telefon auf dem Boden niederkniet "wie ein Moslem auf seinem Teppich, die Stirn auf den Parkettboden gedrückt" (41). Die Art und Weise dagegen, wie die Prinzessin die Gestalt des Fremden erwünscht, erinnert wieder an Malina, den die Ich-Erzählerin als "wahre Figur" (18) für sich ersehnte und der sich schließlich aus ihrer Gedankenwelt herausgelöst hat und Wirklichkeit wurde. Die erste Trennung von dem Fremden verweist auf die räumliche Trennung von Ivan am Ende des ersten Kapitels, als dieser an den Mondsee reist und das Ich allein zurückläßt. Zu diesem Zeitpunkt, an dem auch die Ich-Figur ihre Reise an den Wolfgangsee antritt, findet sich bezeichnenderweise das erste Legendenzitat, an dessen Text sie sich in dem Augenblick erinnert, als sie sich eingesteht: "(...) ich will nicht weg von den Ufern der Donau" (156).
Der Verlust jeglicher Orientierung im legendären "Reich aus Einsamkeit" (66) ist gleichzusetzen mit dem Beginn des Traumkapitels, das unmittelbar im Anschluß an die Wolfgangsee-Reise einsetzt. Diese Stelle ist wiederum durch ein zweites Legendenzitat (171) markiert, das den Orientierungsverlust wörtlich wieder aufnimmt. Ein drittes und letztes Zitat, das jetzt aber nicht mehr kursiv gedruckt, sondern in den Text integriert ist,

kennzeichnet die Situation der Ich-Erzählerin kurz vor ihrem Verschwinden (353). Der Fortgang der Legendenereignisse findet sich also auf der Heute-Ebene nur noch als Verweis auf das Ende der Ich-Erzählerin und der Ich-Erzählung. Die zweite Rettung, das Wiedersehen und die Prophezeiung aber wiederholen sich in markanter Variation auf einer anderen Ebene: im Traum und als Traum.

II.3.2. 'Traumatische' Wiederkehr

In dem 13. von den insgesamt 32 Träumen des zweiten Kapitels[9] sowie in dem sich anschließenden Gespräch des Ichs mit Malina wird der Stoff der Legende wieder aufgegriffen und fortgeführt (201-206). Die Träumerin befindet sich an einem Ort mitten im Winter, an dem eine Gruppe von Menschen , die als Juden gekennzeichnet sind (sibirischer Judenmantel), auf den Abtransport wartet. Der Vater, der sich zunächst den Anschein gibt, mitreisen zu wollen, erweist sich als einer derjenigen, die den Abtransport beaufsichtigen. Er "bespricht" (201) sich mit einem der Verantwortlichen und leistet eine Unterschrift, die, ähnlich wie im letzten Traum, auf die Entmündigung der Ich-Figur hinweist. Daraufhin beginnt diese ihre Suche nach "jemand aus Pécs" (202), also aus der Geburtsstadt Ivans. Sie findet ihn kurz vor der Deportation im hintersten Zimmer der vielen Baracken, und er gibt sich als der Fremde aus der Legende zu erkennen:

> (...) es steht ein Strauß Türkenbund in dem leeren Zimmer, neben ihm, der auf dem Boden liegt, in seinem schwärzer als schwarzen siderischen Mantel [10], in dem ich ihn vor einigen tausend Jahren gesehen habe. (202)

Die stillschweigende Vereinigung in der Legende (67f.) wiederholt sich in Form eines symbolischen Niedersinkens (202) - hier allerdings in Anwesenheit eines von zwei vermuteten Kindern (Béla, András) und deren Mutter. Es ist Ivans Ex-Frau, die deutlich zwischen dem Ich und dem Geliebten steht. Auch wenn sie ihr Einverständnis kundtut ("sie hat nichts dagegen"(ebd.)), so ist sie doch nie 'wegzudenken'. Das kann wörtlich aufgefaßt werden, denn hier artikuliert sich die Angst der Ich-Erzählerin, daß Ivan seiner Frau, die gedanklich immerzu anwesend zu sein scheint, mehr verbunden ist als ihr selbst:

> (...) nur von einer Frau höre ich nichts, niemals etwas von der Mutter dieser Kinder (...). Manchmal denke ich sie mir tot, erschossen, von einer Mine hochgejagt und zerrissen oder einfach gestorben an einer beliebigen Krankheit (...). (56)

Ebenso wörtlich läßt sich der Versuch der Ich-Figur interpretieren, vor der Verladung auf die Lastwagen noch schnell "die schützenden Regenschirme" (202) zu finden, um Ivan, das Kind und die Mutter zu 'beschirmen'. Nur ihr eigener Schirm erweist sich als "toter Fallschirm" (203), als geliehener Schutz im wörtlichen Sinne:

> (...) aber mein Schirm gehört nicht mir, es hat ihn einmal jemand stehengelassen in Wien, und ich bin konsterniert, weil ich ihn immer zurückgeben wollte, nur jetzt bleibt uns keine Zeit mehr dazu. (203)[11]

Die Ich-Figur, der schon zu Beginn des Traumes vorgeworfen wurde, daß sie sich nicht solidarisch erkläre (202f.),bleibt auch hier von der (familiären) Gemeinschaft ausgeschlossen. Ebenso ergeht es ihr in der Beziehung zu Ivan, der "seine beiden Welten (...) für immer getrennt halten will" (127), aber auch im Verhältnis zu Malina, der ihre "dunkle Geschichte (...) von seiner klaren Geschichte absondert und abgrenzt" (19).
Die ursprüngliche Prophezeiung in der Legende wird im weiteren Verlauf dieses Traumes, zeitlich und inhaltlich abgeändert, wieder aufgenommen. Statt zukunftsweisender Illusionen steht hier nur die Erinnerung an eine Hoffnung, die nun nicht mehr mit dem Türkenbund und dem Blumenfenster oder dem Spiegel zusammenhängt, sondern Assoziationen an die mit Malina verbundenen Aufenthalte im Stadtpark weckt. Ähnlich wie in der Spiegelszene (140) wird hier das positive Ereignis einer Wieder- beziehungsweise Ich-Begegnung mit den düsteren Vorzeichen des Stadtparks kontrastiert:

> (...) aber mein Geliebter sagt: Sei ganz ruhig, sei du

> auch ruhig wie wir! (...) er sagt: Sei ganz ruhig, denk an den Stadtpark, denk an das Blatt, denk an den Garten in Wien, an unseren Baum, die Paulownia blüht. (203)

Auch die Art und Weise, wie der Geliebte beruhigt, erinnert an Malina und an seine Bemühungen, in den Gesprächen zwischen den einzelnen Träumen das Ich wieder in eine ausgeglichene Verfassung zu versetzen. So auch im Anschluß an ebendiesen Traum: "Malina hält mich, er ist es, der sagt: Bleib ganz ruhig!" (204).

Die Unbekümmertheit des Geliebten wird, ganz im Gegensatz zur Legende, vom Ich mißverstanden als willige Fügung in ein unabänderliches Schicksal, als Einwilligung in das Ende aller Illusionen: "Er sagt zu mir, vergiß es mir nicht wieder, es heißt: Facile! Und ich verstehe es falsch, ich schreie, ohne Stimme, es heißt: Facit!" (203).[12]

Und während die Legende noch mit der bis zuletzt aufrecht erhaltenen und ausgesprochenen Hoffnung auf ein Wiedersehen endete, schließt diese Traumepisode mit dem Tod des Geliebten. Die Nachricht, die ein unbekannter Herr der "Prinzessin von Kagran" (203) überbringt, besteht im Überreichen eines "vertrockneten Blattes" (203), das als Symbol wieder an den dunklen Stadtpark gemahnt und dem Ich signalisiert, daß der Überbringer "wahr gesprochen hat" (203f.). Das Wahr-Sprechen und die damit verbundene traurige Wahrheit über das Ertrinken des Geliebten stehen hier der Wahr- und Weissagung in der Legende direkt entgegen. Ebenso kontrastiert der sichere Tod des Geliebten mit dem Tod der Prinzessin in der Legende und das Nicht-mehr-anwesend-Sein des Fremden mit der Vorstellung der Träumerin, nicht länger leben zu können: "Mein Leben ist zu Ende, denn er ist auf dem Transport im Fluß ertrunken, er war mein Leben. Ich habe ihn mehr geliebt als mein Leben" (204)[13]. Das Weitersprechen wird im Anschluß an den Traum in signifikanter Weise thematisiert als ein Reden, um sich zu retten (204). In dem Gespräch mit Malina wünscht das Ich unablässig, weiterzusprechen und angesprochen zu werden, um die Endgültigkeit der Traumaussagen überleben zu können:

> (...) solange ich noch reden kann, rede ich, es ist wichtig, daß ich rede, weißt du, ich rede nur noch, und bitte, red du doch mit mir (...), es ist gleichgültig, was wir miteinander reden, nur irgend etwas, reden, reden, reden (...). (205)

Das Sprechen, um nicht zu sterben, das Reden, um weiterzuleben, erfüllt hier eine ähnliche Funktion, wie das Aussprachebedürfnis der Ich-Erzählerin in bezug auf ihre Geschichte. Der Traum von der Liebe, der sich in der Legende - wenigstens bis zu einem gewissen Grad, der Hoffnung implizierte, - verwirklichte, wird hier als Traum und im Traum zerstört. Durch die Gewißheit eines tödlichen Endes wird die Prophezeiung wieder aufgehoben. Der von Ivan erhoffte neue Sinn des Lebens schlägt um in die Angst vor dem 'Wahn'-Sinn, in das Bewußtsein einer absoluten Leere, in der der Mensch jeder Illusion beraubt ist:

> (...) mein Kopf, mein Kopf, ich werde wahnsinnig (...), ich verliere den Verstand, es kommt über mich, ich verliere den Verstand, ich bin ohne Trost, ich werde wahnsinnig (...). (204)

Die Legende und die daraus zitierten Fragmente bilden keinen utopischen Gegenpol zu der Realität der Entwicklung der Ich-Erzählerin. Kurz vor Ende des Romans und nicht mehr durch Kursivdruck abgesetzt, deutet das dritte Zitat daraufhin, daß die Ich-Figur bereit ist, die Wahrheit anzuerkennen. Das bedeutet, daß sie die Unmöglichkeit einer grenzüberschreitenden Liebe als Realität begreift und nicht länger an 'legendären' und utopischen Entwürfen festhält. Die Zeiten, in denen sie sich in märchenhaften Wunschträumen zu verwirklichen suchte, sind vergangen - ebenso wie ihr Glaube an eine Prinzessin, die à la Dornröschen oder Schneewittchen[14] zu neuem Leben erweckt werden könnte:

> Es war einmal eine Prinzessin, es sind einmal die Ungarn heraufgeritten aus dem ins Unerforschbare reichenden weiten Land, es war einmal an der Donau und es zischelten die Weiden, es war einmal ein Strauß Türkenbund und ein schwarzer Mantel... Mein Königreich, mein Ungargassenland, das ich gehalten habe mit meinen sterblichen Händen, mein herrliches Land, jetzt nicht mehr größer als meine Herdplatte, die zu glühen anfängt (...). Es war einmal, aber ich verbrenne nicht (...). Ich bin fertig. (353)

Die Legende und die verschiedenen Formen von Transformationen (in Traum, Dialog, Spiegelszene, Zitat und Utopiefragment) lassen im Text eine Spiegelstruktur entstehen, in der einzelne Elemente auf verschiedenen Ebenen kursieren und so ein nicht endendes Verweisspiel eröffnen. Dabei bildet das Wort 'Spiegel' und sein signifikanter Bezug zur Spiegelszene explizit einen Hinweis auf die Struktur der Spiegelung der Erzählung in der Erzählung. In dieser wiederum fungiert die Legende selbst als Spiegel für die Beziehungen Ich-Ivan, Ich-Malina, Ich-Vater und Ich-Künstler(tum). Weiterhin findet eine Verlängerung der Spiegelkonstruktion durch die Wiederaufnahme und Fortführung des Legendenstoffes im Traum von der Deportation statt. Durch die Montage von Traum- und Legendenelementen in den sich anschließenden Dialog wird der Bezug zur Heute-Ebene des Erzählten wieder hergestellt: "Ivan lebt und er hat früher einmal gelebt, seltsam, nicht?" (205). Schließlich markieren die in den Romanablauf eingestreuten Legendenzitate solche Stellen, die rückwirkend auf eine Spiegelung der Geschichte der Ich-Figur in den fiktionalen Entwürfen verweisen.
In der so beschriebenen Struktur konstituiert sich eine Bewegung, die als unendliche Zirkulation[15] im Sinne eines Aufbegehrens gegen das Ende (der Erzählung, der Ich-Geschichte) verstanden werden kann. Sie baut eine Art Barriere vor der imaginären Grenze auf, an der sich die Ich-Erzählerin in Gestalt der Prinzessin schon einmal befunden hat: "(...) sie war in der Region des Flusses, wo er ins Totenreich führt (...)" (67). Diese Grenze wird erst dann überschritten, wenn die fiktionalen Entwürfe als solche (an-)erkannt und deren spiegelnder, verzögernder Charakter im gleichen Zuge aufgehoben werden. In die Erzählung der Heute-Ebene buchstäblich integriert, ermöglichen sie ein Fortschreiten des Erzählens, bedingen Unaufhaltsamkeit und Ende. Die Übernahme des dritten Legendenfragments in den Ablauf der erzählten Zeit markiert den Übergang von der Imagination zum Realen: Aus der 'vor-läufigen', präsentischen Position wird eine vor- und fortlaufende, in der das Ich seinem Ende entgegengeht.

II.4. Schreibweisen des Begehrens: Der Diskurs des Unbewußten

Foucault bestimmt das Verhältnis von Sprache und Tod auf einer dritten und letzten Ebene, in der sich das Schreiben beständig an der Grenze zum Sagbaren befindet und Sprache und Sprechen sich selbst aufheben. Der Unterschied zu der Struktur der Spiegelung besteht weniger in der Intention, sich sprechend und schreibend in einem unendlichen Prozeß gegen das Ende zu stellen, als vielmehr in der Art und Weise, wie die Sprache einen solchen Vorgang ermöglicht: "In diesem Sprechen ist der Anspruch, alles zu sagen und (...) bis an den Rand des Möglichen zu gehen" (Foucault, Schr., S.97).
Während die Spiegelungen der Lacanschen Definition der metaphorischen Substitution nahekommen, geht es jetzt um Formen metonymischen Sprechens. Die Metonymie stellt nach Lacan nicht nur die eigentliche Bedingung für die Bewegung und die Kohärenz der Signifikantenkette dar, sondern sie erzeugt in ihrer Eigenschaft, sich im linearen Diskurs zu konkretisieren, eine Verkettung, der das Subjekt in seinem Begehren folgt. Lacan bezeichnet die Struktur der Metonymie als Wort-für-Wort-Verknüpfung (Lacan, SII, S.30),

> die anzeigt, daß die Verbindung des Signifikanten mit dem Signifikanten die Auslassung möglich macht, durch die das Signifikante den Seinsmangel (manque de l'être) in die Objektbeziehung einführt, wobei es sich des Verweisungswerts der Bedeutung bedient, um sie mit dem Begehren zu besetzen, das auf diesen Mangel zielt, den es unterhält. (Lacan, SI, S.41)

Die metonymische Verkettung beruht also auf der Operation der differenziellen Verweisung von Signifikanten, welche als solche selbst nichts bedeuten wollen (Lacan, SII, S.213). Sie wirken aber bedeutungskonstitutiv, da sie als Leerstelle im Zusammenspiel mit der metaphorischen Sinnzuweisung[1] Bedeutung erst ermöglichen. Während sich das Symptom als Metapher niederschlägt, insofern diese an die Stelle des Verdrängten (der Leerstelle) tritt und dessen Platz in der Signifikantenkette einnimmt (Lacan, SII, S.55), ist das Begehren in die metonymische Bewegung eingeschrieben, in der eine Leerstelle, der Seinsmangel, als fehlender Signifikant insistiert. Dabei fungieren Metonymie und Metapher nicht unabhängig voneinander, sondern produzieren in einer gemeinsamen Bewegung Identitäten als Effekte, die das Begehren des Subjekts über das Symptom verstellen und verdrängen.

Foucault definiert das Auftreten der Werke des Marquis de Sade und der Schauerromane in den letzten Jahren des 18. Jahrhunderts als Umschlagpunkt für gänzlich neue literarische Schreibweisen, "die sich in einer langsamen, pedantisch genauen und ins Unendliche verlängerten Zeremonie selbst darstellen" (Foucault, Schr., S.97). Das gilt auch für die Redeweise des unbewußten Diskurses, in dem nicht das Subjekt selbst, sondern 'es' in ihm spricht, das heißt, in dem es von der Sprache gesprochen wird (Lacan, SII, S.213f.).
Bezogen auf die Erzählweise in "Malina" sind vor allem zwei Aspekte hervorzuheben, unter denen das Sprechen im Foucaultschen Sinne als Anspruch gegen den Tod, im Lacanschen Sinne als Nachvollzug der Redeweise des unbewußten Diskurses verstanden werden kann. Einerseits spielt das Erzähler-Ich mit der Möglichkeit, etwas anderes zu bedeuten als das, was es sagt. Das belegen vor allem die Geschichten, die, in ihrer Verweisfunktion interpretiert, immer nur in indirekter Weise eine Aussprache ermöglichen, sowie die verschiedenen Formen von Spiegelungen und Verschachtelungen, die das Begehren des Subjekts metaphorisch ersetzen.

> Was diese Struktur der signifikanten Kette aufdeckt, ist meine Möglichkeit, genau in dem Maße, wie ihre Sprache mir und anderen Subjekten gemeinsam ist, das heißt, wie diese Sprache existiert, mich ihrer bedienen zu können um <u>alles andere</u> als das damit zu bezeichnen, was sie sagt. Diese Funktion des Sprechens verdient viel eher hervorgehoben zu werden als die Funktion der Verkleidung von (meistenfalls undefinierbaren) Gedanken des Subjekts: Denn sie weist den Platz auf, den dieses Subjekt einnimmt in der Suche nach dem Wahren. (Lacan, SII, S.29)

Die Doppeldeutigkeit dieser Möglichkeit des unbewußten Diskurses liegt darin, daß das Subjekt zum einen etwas anderes meinen, (be-)deuten kann als das, was es ausspricht, und zum anderen, daß es sich selbst ein 'Anderer' ist, insofern ihm nicht bewußt ist, daß und was es spricht: "Das Andere ist die Dimen-

sion, die erforderlich ist dadurch, daß das Sprechen sich in Wahrheit behauptet" (Lacan, SII, S.218).
Geschichten und Spiegelungen in "Malina" sind Sinnverdichtungen substitutiven Charakters (metaphorische Redeweise), die keine eigentlichen Veränderungen und keine Aufarbeitung der Vergangenheit bewirken. Vielmehr erzeugen sie mit der Wiederkehr desselben unter anderem Vorzeichen eine Festlegung des Subjekts. Das Begehren wird auf ein Objekt fixiert und erscheint als Symptom, das den Seinsmangel repräsentiert.
Gleichzeitig konstituiert die metonymische Redeweise des Ichs eine Bewegung, in der eine ständige Verschiebung und Aufhebung von Sinn und Gesagtem stattfindet, so daß am Ende einzig und allein die Infragestellung des Subjekts übrig bleibt - nämlich

> (...) die Frage nach seiner Existenz (, die) das Subjekt umflutet, es trägt, es überschwemmt, ja sogar in allen Teilen zerreißt (...). (Lacan, SII, S.82)

Diese Redeweise entspricht dem Willen der Ich-Erzählerin,"alles viel weiterzutreiben, als ich es in unserer alltäglichen, eingeschränkten Möglichkeit zu erkennen gebe" (257), und begründet Malinas Einstellung als Zuhörer, wenn er sagt: "Ich glaube dir kein einziges Wort, ich glaub dir nur alle Worte zusammen" (350). Ebenso hat der Rezipient zu verfahren, wenn er von scheinhaften Sinnzuschreibungen absehen will.[2] Das ständige Gleiten des Signifikats unter dem Signifikanten (Lacan, SII, S.27) in der Rede des Ichs läßt vor allem formal, aber auch inhaltlich im Text "eine dunkle aber beherrschende Figur entstehen (...), in der es um Tod, Spiegel, Double und das endlose Geblöke der Wörter geht" (Foucault, Schr., S.101). Einerseits ist das Ich das 'moi', das sich "sprechend, redend, Worte auslassend, Worte einlassend" (204) gegen "die schwarze Wand des Todes" (Foucault, Schr., S.91) stellt. Zugleich ist es das 'je', das "diesen unmenschlichen Fixierungen, den Zeichen, diesen Festlegungen, diesem zum Ausdruck erstarrten Wahn, der aus dem Menschen kommt" (94), zu entgehen sucht. Die Redeweise in "Malina" ist also identisch mit der Redeweise des Unbewußten, die den Gesetzen der Signifikantenkette folgt. Inso-

fern stellt der Text selbst die "diskursive Formulierung derjenigen Wahrheit (dar), die nicht gesprochen werden kann, weil das Sprechen selber sie konstituiert und sagt".[3]
Es scheint, als ob sich die Rede des Ichs auf der Suche nach dem Ausdruck befände, der der Wahrheit ent-spricht, die es selbst aber nicht bezeichnen kann, weil sie - in Form des wahren Subjekts - an der Stelle seiner Repräsentation zurücktreten muß.

Ins Inhaltliche gewendet realisiert sich das metonymische Sprechen als ein Ansprechen gegen den Tod im Sinne eines Aufbegehrens gegen die Praktiken einer Mordgesellschaft und die von ihr ermöglichten Todesarten:

> Die Gesellschaft ist der allergrößte Mordschauplatz. In der leichtesten Art sind in ihr seit jeher die Keime zu den unglaublichsten Verbrechen gelegt worden, die den Gerichten dieser Welt für immer unbekannt bleiben. (290)

Die Gesellschaft ist für das Ich in "Malina" eine anonyme und bedrohliche Größe, die die Basis für alle zwischenmenschlichen "Kriegsspiele" (291) liefert, in denen unter dem Deckmantel gesellschaftlicher Erfordernisse oder Gepflogenheiten jeder jeden zum Feind hat. Nicht die einfachen, brutalen und geheimnislosen Verbrechen (291) werden hier begangen, sondern es wird mit Worten und Blicken gekämpft, "die töten können, niemand bemerkt es, alle halten sich an die Fassade, an eine gefärbte Darstellung" (291). Mord wird in diesem Zusammenhang im Sinne einer nicht praktisch, aber geistig und seelisch unterlassenen Hilfeleistung aufgefaßt. Desinteresse, Egoismus und Vorteilsdenken sowie der Hang zur Schönfärberei bilden einige der Anklagepunkte auf einer langen Liste, die der "Todesarten"-Zyklus be-schreibt und auf die das Ich und die Autorin ihre Vorwürfe gegenüber dieser Mordgesellschaft setzen. So gesehen hängen Mord und Selbstmord, wie auch am Ende des Romans, eng zusammen:

> Es war aber ganz anders. Dann habe ich mich umgesehen, und in meiner Umgebung, und auch fern von meiner Umgebung, habe ich bemerkt, daß alle abwarten, sie tun nichts weiter, tun nichts Besonderes, sie drücken den anderen die Schlaf-

> mittel in die Hand, das Rasiermesser, sie sorgen dafür, daß man kopflos an einem Felsenweg spazierengeht, daß man in einem fahrenden Zug betrunken die Tür aufmacht oder daß sich einfach eine Krankheit einstellt. Wenn man lange genug wartet, kommt ein Zusammenbruch, es kommt ein langes oder ein kurzes Ende. Manche überleben das ja, aber man überlebt es eben nur. (233)

Allerdings sind auch die Opfer nicht frei von jeder Schuld.[4] Denn solange sie mit sich handeln, sich behandeln und über sich verhandeln lassen (vgl. S.329), ist auch ihre Einstellung, ausgelegt als Einverständnis, maßgebend für einen nicht endenden Krieg. Malina fragt: "Wie einverstanden aber muß man sein?" (233). Auch die Opfer sind verantwortlich für das "Gemetzel" (32), das vorwiegend mit den Mitteln sprachlicher Gewalt geführt wird, - von der Scheinhaftigkeit "gefärbter Darstellungen" (291) untermauert. Schreibend und beschreibend versucht die Ich-Erzählerin diesen Kampf aufzunehmen, indem sie ihre schriftstellerische Tätigkeit, ebenso wie die Autorin des Romans, der Erforschung von Todesarten widmet.

> Zu sagen, was jeden Tag neben uns passiert, wie Menschen, auf welche Weise sie ermordet werden von den andern, das muß man zuerst einmal beschreiben, damit man überhaupt versteht, warum es zu den großen Morden kommen kann. (Bachmann, GI, S.116)

Deshalb wird die Genese des eigenen Werkes wie der gesamten Trilogie "Todesarten" in den Romanablauf als Teil der Ich-Aktivitäten integriert.[5] Während die Intention der Ich-Erzählerin zunächst noch darin bestand, ein schönes Buch zu schreiben, entsteht insgesamt ein "Buch über die Hölle" (185), in der jede einzelne der beschriebenen Todesarten zu Todesraten für die Ich-Figur werden: "Malina (liest): Todesarten. Ich: Aber auf dem nächsten Zettel, DIN A 2, zwei Jahre später geschrieben, steht 'Todesraten'. Was wollte ich nur sagen? Ich könnte mich <u>verschrieben</u> haben" (304, U.v.S.Sch.).[6]

In der literarischen Selbstreflexion artikuliert sich der Wille, gegen Mord, Tod und Finsternis anzuschreiben,[7] zugleich zeigt sich aber auch die Macht- und Hilflosigkeit von Ich-Erzählerin und Autorin, diesem Anspruch gerecht zu werden:

(...) ich denke an mein Buch, es ist mir abhanden gekommen, es gibt kein schönes Buch, ich kann das schöne Buch nicht mehr schreiben, ich habe vor langem aufgehört, an das Buch zu denken, grundlos, mir fällt kein Satz mehr ein. (320)

B. Das Subjekt und der andere

III. Imaginäre Identifizierung

III.1. Noch einmal Lacan: Imaginäre Leidenschaft und grenzenlose Liebe

> Die Geschichte des Subjekts entfaltet sich in einer mehr oder weniger typischen Reihe von *idealen Identifikationen*, welche die reinsten der psychischen Phänomene insofern repräsentieren, als sie wesenhaft die Funktion der *Imago* enthüllen. Unter dem Ich verstehen wir nichts anderes als ein zentrales System dieser Bildungen - ein System, das in seiner imaginären Strukturiertheit und seinem libidinösen Wert wie sie zu begreifen ist.[1]

Im Übergang von seiner psychoanalytischen zur linguistischen Argumentation definiert Lacan das Verhältnis von Imaginärem zu Symbolischem als ein sich gegenseitig bedingendes. Die besondere Bedeutung des Spiegelstadiums für die Herausbildung der fiktiv-imaginären Dimension liegt nicht darin, daß es ein genetisches Moment bestimmt, sondern daß es als Matrix der 'moi'-Bildungen und damit als Basis für alle späteren Identifizierungen dient.[2] Das Subjekt, das bemüht ist, einen realen Mangel zu verdecken, integriert die Teile des zerstückelten Körpers im Imaginären. Sein Mangel, evoziert durch die spezifische Vorzeitigkeit der menschlichen Geburt (Lacan, SII, S.85), erzeugt erst die Notwendigkeit und konstituiert die Möglichkeit einer Symbiose mit dem Symbolischen, basierend auf der Dialektik von Entzug und Präsens. Die Differenz ist von nun an das Prinzip, welches das Sein des Menschen regiert und gleichermaßen negiert, denn

> durch das Aufklaffen, das diese Vorzeitigkeit ins Imaginäre hineinbringt, und in dem die Wirkungen des Spiegelstadiums wuchern, wird nämlich das menschliche Tier *fähig*, sich als sterblich vorzustellen; man kann nicht sagen, es vermöchte dies ohne sein symbiotisches Verhältnis zum Symbolischen, sondern eher, daß ohne dies Aufklaffen, das es ins eigene Bild verfremdet, diese Symbiose mit dem Symbolischen nicht hätte entstehen können, in dem es sich als *sujet à la mort* (dem Tode unterworfen/als Subjekt zum Tode) konstituiert. (Lacan, SII, S.85)

Erst die Differenz, das Gesetz der Alternanz, ermöglicht selbstbewußtes Sein und Sprache, was Tod und Abwesenheit 'prinzipiell' mit einschließt. Das Symbol erfüllt immer nur eine Stellvertreterfunktion. Es vertritt die gewünschte Sache, zugleich entrückt es sie aber auch, so daß aus den artikulierten Bedürfnissen ein symbolischer Anspruch erwächst. Hierauf gründet Lacans Theorie des Begehrens, in der das menschliche Verlangen sich nicht länger auf ein reales Objekt bezieht, sondern auf das Begehren des anderen gerichtet ist. Lacan postuliert einen

> zentralen Mangel, um den sich jene Dialektik dreht, wonach das Subjekt in der Beziehung zum Andern zu seinem eigenen Sein findet - wesentlich aus dem Grund, daß das Subjekt vom Signifikanten abhängig ist und der Signifikant zuerst auf dem Feld des Andern erscheint. (Lacan, Sem.11, S.215)

Denn sowohl das Bild des anderen (autre spéculaire) als auch der Ort des Andern (Grand Autre), der Sprache, reduzieren das Subjekt in der Antizipation oder Determination auf eine Erscheinungsform, die lediglich Schein-Form ist. Nicht nur das narzißtische Ich, sondern auch das Subjekt der symbolischen Ordnung ist als Identifiziertes von sich selbst entfremdet, denn wer "sich symbolisch mit sich identifiziert, identifiziert sich gerade nicht in der Fülle seines Seins."[3]
Im Umfeld dieser Theorie des Mangels situiert Lacan auch die Geschlechtlichkeit des Menschen "auf einem Weg, der ein Weg des Fehlens ist" (Lacan, Sem.11, S.215). In der Beziehung der Geschlechter zueinander enthüllt sich das Verhältnis des Subjekts zu dem, was es unwiederbringbar verloren hat, insofern es, "indem es mit dem Signifikanten entsteht, als ein geteiltes entsteht" (Lacan, Sem.11, S.209). In dem Maße, in dem nicht das Objekt, sondern das Phantasma Träger des Begehrens ist (Lacan, Sem.11, S.194), dient auch das Liebesobjekt in erster Linie dem narzißtischen Begehren nach einer Identifikation auf dem Feld des anderen:

> Indem wir den andern überzeugen, daß er das habe, was uns zu ergänzen vermag, sichern wir uns zu, weiterhin verkennen zu können, was uns fehlt. (Lacan, Sem.11, S.140)

Damit ist die Funktion der Liebe in "ihrer zutiefst narzißtischen Struktur" (Lacan, Sem.11, S.195) bestimmt, in der das Ich weniger vom anderen als von seinem eigenen Anspruch an ihn gefangen ist. So zum Beispiel, wenn das Subjekt fordert, "die Form der Aufkündigung der Freiheit des andern zu werden" (Lacan, Sem.1, S.274) - also dessen Freiheit auf die 'Freiheit', es zu lieben, beschränkt.
"Lieben ist wesentlich geliebt sein wollen " (Lacan, Sem.11, S. 266), und als "spiegelbildlicher Wahn ist die Liebe wesentlich Täuschung" (Lacan, Sem.11, S.282). Wesentlich, sagt Lacan, und das ist wichtig, denn er unterscheidet von der Form des "sich über den andern lieben - was auf dem narzißtischen Objektfeld dem eingeschlossenen Objekt keinerlei Transzendenz zugesteht -" (Lacan, Sem.11, S.203) eine andere Art von Liebe, die sich "nur in jenem Jenseits zu setzen (vermag), in dem sie auf ihr Objekt Verzicht tut" (Lacan, Sem.11, S.290). Diese Form von Liebe weist eine paradoxe Struktur auf: Zum einen betont Lacan, daß die Bedeutung der "grenzenlosen Liebe" (ebd.) darin besteht, daß sie ein Reich "außerhalb der Grenzen des Gesetzes" (ebd.) bildet. Zum anderen soll sie davon abhängen, daß "das Subjekt, konfrontiert mit dem Ursignifikanten, erstmals in die Lage kommt, diesem sich zu unterwerfen/assujettir" (ebd.) - daß es sich also zugleich innerhalb der Grenzen der symbolischen Ordnung bewegt. Wie ist das zu verstehen?
Lacan geht davon aus, "daß das Begehren nie anders als unter einer verbalen Form, durch symbolische Benennung reintegriert wird" (Lacan, Sem.1, S.223). Die Umsetzung des Begehrens bedarf einer dritten Instanz, der Dimension des 'großen Andern', die in der Zweierbeziehung als Garant der Wahrheit fungiert (vgl. Lacan, SII, S.50f.). Auch hier - wie bei der Genese des Kleinkindes - spricht Lacan vom "Intervenieren des Mittels der Vatermetapher" (Lacan, Sem.11, S.290) in die Ich-Du-Symbiose - vom Einwirken einer unterscheidenden Instanz also, die zugleich dazwischentritt <u>und</u> vermittelt (intervenieren). Diese Instanz öffnet die selbstreflexive Relation 'moi' - autre spéculaire auf einen anderen Ort hin: auf den Ort der signifikanten Konvention.

> Es gibt keine funktionell realisierbare Liebe in der menschlichen Gemeinschaft, es sei denn durch die Vermittlung eines bestimmten Vertrags, der, wie auch immer die Form aussehen mag, die er annimmt, immer dazu tendiert, sich in einer bestimmten Funktion, die der Sprache zugleich innerlich und äußerlich ist, zu isolieren. Sie ist das, was man die Funktion des Heiligen nennt, die jenseits der imaginären Beziehung liegt. (Lacan, Sem.1, S.223)

Es handelt sich hierbei also um einen heiligen Ort, verkörpert zum Beispiel im 'heiligen Bund der Ehe', der auf einer sprachlichen Vereinbarung, dem Ja-Wort, basiert und eine symbolische Einheit bildet: über die Aussagekraft des Einzelwortes hinaus, im verbindlichen Wort. Die Liebe "in ihrer vollständigen Form" fordert demnach "die Teilnahme an der symbolischen Ordnung, den Tausch Freiheit-Vertrag, der sich im gegebenen Sprechen verkörpert" (Lacan, Sem.1, S.274). Dieses Sprechen, welches "das Sein affirmiert" (Lacan, Sem.1, S.347), ist ein volles Sprechen. Es bewegt sich nicht auf der Basis des Scheins, des scheinhaften Erkennens beziehungsweise Verkennens, sondern ist auf das "Sein des geliebten Subjekts" (ebd.) gerichtet.[4]
Lacan verbindet hier zwei Aspekte: Er bestimmt die Funktion des Heiligen darin, daß sie sich gerade nicht in der kulturellen Vereinbarung auf einen bestimmten Code erschöpft, obwohl sie auf dieser basiert. Zugleich zieht er eine Parallele zu der Funktion des vollen Sprechens, das sich innerhalb der Grenzen des Sprachlichen bewegt, die begrenzten Möglichkeiten des Diskurses aber überschreitet. Insofern transzendiert die befreite Liebe - obgleich in ihr die Liebenden dem Gesetz der symbolischen Ordnung unterworfen sind - den fiktiv-imaginären Rahmen der narzißtischen Ich-Du-Beziehung und situiert sich "außerhalb der Grenzen des Gesetzes (...), wo allein sie zu leben vermag" (Lacan, Sem.11, S.290).

III.2. Sprechen mit Ivan - zwischen Poesie und Wirklichkeit

Ivan verkörpert die fraglose, naive Ich-Identität bereits in seinem Namen, der, als Anagramm gelesen, für das Wort 'naiv' stehen könnte. 'Naiv' bezieht sich dann - wie Ingeborg Bachmann es für das Ich bestimmter autobiographischer Veröffentlichungen bemerkt[1] - auf die "Handhabung des Ich" (Bachmann, GW IV, S.220). Demnach gilt die "naive Kundgabe" (ebd.) seiner selbst als Ausdruck einer unangezweifelten Identität, in der die Person, deren Rolle und Handlungen im Wort 'Ich' oder im Eigennamen zur Deckung gelangen. Während die Ich-Figur und Malina ihrem Eigennamen distanziert gegenüberstehen, bilden Sein und Schein - Schein also im Sinne einer sprachlich auferlegten Namensidentität - bei Ivan eine Einheit. Er 'heißt' nicht, sondern er 'ist' Ivan:

> Malina und ich haben, trotz aller Verschiedenheit, die gleiche Scheu vor unseren Namen, nur Ivan geht ganz und gar in seinen Namen ein, und da ihm sein Name selbstverständlich ist, er sich identifiziert weiß durch ihn, ist es auch für mich ein Genuß, ihn auszusprechen, zu denken, vor mich hinzusagen. (...) Ivan rührt sich sofort, springt auf, wenn man ihn ruft, aber Malina zögert, und so zögere ich, wenn es sich um mich handelt. (86f.)

In diesen Zeilen drückt sich aus, daß die Selbstverständlichkeit, mit der Ivan sich durch seinen Namen identifiziert weiß, für das Ich ein Faszinosum darstellt. Der Ich-Figur verlangt es nach einem ebensolchen ungebrochenen Verhältnis zur eigenen Identität. Sie weiß dieses aber nicht selbst herzustellen, sondern ist darauf angewiesen, sich den "Genuß" über Ivan beziehungsweise dessen Namen zu verschaffen:

> Sein Name ist ein Genußmittel für mich geworden, ein unentbehrlicher Luxus in meinem armseligen Leben, und ich sorge dafür, daß Ivans Name überall in der Stadt fällt, geflüstert und leise gedacht wird. (87)

Insofern ist Ivan in seinem scheinhaften, aber unproblematisch empfundenen Selbstverständnis der Ich-Figur überlegen: Er füllt bei ihr die Stelle eines durch Sprachskepsis verursachten existenziellen Mangels aus. Seine von ihr 'evozierte' Allgegenwart ermöglicht es, diesen in der imaginären Ich-Du-Symbiose zu verdecken. Durch die "Vereinigung unserer Namen" (30), das Übereinanderschreiben und Aufeinanderstimmen ihrer "identischen, hellklingenden Anfangsbuchstaben" (29) erhält die im Text Namenlose eine Identität in Form einer Ergänzung durch den anderen. Das Phantasma vom zerstückelten Sprach-Körper ist Träger des Begehrens, und das Liebesobjekt dient der Integration eines Mangels auf dem Feld des andern. Seine Bedeutung reduziert sich auf die Funktion, Objekt eines Ganzheitsanspruchs zu sein. So gesehen wird die Beziehung von dem narzißtischen Wunsch der Ich-Figur regiert, sich im anderen zu verwirklichen und zu vervollkommnen. Ihr Begehren richtet sich auf die absolute Übereinstimmung mit dem anderen: "Ivan und ich - die konvergierende Welt" (129). Und in der Behauptung, daß "Ivan (...) gewiß für mich erschaffen worden ist" (29), unterstellt sie ihm sogar den gleichen Seinsmangel, den sie selbst empfindet. Der narzißtische Anspruch ist hier so allumfassend und beherrschend, daß es zu keinem gegenseitigen Verständnis, sondern nur zu einseitiger Abhängigkeit kommen kann. Diese Form imaginärer Identifizierung beschreibt Ingeborg Bachmann in einem ihrer Essays wie folgt:

> Nicht der Wert der Frau oder des Mannes, die wir lieben, ist für die Tiefe unseres Gefühls und die Dauer der Leidenschaft maßgebend, sondern unser eigener Zustand. Wir tragen Musik, Flamme und Parfum an den anderen heran und nähren sein Wesen für uns. (Bachmann, GW IV, S.163)

Genau das drückt sich im Allgegenwartsanspruch der Ich-Erzählerin aus, der nicht <u>mit</u> Ivan, sondern 'allein' in der Imagination zu verwirklichen ist. Die Beschwörung 'ihrer' Liebe zu Ivan wird so zum Gewaltakt. Besonders deutlich wird das in den Anfangsabschnitten des ersten Kapitels, in denen es um Ivans Einfluß und die Veränderungen im Leben des Ichs seit ihrer Bekanntschaft mit ihm geht. Die Beschreibungen enthüllen ganz offensichtlich die Macht- und Besitzansprüche, die ihre übergroße Leidenschaft begleiten: Politische Ausdrücke (Grenzen, Gebietsansprüche, Verfassung (26)), Konsumschlagworte (Marke/Haus Ivan, mächtige Firma (27)), militärische Begriffe (Guerillas, Besitzübernahme, Abendstellung halten, siegen (28f.)), medizinisch-wissenschaftliche Fachworte (sezieren, analysieren, infizieren, Virus, Epidemie (31-33)) und religiös-mythisch anmutende Formulierungen (Auferstehung, Heilung, das lichte Bild, kein Dornbusch brennt, seligsprechen (30-34)) beherrschen die geradezu pathetische Lobpreisung Ivans und der Liebe.

Andererseits kann man die hier zitierten und ähnliche Formulierungen auch als Versuch der Ich-Figur interpretieren, auf der Basis einer "allgemeinen und gemeinen" (107) Sprache eine neue Sprache zu schaffen. Bestimmte Wörter werden in einen anderen thematischen Zusammenhang gebracht und auf eine andere Ebene transportiert, so daß sie einen neuen Sinn erhalten. Dabei wird die Liebe zu Ivan von der Ich-Erzählerin mit dem Aufkommen einer neuen Sprache gleichgesetzt. So erklärt sie, daß sie "sofort" und "ohne Vorstellung" (34) mit Ivan mitgegangen sei - also ohne sich ihm vorzustellen und ohne sich irgendwelche Vorstellungen von ihm machen zu müssen - , weil er "zu augenblicklich" (130) von ihr erkannt worden ist: "und es blieb keine Zeit, ihm näherzukommen durch Reden, ich war ihm schon zugefallen vor jedem Wort" (130).

Bei ihrer Begegnung handelt es sich also um eine Extremform von Liebe auf den ersten Blick, in der auf Kennenlernfloskeln, Rechtfertigungen, Erklärungen und Fragen aller Art vollständig verzichtet werden kann. Die Schweigsamkeit, das stille Einvernehmen sind für das Ich sogar notwendige Voraussetzungen für die Fähigkeit, wirklich lieben zu können, denn sie bedeuten eine Rettung vor akustischen Bedrohungen[2] und sprachlichen Konventionen:

> Weil wir in soviel Gefahr waren, weil schon drei Sätze, an dieser Stelle vor dem Schaufenster, zuviel gewesen wären, sind wir von der heißen gefährlichen Stelle rasch miteinander weggegangen und haben vieles auf sich beruhen lassen. (35)

Das Nichtssagen- und Nichtsfragen-Müssen (26) sind für die Ich-Figur Zeichen einer tiefergehenden Verständigung und Grundlage für die Eroberung (35) einer neuen Sprache. Gemeinsam mit Ivan scheint ihr eine Rückkehr zu "den ersten Worten dieser Welt" (30) möglich zu sein: zu einer Sprache, in der die Dinge sich nicht "empfehlen und zurückziehen zu sich selber und zu uns" (32), sondern in der das Wort wieder Gültigkeit hat. Das bedeutet auch eine Absage an das narzißtisch ausgerichtete Begehren nach der totalen Vereinnahmung des anderen und damit eine

> Rückkehr aus einer sich solipsistisch wollenden Dualität in den alle gemeinsam tragenden Grund der Sprache, der sich jeweils im echten Wort, das sich die Gesprächspartner wechselseitig geben, aktualisiert. (Lang, Die Sprache, S.97)

Denn was die Ich-Figur ihren Aussagen zufolge eigentlich ablehnt, ist sowohl die isolierte Zweisamkeit, die Flucht ins Imaginäre, als auch die Integration ihrer Liebesbeziehung in die Gesetzmäßigkeiten einer Gesellschaft, die sich einer "schlechten Sprache"[3] bedient:

> Zwei Wesen sind es, die nichts miteinander vorhaben, nicht die Koexistenz wollen, keinen Aufbruch woandershin und in ein anderes Leben, nicht Abbruch, keine Vereinbarung auf eine vorherrschende Sprache. (106)

Was sie anstrebt, ist eine Form befreiter Liebe im Sinne Lacans: Im Erschaffen einer anderen Sprache, im Bilden von Sätzen (44) soll etwas unkonventionell Intimes, Grenzüberschreitendes entstehen. Dieses bedarf zwar der symbolischen Vermittlung, wird jedoch als 'unvermittelte' Ausdruckskraft verstanden:

> Die Basis ist locker und gut, und was auf meinen Boden fällt, das gedeiht, ich pflanze mich fort mit den Worten und ich pflanze auch Ivan fort, ich erzeuge ein neues Geschlecht, aus meiner und Ivans Vereinigung kommt das Gottgewollte in die Welt:
> Feuervögel
> Azurite
> Tauchende Flammen
> Jadetropfen (106)[4]

Ziel ist die wörtlich-sprachliche Vereinigung von Gegensätzen ("Tauchende Flammen/Jadetropfen") mittels einer ans Lyrische grenzenden Liebessprache, in der die Übereinstimmung mit einer natürlichen Einstimmigkeit Hand in Hand geht. Es ist eine geheimnisvolle und zugleich geheimnisbewahrende Sprache (32) der geteilten Erkenntnis und Erfahrung - kurz: die Fähigkeit, zu zweit eine Sprache sprechen zu können und mit ihr neue Dimensionen der Verständigung zu eröffnen.
Wie nahe diese Zielsetzung und die mit ihr verbundenen Ansprüche und Vorstellungen der Ich-Figur der Lacanschen Definition einer grenzüberschreitenden Liebe sind, belegt ein Zitat

aus Ingeborg Bachmanns Rede "Die Wahrheit ist dem Menschen zumutbar" (GW IV, S.276):

> Nun steckt aber in jedem Fall, auch im alltäglichsten von Liebe, der Grenzfall (...). Der Wunsch wird in uns wach, die Grenzen zu überschreiten, die uns gesetzt sind. (...) Es ist auch mir gewiß, daß wir in der Ordnung bleiben müssen, daß es den Austritt aus der Gesellschaft nicht gibt und wir uns einander prüfen müssen. Innerhalb der Grenzen aber haben wir den Blick gerichtet auf das Vollkommene, das Unmögliche, Unerreichbare, sei es der Liebe, der Freiheit oder jeder reinen Größe.

Innerhalb der uns vorgegebenen Ordnung, die immer auch und vielleicht sogar in erster Linie eine sprachliche ist, liegt also - trotz aller Einschränkungen - die Möglichkeit zur Grenzüberschreitung. Sie besteht im Erleben einer reinen Größe, die sich aber in ihrer Vollkommenheit jedem direkten Zugriff entzieht. Für die Autorin Ingeborg Bachmann und ihr Ich in "Malina" ist das Begehren nach dieser unerreichbaren Größe gleichbedeutend mit einer nicht endenden Bemühung um die Annäherung an einen "Sprachtraum" (Bachmann, GW IV, S.268). Dieser Sprachtraum, der als undefinierbare Sehnsucht einen "nie ganz zu verwirklichenden Ausdruckstraum" (ebd.) regiert, realisiert sich nur in den wenigen Augenblicken, in denen wir uns "als zur Sprache gekommen" (Bachmann, GW IV, S.271) begreifen. Neben der Poesie müßte es also eine im Alltag anwendbare Kommunikationsform geben, die der Sprache der oberflächlichen Konversation, der Geschäftigkeit und der Massenmedien direkt entgegensteht und in der individuelle Identität und Intimität noch möglich sind.

Den Versuch, eine solche, auf den beschränkten Möglichkeiten der Alltagssprache basierende Liebessprache zu entwickeln, bilden die zwischen der Ich-Figur und Ivan geführten Telefongespräche und Satzgruppen. Sie werden von ihr als eine Art Liebesmelodie begriffen. Dabei wird sich zeigen, daß die Gespräche, die eine enge Verbindung herstellen sollen, die Distanz zwischen den beiden Gesprächspartnern nur noch vergrößern. In dem Maße, in dem die Ich-Figur die Unterhaltungen mit Ivan und dessen Verhalten überinterpretiert, sieht sie ihren Anspruch scheinbar verwirklicht. Insgesamt aber wird deutlich, daß die Sprache, die sie zu sprechen und zu hören glaubt, nur in ihrer Vorstellung existiert und daß ihre Bemühungen letztlich nicht über den Rahmen einer imaginären Verkennung hinausgehen.

Bei den Telefongesprächen und Satzgruppen handelt es sich um insgesamt 25 Fragmente (vorwiegend im ersten Kapitel), die durch die strenge Zeilenanordnung entsprechend der wechselnden Rede vom Text abgesetzt sind und dadurch optisch in Gedichtnähe rücken. In ihnen werden die einzelnen Sätze meistens nicht zu Ende gesprochen. Das bedeutet, daß sie der Ergänzung bedürfen und auf diese Weise eine gewisse Offenheit implizieren. Der Inhalt der einzelnen Aussagen kann trotz der Unabgeschlossenheit nicht nur vom Gesprächspartner, sondern auch vom Leser verstanden werden (z.B. S.266f.). Auch die Tatsache, daß nur nach mehrmaligem Lesen - oftmals aber auch gar nicht - unterschieden werden kann, wer welchen Satz spricht, weckt den Eindruck, daß es sich hier um eine Art Ich-Du-Symbiose auf sprachlicher Ebene handelt (vgl. S.31f.). Dabei kreisen die Gespräche in spielerischer Art um Worte eines Wortfeldes, so daß sie sich bestimmten Aussagegruppen zuordnen lassen: Es gibt Schimpfsätze, Kopfsätze, Müdigkeitssätze, Schachsätze und viele andere (vgl. S.46). Aufgrund der thematischen Ähnlichkeit kommt ihnen insgesamt aber eine gewisse Inhaltslosigkeit und Phrasenhaftigkeit zu. Dennoch werden diese Satzgruppen von der Ich-Figur als Leistung verstanden, denn die Erzeugung von Sätzen bedeutet für sie einen schöpferischen Akt: Nicht der Anruf, den sie tagtäglich sehnsüchtig erwartet, sondern die Anrufung[5] steht hier im Vordergrund. Ihr geht es um den Austausch von Wörtern, der auf die Resonanz beim anderen, den Anklang, den man findet, zielt. Es ist genau das, was Lacan als eigentliche Intention von Kommunikation postuliert:

> Die Funktion der Sprache besteht (...) nicht darin zu informieren, sondern zu evozieren. Was ich im Sprechen suche, ist die Antwort des anderen. Was mich als Subjekt konstituiert, ist meine Frage. (Lacan, SI, S.143)

Das bedeutet aber nicht, daß es sich im Fall der Satzgruppen um eine Form vollen Sprechens handelt (parole pleine), bei der die Partner "sich einlassen ins Offene eines wesenhaft anderen Anspruchs, um so die Sterilität einer imaginären Intersubjektivität zu durchbrechen" (Lang, Die Sprache, S.109). Vielmehr gerät dieses Sprechen selbst in Gerede-Nähe, insofern es lediglich floskelhafte Fragen und Antworten enthält und die Wortspiele den eigentlichen Gedankenaustausch überdecken oder ganz verhindern.

Auffällig ist ja, daß die meisten Unterhaltungen der Vermittlung durch ein äußerst störanfälliges Kommunikationssystem - nämlich des Telefonapparates - bedürfen. Das führt dazu, daß oftmals die Störung selbst zum Gesprächsthema wird (36,40,41). Das Telefon vergegenwärtigt die große Entfernung zwischen den Sprechenden, die bedingt, daß eine Verständigung immer nur begrenzt und bruchstückhaft zustande kommen kann. Aufgrund des fehlenden Blickkontaktes ist auch die Möglichkeit ausgeschlossen, dem anderen "in einer anderen Sprache alles" (31) zu sagen, also mit den Augen zu sprechen. Gleichzeitig bilden die Gespräche neben den Schachspielen in einem so hohen Maße den Mittelpunkt dieser Beziehung, daß sie oftmals mehrere Wochen lang das eigentliche Beisammensein ersetzen müssen. Das können sie aber nicht leisten: Ihnen fehlt die notwendige Informationsbasis, um im fortlaufenden Gespräch an bestimmte Themen anzuknüpfen. Nicht die Inhalte, sondern die Sprache als Mittel des Überredens, Überzeugens und Unterrichtens steht - vor allem von Seiten Ivans - im Mittelpunkt. Die Ich-Figur fühlt sich mehr und mehr in ihrem Aussprachebedürfnis gehemmt (vgl. S.77) und den "Ivan-Lektionen" (85) unterworfen.

Nach Lacan wird das Sprechen des Menschen in erster Linie regiert von dem Wunsch nach Anerkennung, welcher sich im Gespräch in dem Bemühen abzeichnet, den anderen (von sich) überzeugen zu wollen.[6] Die Bestätigung aber, nach der dieses Verhalten zielt, ist immer dann gefährdet, wenn der andere aufgrund einseitiger Machtansprüche quasi mundtot gemacht wird.[7] Auch im Sprechen Ivans, in seinen Überzeugungs- und Überredungskünsten, enthüllt sich also der narzißtische Anspruch nach der Bemächtigung der Freiheit des anderen (38,44,84). Für die Ich-Figur ist Liebe zwar die "stärkste Macht in der Welt" (35), sie offenbart sich zugleich aber auch als eine Form von Macht- und Gewaltanwendung, in der es um die erfolgreiche Durchführung von Selbstbehauptungsversuchen geht. Bereits die Liebesbeziehung Ich-Ivan bestätigt die spätere Einsicht der Ich-Figur, daß überall und in allen Verhältnissen Krieg herrscht (247) und daß man sich dem "Gemetzel" (31) nicht entziehen kann. Sie muß erkennen, daß hinter Ivans Verzicht auf Fragen und Reflexion nicht die Fähigheit zur Diskretion, sondern die Unfähigkeit zur Diskussion und das Desinteresse an ihrer Person steht:

> (...) ich sage leichthin: ach so, weil zwischen seinen und meinen sparsamen Äußerungen und dem, was ich ihm wirklich sagen möchte, ein Vakuum ist, ich möchte ihm alles sagen, sitze aber nur hier, drücke peinlich genau das Zigarettenende in den Aschenbecher (...). Es ist unmöglich, Ivan etwas von mir zu erzählen. (47)

In Wirklichkeit ist die Ich-Figur nur mit Malina dazu in der Lage, alle "Orte und Worte" (47) aufzusuchen und die Aura aufkommen zu lassen, die sie zum Leben braucht: "Entweder spreche ich wirklich zu leise oder Ivan versteht nicht, wo Malina längst verstanden, erraten, erfaßt hätte (...)" (33). Hier hatte sie von dem Virus der Liebe zu Ivan sprechen wollen, aber er mißversteht die von ihr beschworene Heilung als Krankheit. Dieses Mißverstehen ist symptomatisch für die gesamte Beziehung. Solange sie zu Ivan weder von ihren Ängsten noch von ihren Sehnsüchten oder ihrer Liebe zu ihm sprechen kann (47,75,143 u.ö.), ist sie zurückgeworfen auf sich selbst (77). Ivan kann oder will nicht ihre Gedanken und nicht sein Leben mit ihr teilen: "Wir leben ja zwei verschiedene Leben (...)" (43). Weder in den Gesprächen noch in der Öffentlichkeit kommt es zu einer geteilten oder gemeinsamen Erfahrung. Im Grunde findet keine Begegnung statt: "Nur sollte doch ein einziges Mal, aber auch nur ein Mal der Zufall es wollen, daß Ivan und ich einander begegnen in der Stadt", wünscht sich die Ich-Figur, aber "wir treffen einander nicht, ob ich es nun provozieren oder verhindern will (...)" (36f.). Dieses Aneinandervorbeigehen steht bildlich für das Aneinandervorbeireden und Nebeneinanderherleben von Ich und Ivan:

> (...) zwischen Ich und Ivan gibt es keine Kommunikation. Denn wo sie ist, befindet er sich nie. Und umgekehrt. Für sie ist es etwas Ungeheures, wenn das Telephon läutet, für ihn ist das einfach ein Telephonanruf. (Bachmann, GI, S.75)

Kommunikation ist nur in dem Maße möglich, in dem die Ich-Figur Ivans Spiel mitspielt und sich an die von ihm aufgestellten Regeln hält. Dies bedeutet aber für sie lediglich eine unverbindliche Form des Zusammenspiels, in das sie von sich selbst nichts einzubringen vermag:

> Aber weitermachen, ohne mich auch ins Spiel zu bringen? - warum sage ich Spiel? warum denn bloß, es ist kein Wort von mir, es ist ein Wort von Ivan - das ist auch nicht möglich. (47)

Symbolisch für diese Form des Zusammenspiels stehen die häufigen Schachspiele zwischen Ich und Ivan, die in den wenigen gemeinsamen Stunden oft die einzige Kommunikationsmöglichkeit der Partner darstellen (vgl. S.44). Wichtig ist, daß Ivan die Regeln sehr genau beherrscht, daß er aber auch das Recht hat, diese zu durchbrechen: "(...) Ivan hält sich nicht an toucher et jouer, er stellt meine Figur zurück (...)" (45).
Das bedeutet, Ivan kämpft mit allen Mitteln, während es der Ich-Figur im Grunde gar nicht um einen Sieg geht: "(...) die Hauptsache ist, daß ich am Ende doch manchmal zu einem Patt mit ihm komme" (45). Während für Ivan die Schachspiele lediglich beweisen, inwiefern der Gegner in der Lage ist, seine Taktik durchzubringen, mißt die Ich-Erzählerin den Positionen der Figuren und den einzelnen Spielzügen einen symbolischen Wert bei (44). Wenn Ivan, wie in der oben zitierten Situation, eine ihrer Figuren zurückstellt, fühlt sie sich selbst von ihm zurückgesetzt. Sie reagiert dann, indem sie konzentriert weiterspielt, und das heißt, indem sie den Kampf mit ihm aufnimmt: "(...) ich mache danach keinen Fehler mehr, und unser Spiel endet mit einem Patt" (45).

Die Schachspiele verlaufen also auf der gleichen Ebene wie die Sprachspiele[8] zwischen Ich und Ivan. Sie demonstrieren deren Verhältnis zueinander und verstärken den Eindruck, daß die Liebesbeziehung für Ivan eine Form von Machtanwendung darstellt und als Mittel zur Selbstbehauptung und -bestätigung dient. Dadurch wird das ohnehin bestehende Ungleichgewicht in dieser Beziehung zusätzlich einseitig verlagert. Eine Anpassung seitens der Ich-Figur bietet insofern keine Lösung, als der andere dadurch in seinem Machtdenken nur weiterhin bestärkt wird. Was ihr bleibt, ist lediglich die Wahl zwischen der Selbstaufgabe oder der Aufgabe des anderen, zwischen Verzicht und Verlust - eine Entscheidungsfreiheit also, die für sie, ähnlich wie für die Prinzessin von Kagran, keine wirkliche Alternative bietet: "(...) sie hatte nur die Wahl zwischen dem Wasser und der Übermacht der Weiden (...)" (67,156).

Einzig in der Illusion und in der schriftstellerischen Imagination kann die Ich-Figur sich und ihre emotionalen Bedürfnisse verwirklichen. Wie die Prinzessin weiß auch sie, "daß es kein Menschenlicht, sondern nur ein Geisterlicht sein konnte" (67), das ihr "in der größten Finsternis" (67) noch Hoffnung prophezeit.

Auch wenn Ivans Gegenwart der Ich-Erzählerin neue Wege eröffnet, indem er ihr zum Beispiel den Gedanken an ein schönes Buch nahelegt (52) und ihre Phantasie in Bewegung setzt (76), so sind dies nicht die Wege, die zum anderen hinführen. Sie bieten ihr zwar die Möglichkeit, sich in der Fiktion zu entfalten, aber letzten Endes bleibt sie zurückgeworfen auf sich selbst. Sie findet keine Resonanz bei einem konkreten Gegenüber:

> Mein Du für Ivan ist (...) immer noch (...) nicht mit dem Ton, mit jenem Ausdruck gesagt worden, den ich in mir höre, wenn ich unfähig bin, vor Ivan ein Wort herauszubringen. Vor ihm nicht, aber inwendig werde ich eines Tages das Du vollenden. Es wird das Vollkommene sein. (130)

Ansatzweise ist dieser inwendige Ausdruck realisiert in dem Legendenton, den sie (er-)findet und für den metaphorisch der Gesang des Unbekannten steht, den die Prinzessin zu hören glaubt und der sie von ihren Gefangenschaften erlöst. Aber die Diskrepanz zwischen der Stimme des Fremden und den Gesprächen mit Ivan könnte nicht größer sein. Sie offenbart sich in den feinen Unterschieden, die den wirklichen Geliebten von dem imaginierten Retter trennen. Während zum Beispiel dessen Schweigegeste ("Er legte zwei Finger auf seinen Mund" (63)) wirkliches Verständnis und stillschweigende Übereinstimmung impliziert, spricht aus Ivans Verhalten eher Ungeduld und Desinteresse, wenn er der Ich-Figur mit der Hand über den Mund fährt (31). Auch dort, wo offensichtliche Mißverständnisse herrschen, hält diese an ihrem scheinbar ungebrochenen Glauben an Ivans gute Absichten und dessen volles Verständnis fest:

> (...) solange es (das Telefon) mir jedoch seine Stimme zukommen läßt, ob wir nun einander verstehen, kaum verstehen oder gar nicht mehr (...), ist mir alles gleichgültig, auch was er mir zu sagen hat (...). (40) [9]

Die Gespräche mit Ivan bilden für die Ich-Figur den Versuch, die in der Legende er- oder gefundene Liebessprache auf der Ebene alltäglicher Kommunikation umzusetzen. Es zeigt sich aber, daß das volle Sprechen als Basis für eine grenzenlose Liebe nicht übertragbar ist von der Poesie auf die Wirklichkeit. Die Übereinstimmungen zwischen diesen zwei Sprachebenen existieren nur in der Vorstellung der Ich-Figur. Sie lassen sich an Ivans tatsächlichem Verhalten nicht festmachen, sondern betreffen lediglich die lange Zeit ungetrübte Hoffnung des Ichs auf Rettung und Erlösung. So wie die Prinzessin wußte, daß der Fremde "für sie voller Hoffnung gesungen hatte, mit einer nie gehörten Stimme, und daß er gekommen war, um sie zu befreien" (63), so glaubt auch die Ich-Figur, daß Ivan diese "erste Stimme" (202) spricht, die ihr das Aufkommen einer neuen Sprache, Ausdruckskraft und Lebensform verspricht:

> Denn er ist gekommen, um die Konsonanten wieder fest und faßlich zu machen, um die Vokale wieder zu öffnen, damit sie voll tönen, um mir die Worte wieder über die Lippen kommen zu lassen, um die ersten zerstörten Zusammenhänge wiederherzustellen und die Probleme zu erlösen (...). (29)

Von Ivan erwartet sie nicht die Lösung von Problemen, sondern die Erlösung von jenen Scheinproblemen, die "erfunden und in Umlauf gebracht" (102) werden und die es gar nicht gäbe, wenn man nicht von ihnen hörte (ebd.). Aber alles, was die Ich-Figur mit ihrer guten Absicht erreicht, sind selbst wiederum nur Scheinlösungen: Es kommt zu keiner (Liebes-)Erklärung[10] und auch zu keiner wirklichen Klärung. Ivan vermag lediglich über dieses "finstere, furchtbare Bild" (30), das vor seinem Kommen in ihr entstanden ist und sie bedroht, "rasch ein lichtes darüber (zu schieben)" (30). Er kann ihr also ihre Ängste nicht erklären, sondern nur ihre Blicke verklären. Umgekehrt verklärt die Ich-Figur ihre eigene Situation in bezug auf Ivans Verhalten, weil sie sich allzu oft einer verschweigenden und beschönigenden Sprache bedient und sich die Wirklichkeit ihren Wünschen und Vorstellungen gemäß auslegt (z.B. S.80,137f.,143).[11] Sprechend täuscht sich die Ich-Figur über die von Ivan verkörperte (sprachliche) Realität hinweg. Ihr Glücksempfinden entspricht nicht den seelischen oder faktischen Zuständen, die sie beschreibt, sondern ist ein sprachlich hervorgerufenes: konstituiert erst durch Benennung und in der Behauptung, "Glücklich mit Ivan" (25) zu sein, und evoziert in der fast magischen Beschwörung:

> (...) GLÜCKLICH, GLÜCKLICH MIT IVAN und GLÜCKLICH IN WIEN, WIEN GLÜCKLICH (...) GLÜCKLICH, GLÜCKLICH, es heißt glücklich, es muß glücklich heißen (...). (58)

Die Sprache übernimmt hier die Funktion, die wirkliche Wunscherfüllung zu ersetzen und einen offensichtlichen Mangel (an Zuneigung) zu verdecken. Sie wird zur verschleiernden Maske, die sich über das nach Lacan unwiederbringlich verlorene Objekt des Begehrens legt und den Verlust leugnet wie das Ende oder den Tod. Weniger durch den Druck sprachlicher Konventionen, als vielmehr durch die Art und Weise, wie Sprache ver-wendet wird - sei es als Mittel der Machtausübung und Selbstbehauptung, sei es als Möglichkeit zur Selbsttäuschung -, erstarrt auch diese Beziehung zu einer unverbindlichen Form des Zusammenspiels.[12] Es ist nicht allein Ivans Schuld, daß der Versuch, eine neue Sprache und eine befreite Form von Liebe zu gründen, scheitert. Das erkennt schließlich auch die Ich-Figur:

> Aber es ist vielleicht nicht Ivan allein, sondern etwas mehr, das mich besiegt hat, es muß wohl etwas Größeres sein, da alles uns einer Bestimmung zutreibt. (265f.)

Es ist der falsche Umgang mit einer Sprache, die - belastet mit vorgefertigten, fixierten und ausdruckslosen Sinnzuschreibungen - jede individuell-intime Verständigung verhindert. Hier geht es weniger um das Scheitern einer Liebesbeziehung als um das Scheitern eines Artikulationsversuches. Das Verhältnis Ich-Ivan illustriert die Einsicht, daß es keinen Übergang gibt zwischen den sprachlich sich an das Vollkommene annähernden Möglichkeiten von Poesie und der Wirklichkeit einer vorgefundenen Sprache aus Phrasen.

Das "Gesetz der Welt", das das Gesetz der symbolischen Ordnung ist, "liegt unverstandener denn je auf uns allen" (32), erklärt die Ich-Figur in Anbetracht der "unerträgliche(n) Bemerkungen, Kommentare und Gerüchtfetzen" (32), die in fast allen Gemeinschaften und in der allgemeinen Öffentlichkeit zirkulieren. Sie ist der Ansicht, daß diese Form von Gesprächen die Ratlosigkeit nur noch steigert, weil es im Zuge einer alles beherrschenden Informations- und Geredeschwemme zu keinen wirklichen Einsichten mehr kommt (ebd.). Diese Erkenntnis, die sich ja zunächst nur auf Formen öffentlicher Meinungsbildung beschränkt, erfährt im Verlauf des ersten Kapitels, also im Zuge der Erfahrungen des Ichs mit seinem Hauptgesprächspartner Ivan, eine extreme Steigerung und Bekräftigung. In einem Gespräch mit einem Journalisten, das bezeichnenderweise die von ihm gestellten Fragen in der Wiedergabe ausspart und insgesamt als typisches Beispiel eines nicht zustande gekommenen Dialogs angesehen werden muß, heißt es:

> Ich werde Ihnen ein furchtbares Geheimnis verraten: die Sprache ist die Strafe. In sie müssen alle Dinge eingehen und in ihr müssen sie wieder vergehen nach ihrer Schuld und dem Ausmaß ihrer Schuld. (98)

Das Gesetz der Welt lastet also nicht nur auf uns allen, die wir uns der Sprache bedienen, sondern es belastet und be-

herrscht auch die Dinge, aus denen sich für uns die Realität zusammensetzt.
Schuld, Zwang, Tod und Mord sind diejenigen Begriffe, unter die sich die Ein- und Ansichten des Ichs über die Macht der symbolischen Ordnung subsumieren lassen.[13] Sie werden im Zusammenhang mit der Figur des Vaters im Traumkapitel zum Teil bildlich, zum Teil wörtlich dargestellt und umschrieben, was eine genauere Definition der die Ich-Figur bedrückenden und letztlich erdrückenden Zustände ermöglicht.
Am Schluß der Beziehung Ich-Ivan steht zunächst nur die Aussage, die Ingeborg Bachmann gegen Ende ihrer schriftstellerischen Tätigkeit resigniert vertritt:

> Ich glaube, (...) daß alle Menschen in allen Beziehungen aneinander vorbeireden; dieses scheinbare Verständnis, das man Offenheit nennt, ist ja gar keines. Verstehen - das gibt es nicht. Offenheit ist nichts als ein komplettes Mißverständnis. Im Grunde ist jeder allein mit seinen unübersetzbaren Gedanken und Gefühlen. (Bachmann, GI, S.122)[14]

IV. Das Gesetz des Vaters

IV.1. Einführung in das Traumkapitel

> Im Namen des Vaters müssen wir die Grundlage der Symbolfunktion erkennen, die seit Anbruch der historischen Zeit seine Person mit der Figur des Gesetzes identifiziert. (Lacan, SI, S.119)

Das zweite Kapitel des Romans mit dem Titel "Der dritte Mann" (vgl. S.49,58 der vorliegenden Arbeit) besteht aus insgesamt 32 Träumen[1], von denen die Ich-Figur Malina erzählt. In den die Traumsequenzen unterbrechenden sieben Dialogen mit ihm werden Thema, Sinn und Bedeutung einzelner Träume diskutiert. Diese kreisen fast ausschließlich um die übermächtige Vaterfigur der Ich-Erzählerin, dessen Machtansprüchen, Gewaltausbrüchen und Tötungsversuchen sie auf unterschiedliche Weise als Traum-Ich ausgesetzt ist.
Für ein literarisches Werk ist es recht ungewöhnlich, daß ein ganzes Kapitel der Wiedergabe von Träumen gewidmet ist:

> Die Aufzeichnung der Träume ist ein Kunstgriff: Traumlogik als Mittel der Darstellung - meines Wissens das erste Mal so angewandt in einem Roman.[2]

Dennoch wird gerade dieses wichtige Kapitel (vgl. Bachmann, GI, S.70,89,97,102f.) in Interpretationen oft ganz übergangen oder nur am Rande behandelt. Die einzelnen Ergebnisse, auch weniger, sehr ausführlicher Arbeiten, lassen sich unter folgenden Gesichtspunkten zusammenfassen:
(1.) Die in den Träumen dargestellten familiären und personalen Beziehungen werden als Ausdruck für das Verhältnis der Ich-Figur zu anderen Romanfiguren, insbesondere zu Ivan und Malina, verstanden. In diesem Sinne repräsentiert der Vater negative Aspekte Ivans oder die Macht Malinas über das Ich.[3]
(2.) Im Traumkapitel werden verschiedene Themengebiete des dritten Kapitels, die politische, religiöse oder soziale Fragen betreffen, zu bildlichen Vorstellungen verdichtet. Daran läßt sich eine sehr persönliche Auseinandersetzung der Ich-Figur mit der Rolle des Schriftstellers und der Frau sowie mit der Zeit des Zweiten Weltkriegs erkennen. Insofern enthält das

Traumkapitel auch eine Anklage gegen die herrschenden gesellschaftlichen Bedingungen, insbesondere der Kriegs- und Nachkriegszeit.[4] Hierfür spricht unter anderem der in dem einleitenden Abschnitt formulierte Hinweis auf die universelle Bedeutung des Berichteten, der mit der Ortsangabe "Überall und Nirgends" (181) und der Feststellung, daß die geschilderten Erfahrungen und Begebenheiten zeitlos existieren (ebd.), geleistet wird.
(3.) Die Vielzahl der im zweiten Kapitel verwendeten typischen Traumsymbole wird häufig kritisiert[5] oder verleitet zu weitgehend oberflächlichen Schlußfolgerungen. Oft wird einfach auf einen Vaterkomplex der Ich-Figur (und der Autorin) geschlossen[6], oder die Traumpassagen insgesamt werden als Protokoll einer Krankheitsgeschichte gelesen und die darin artikulierten Angstvorstellungen als Symptome einer schizophrenen beziehungsweise manisch-depressiven Veranlagung ausgelegt.[7]
(4.) Andere Interpretationen, in denen vorwiegend psychologisch argumentiert wird, erlauben es, die oftmals unzusammenhängend nebeneinander stehenden Einzelergebnisse in einer geschlossenen Theorie zu integrieren.[8] Hier besteht allerdings die Gefahr, den Text entweder überzuinterpretieren oder ihn auf eine geringere Anzahl von Themen und Aspekten zu reduzieren, als in ihm tatsächlich zur Sprache kommen.
(5.) Untersuchungen, die sich mit der Sprachthematik im Roman und in den Träumen befassen, ermöglichen es, auch sehr komplizierte und oft nicht berücksichtigte Textstellen verständlich zu machen.[9] Oft fehlt hier aber wiederum der Aspekt, der in den psychologisch argumentierenden Interpretationen am weitesten ausgearbeitet ist: nämlich die Frage nach der Bedeutung des Vaters.

Zwischen den Untersuchungen unter psychologischem und unter sprachlichem Aspekt scheint ein unüberwindbarer Gegensatz zu bestehen[10], was die Analyse des Traumkapitels oftmals zu einer weitgehend einseitigen Angelegenheit macht. Hier bietet es sich an, mit Lacan zu argumentieren, da seine Theorie den Übergang von der Freudschen Psychoanalyse zur strukturalistischen Sprachtheorie schafft. Lacan behauptet,

> (...) daß das Besondere der Entdeckung Freuds eben darin liegt, daß sie die Formeln der Linguistik antizipiert, ausgehend von einem Bereich, in dem man ihre Herrschaft am allerwenigsten erwarten konnte. (Lacan, SII, S.124)

Mit der Bestimmung des Phallus als "privilegierte(m) Signifikant" (Lacan, SII, S.128) und dem Begriff des symbolischen Vaters hat Lacan die Termini gefunden, die den Zusammenhang zwischen dem linguistischen und dem genetisch-psychologischen Aspekt menschlichen Seins bezeichnen.
Es scheint, als mache sich der Traumtext in "Malina" die Darstellung der Lacanschen Subjekttheorie selbst zum Objekt.[11] Offensichtlich übt der Vater hier genau die Funktion aus, die Lacan mit dem "Intervenieren des Mittels der Vatermetapher" (Lacan, Sem.11, S.290) bezeichnet. Insofern bestätigen die subjektiven Empfindungen der Träumerin diejenige Wahrheit, auf die sich Lacan allein beruft: "(...) die symbolische Ordnung ist für das Subjekt konstituierend."[12] Dies darzustellen ist die erste Aufgabe der vorliegenden Interpretation. Nun handelt es sich in "Malina" ja nicht um Traumaufzeichnungen, die beispielsweise einem Tagebuch oder einem psychoanalytischen Gespräch entstammen, sondern um literarisch ausgestaltete oder zumindest verwendete, also halbwegs bewußte Bildungen des Unbewußten. Und da es ausdrücklich heißt, "Traumlogik als Mittel der Darstellung" (vgl. Anm.2), muß man in einem zweiten Schritt fragen, der Darstellung wessen oder wovon? Daraus ergibt sich notwendig die Frage, inwieweit hier Lacans Theorie ins Ästhetisch-Literarische transponiert wurde, um so auch deren Mängel und Grenzen zu zeigen.

IV.2. Struktur und Thematik der Träume

Der Text des Traumkapitels bietet sich in einer Art poetischen Psychogramms dar, wobei eine die Abfolge der einzelnen Träume organisierende Struktur auf den ersten Blick nicht offensichtlich ist. Abgesehen von den beiden letzten Träumen scheint die Reihenfolge insgesamt unerheblich zu sein. Dennoch läßt sich an der Thematik der Dialoge ablesen, daß sich der Erkenntnisstand der Ich-Figur über ihre eigene Situation und den Sinn der Traumaussagen erhöht - und zwar in dem Maße, in dem auch die Traumsymbolik deutlicher und deren Inhalt klarer faßbar wird. Das Selbst- und Traumverständnis der Ich-Figur steigert sich allerdings nur in dem negativen Sinne, daß sie die von Malina geäußerten Feststellungen über das kriegerische Verhalten der Menschen und den bedrohlichen Zustand dieser Welt am Ende bestätigen muß:

> Malina: Warum denkst du immer noch 'Krieg und Frieden'?
> Ich: Es heißt aber so, weil eines aufs andere folgt, ist es nicht so?
> Malina: Du mußt nicht alles glauben, denk lieber selber nach. (192 = 2. Dialog)

> Malina: Du wirst also nie mehr sagen: Krieg und Frieden.
> Ich: Nie mehr. Es ist immer Krieg. Hier ist immer Gewalt. Hier ist immer Kampf. Es ist der ewige Krieg. (247 = 7. Dialog)

Dieser Entwicklung entsprechend und dem ersten Eindruck von Willkür entgegen läßt sich durch eine inhaltliche Unterscheidung von Traumgruppen und -motiven sowie durch die formale Abgrenzung jener Träume, die bestimmte Serien von Folgeträumen einzuleiten scheinen, folgende Struktur herausarbeiten:

vergleiche SCHEMA Seite 95.

Nach dem vorliegenden Schema, das nur eine von vielen Gliederungsmöglichkeiten illustriert und lediglich grob veranschaulichen soll, leiten je einer oder zwei der ersten sieben Träume unter dem Friedhofs- oder Blumenmotiv eine von sechs Themengruppen ein. Der zweite Traum von der wortlosen Ermordung des Ichs in der "größte(n) Gaskammer der Welt" (182) steht exemplarisch für drei thematisch zusammengehörende Todesartenträume. An deren Ende umschreiben drei analog gebildete Sätze die jeweils verschieden ausgeführten Morde auf metaphorische Weise:

SCHEMA

Nr	Motiv	Todesarten	Machtproben	Isolation	Verlust	Kindheit	Befreiung
	Traumgruppe I				Traumgruppe II		
1	Friedhof I						
2		Gaskammer					
3			Weltuntergang				
4				Insel			
5	3 Blumen						
6					Bücher		
7						Ballsaal 1	
8							Ballsaal 2
9							Wüste
10			Oper				
11			Predigt				
12			Reich der Atolle				
13					Ivan		
14							Fußbad
15	Friedhof II						
16			Film				
17				Reise			
18							Flucht
19					Malina		
20			Eisschau				
21		Lawine					
22						Skifahrt	
23						Mädchen	
24		Zaun					
25	Friedhof III						
26		Krokodil					
27							Tanz
28					Animus		
				Traumgruppe III			
29	3 Stürze						
30				Gefängnis			
31							Widerstand 1
32							Widerstand 2

> Ich bin unter die Lawine meines Vaters gekommen. (225)
> Ich bin an der Raserei meines Vaters verglüht und gestorben. (229)
> Ich bin vor dem Schwarzen Meer im Rachen meines Vaters verschwunden. (235)

Während diese Träume im Bereich des dritten Friedhofsmotivs angesiedelt sind, gruppieren sich um die zweite Wiederaufnahme dieses Mottos, eingeleitet durch den Traum vom Weltuntergang, fünf Machtprobenträume. Davon wiederum hängen drei eng zusammen, insofern sie die gewalttätigen künstlerischen Inszenierungen des Vaters (Oper, Film, Eisschau) betreffen. Der vierte Traum vom Untergang der Insel steht unter dem Stichwort 'Isolation' in Bezug zu dem 17. und 30. Traum von der Verschleppung in ein "fremdes Land" (210) und der Gefangennahme in einer "Einzelzelle" (239). Hier ist die Ich-Figur jeweils von der Außenwelt abgeschnitten und allein auf die (nicht gewährte) Hilfe des Vaters angewiesen. Davon unterscheidet sich eine zweite große Gruppe von Träumen, in denen nicht ausschließlich das Verhältnis Ich-Vater, sondern auch deren Beziehungen zu anderen Personen im Vordergrund stehen. Die Zerstörung der Bücher im Traum sechs könnte als Beispiel dienen für die Zerstörung der Beziehungen zu anderen oder den Verlust nahestehender Personen. Hierfür spricht die Tatsache, daß das Verhältnis der Ich-Figur zu ihren Büchern als ein sehr persönliches gekennzeichnet ist. Nacheinander verliert die Träumerin Ivan, der im Fluß ertrinkt (Traum 13), Malina, dem sie nicht folgen kann oder will (Traum 19), und ihr Kind "Animus", das auf Befehl des Vaters getötet wird (Traum 28). Der siebte Traum vom "Einzug in den Ballsaal aus KRIEG UND FRIEDEN" (192), in dem auch die Schulkameradin Melanie zum ersten Mal auftaucht, leitet eine Gruppe von Kindheitsträumen ein. Der achte und neunte Traum vom rettenden Auftritt Malinas und einer Begegnung des Ichs mit dem Vater in der Wüste eröffnen die Serie der Befreiungsversuche der Ich-Figur. Davon heben sich schließlich die letzten drei Träume ab, die auf das Motiv von den drei Stürzen folgen. Aus der Abfolge der Einzelträume entsteht ein Zickzackmuster, dessen Anfang und Ende die zwei einzigen gelungenen

und unabhängig von der Hilfe anderer unternommenen Befreiungsversuche bilden. Es illustriert den ständigen Wechsel zwischen erzwungener Untertänigkeit oder Opferbereitschaft und versuchtem Widerstand gegen den Vater wie in einem dialektischen Prozeß.
Da jede Gruppe von Träumen jeweils einem der drei Hauptmotive unterstellt ist, reicht es aus, lediglich diese kurz zu erläutern, um einige umfassende Schwerpunkte herauszustellen.

Im ersten Friedhofstraum eröffnet der Vater der Ich-Figur den Ausblick auf den "Friedhof der ermordeten Töchter" (182), so als wolle er sie auf ihr eigenes Schicksal hinweisen, das mit der Geschichte der geopferten Töchter verbunden ist. In der zweiten Wiederaufnahme dieses Motives heißt es dann auch: "Ich weiß, daß hinter mir mein Vater eingetreten ist, er hat geschworen, mich zu töten (...)" (207). Die Tatsache, daß dieses Bild wie eine Art böses Omen über der individuellen Entwicklung der Träumerin auftaucht, und die Wiederkehr des Motives deuten an, daß es auch für sie aus dieser Tradition kein Entkommen gibt. Dabei handelt es sich offensichtlich auch um eine Geschichte des Schweigens und Verschweigens, denn für die Gewalttätigkeit der Morde gibt es keine Zeugnisse, und die Opfer selbst haben keine Spuren hinterlassen: "Keine Kreuze stehen darauf (...), die Gräber, die Tafeln mit den Inschriften sind kaum zu erkennen" (181). Zum Zeitpunkt der dritten Wiederaufnahme des Friedhofsmotivs hat die Ich-Figur bereits viele Gewaltanwendungen und Machtdemonstrationen des Vaters erlebt und verschiedene Todesarten durch ihn erlitten. Die 'Geschichte' scheint für sie inzwischen lesbar geworden zu sein, denn jetzt heißt es, "die Gräber sind genau zu erkennen" (229). Nur die Gesichter der hier auferstandenen Töchter, also deren individuelle Züge, sind "nicht auszumachen" (ebd.). In dieser dritten Variation des Friedhofsmotivs wird die Träumerin Zeugin einer "Vorstellung" (229), in der die von ihren Gräbern auferstandenen Frauen wie zur Mahnung die rechte Hand erheben. Damit wird zugleich sichtbar, daß ihnen nicht nur die Ringe fehlen, sondern auch "der Ringfinger an jeder Hand" (229). Um dieser symbolischen Darbietung ein Ende zu bereiten, läßt der Vater "den See über die Ufer treten, damit nichts herauskommt, damit nichts zu sehen ist, damit die Frauen über den Gräbern ertrinken" (ebd.). Er schließt seinen Gewalt-akt mit den Worten: "Es ist eine Vorstellung: WENN WIR TOTEN ERWACHEN" (229). Das ist der Titel eines Schauspiels von Henrik Ibsen.[1] Aufschlußreich ist in diesem Zusammenhang wieder weniger die inhaltliche Parallele, die das Zitat herstellt, als dessen Verwendung und Verknüpfung im Traum-Kontext. An dieser Stelle geht es in erster Linie um den Begriff der 'Vorstellung': der Einbildung oder auch der künstlichen und künstlerischen Inszenierung.[2] Direkt im Anschluß an das Zitat heißt es:

> Als ich aufwache, weiß ich, daß ich viele Jahre lang in keinem Theater mehr war. Vorstellung? Ich kenne keine Vorstellung, ich habe keine Vorstellung, aber es muß eine Vorstellung gewesen sein. (230)

Der Begriff der Vorstellung entfaltet sich nun metonymisch im darauffolgenden Dialog mit Malina über den von "ihrem" Vater erhaltenen Ring. "Es gab ein entsetzliches <u>Theater</u> um diesen Ring herum" (231), erklärt sie, obwohl sie den Ring, "von dem immerwährend die Rede war" (231), noch gar nicht erhalten hatte. Und später, "als der Ring nicht mehr gelten sollte" (ebd.) und sie ihn in die Donau warf, formuliert sie: "(...) ich wollte mein <u>Drama</u> haben, auch ich wollte dem Ring jetzt eine Bedeutung geben (...)" (231, Unterstr.v.S.Sch.).

Der Schwerpunkt des dritten Friedhofsmotivs liegt also auf der Bedeutung der (fehlenden) Ringe, die über den Begriff der Vorstellung mit den eigenen Erfahrungen der Ich-Figur verknüpft wird. Im Traumkapitel ist der Ring nicht Symbol für die Zusammengehörigkeit zweier Menschen über einen lebenslangen Zeitraum hinweg, sondern ein Objekt, über das der Vater verfügt und durch das er seinen Besitzansprüchen Ausdruck verleiht. Es ist austauschbar und wiederverwendbar: Zuerst trägt ihn die Tochter, dann Melanie (193) und schließlich die Schwester (223). Somit werden die Frauen selbst zu Objekten, die, wenn sie uninteressant oder unbrauchbar geworden sind, ausgetauscht werden können: "Melanie hat er 'abgesetzt', manchmal sagt er, sie sei 'entlassen' (...)" (224). Die Unbrauchbaren, das sind die Frauen, die keine Ringe (mehr) tragen und aufgrund dessen noch nicht einmal eine Randposition in der patriarchalen Ordnung einnehmen können. Für sie bleibt dann bildlich nur noch der Platz auf dem Friedhof.

Im Traum von der Zerstörung der Lebensblumen steht das Verhalten der Mutter im Vordergrund. Deren Untertänigkeit dem Vater gegenüber geht so weit, daß sie diesem die eigene Tochter opfert: "Meine Mutter hat drei Blumen in der Hand, es sind die Blumen für mein Leben, (...) und sie wirft die erste vor meinen Vater hin" (118). Der Vater erscheint hier als Eindringling und Zerstörer:

> (...) um sich auch an meiner Mutter zu rächen, (...) stampft (er) auf allen drei Blumen herum, (...) als gälte es, drei Wanzen zu zertreten, soviel geht ihn mein Leben noch an. (188f.)

Immer wieder taucht das Wort "Blutschande" auf. Die Mutter weiß davon ("aber ich weiß jetzt auch, daß sie alles weiß, Blutschande, es war Blutschande" (188)), und die Tochter möchte es dem Vater zuschreien ("ja, es war das, er war es, es war Blutschande" (189)). Alle Frauen der Familie (Mutter, Tochter und Schwester) sind der körperlichen und auch sexuellen Macht des Vaters unterworfen. Er hat das Recht, alle Pflichten zu vernachlässigen (vgl. S.206) und alle Gesetze zu übertreten, solange der mangelnde Widerstand der Frauen - ausgelegt als Einverständnis (vgl. S.198) - seine Autorität stützt und solange ihm niemand widerspricht. Ebenso wie die Mutter "stumm bleibt und sich nicht rührt" (189), so ist auch in der Stimme des Ichs "von Anfang an gar kein Ton" (ebd.). Der befreiende Ausruf des entscheidenden Wortes bleibt aus, auf die Sprachlosigkeit folgen körperliche Wehrlosigkeit und die Angst vor dem Wahnsinn: "(...) ich kann das Wort nicht aussprechen, das ich ihm zuschreien will, (...) ich weiß, ich werde wahnsinnig (...)" (189). In dieser Situation kann die Mutter der Tochter nicht zur Seite stehen. Im Gegenteil: Indem sie die Zeichen der Gewalttätigkeit des Vaters zu entfernen sucht, leistet sie lediglich ihren Beitrag zur Wiederherstellung der (patriarchalen) Ordnung. Es geht nicht um das Aufstellen einer eigenen Ordnung, sondern um die Beseitigung der Zerstörung, die der Vater herbeigeführt hat. Die Mutter steht also ganz in seinem Zeichen.

> Meine Mutter fegt die zertretenen Blumen, das bißchen Unrat, weg, stumm, um das Haus rein zu halten. (189)

Das dritte Motiv, das vom "Zeitalter der Stürze" (238) handelt, bezieht sich auf das Verhältnis der Tochter zu ihrem eigenen Kind, ihrer Kindheit und ihrer eigenen Geschichte. Der Traum folgt unmittelbar auf den von der Ermordung und Beisetzung ihres Kindes "Animus". Der Verlust des Kindes wird jetzt gleichgesetzt mit dem Sturz der Träumerin in ein "kleines Grab" (238). Dieser Sturz steht auch für den Verlust oder die Zerstörung der eigenen Kindheit und das Bewußtsein eines nicht endenden Sterbens (das Lebend-Begrabensein). Das ist umso wahrscheinlicher, als in diesem kurzen Traum Trakl-Reminiszenzen anklingen: Die ausgerenkten Arme, die Zeit in der Gruft und die Angst vor Stürzen erinnern an einen Text Trakls, in dem ebenfalls die Grenzen zwischen dem Ich-Erzähler und dem beschriebenen "kindlichen Leichnam"[3] verschwimmen. Ferner deutet die Formulierung "Ich bin ins Zeitalter der Stürze gekommen" (238) daraufhin, daß die Träumerin einen bestimmten Entwicklungsabschnitt erreicht hat und sich ihrer eigenen Geschichte bewußt wird. Es handelt sich in diesem Traum um eine der wenigen Textstellen, in der auf ihre Zukunft Bezug genommen wird. Diese ist mit der positiven Prophezeiung verknüpft, daß für sie noch die Hoffnung auf Auferstehung besteht:

> (...) ich fürchte mich schon vor dem nächsten Sturz, aber ich weiß, daß es eine Wahrsagung ist, daß ich dreimal stürzen werde, ehe ich auferstehen kann. (239)

Die drei Stürze werden in den darauffolgenden Träumen umgewandelt in drei Steine oder drei Würfe, die sich gegen die Macht des Vaters richten.

An den drei Hauptmotiven werden die Schwerpunkte der Traumthemen hinlänglich sichtbar: Es geht um das Verhältnis von Macht, Mord und (Sprach-)gewalt zu Angst, Tod und (Sprach-)verlust, dargestellt an den Beziehungen innerhalb der familiären Triade. Die Dreierstruktur, nicht allein des Traumkapitels, sondern des gesamten Romans (drei Kapitel), der ja als Dreiecksgeschichte (Ich-Ivan-Malina) konzipiert ist, scheint für das Textverständnis grundlegend zu sein. Auffällig ist auch das häufige Vorkommen der Zahl drei in den Traummotiven (3 Friedhöfe, 3 Blumen, 3 Stürze) und Traumgruppen (3 Steine, 3 Würfe, 3 Blutstropfen u.a.), welche selbst wiederum fast ausschließlich einer Dreiteilung unterliegen (3 Motive, 3 Todesarten, 3 Inszenierungen, 3 Verluste u.a.).
Dabei umfaßt die Beziehung der Tochter zum Vater die Themengruppen Todesarten, Machtproben und Isolation; die Beziehung Ich-andere ist den Begriffen Verlust, Kindheit und (größtenteils vergebliche) Befreiungsversuche zuzuordnen, während allein die Loslösung der Ich-Figur vom Vater und von den anderen den erfolgreichen Widerstand garantiert.

IV.3. Zum letzten Mal Lacan: Die ödipale Struktur des Unbewußten

Lacan versteht den Ödipuskomplex nicht als Stadium im entwicklungsgenetischen Sinne, sondern verwendet ihn als Modell, um daran die Konstitution des Subjekts, die ödipale Struktur des Unbewußten und der Sprache zu illustrieren. Dabei unterliegen alle, Subjekt, Sprache und Unbewußtes, der Funktion eines primordialen Signifikanten: Sprachliche Identität ist nur dadurch gewährleistet, daß zwischen je zwei Aussageeinheiten ein unbestimmtes Element fungiert, das als Nicht-Markiertes die Lücke darstellt, die differenziert; ebenso wird die Ununterschiedenheit der narzißtischen Ich-Du-Symbiose aufgelöst durch das Auftreten eines Dritten, der strukturiert, und das heißt, im Zuge einer Trennung signifiziert.
Damit verbindet Lacan zwei Aspekte. Zum einen definiert er die

symbolische Ordnung als bestimmende Struktur für das individuelle Sein des Menschen: Das 'infans' wird in eine Struktur hineingeboren, die sich seiner bemächtigt, bevor es selbst der Sprache 'mächtig' ist. Zum anderen ist der Effekt des Signifikanten konstitutiv für menschliches Sein als ein in einer Gesellschaft geregeltes Sein, insofern er Intersubjektivität ermöglicht.

> Die Intersubjektivität ist zunächst durch den Gebrauch des Symbols gegeben und das von Anfang an. Alles geht aus von der Möglichkeit zu benennen, die zugleich Zerstörung der Sache und Übergang von der Sache auf die symbolische Ebene ist, vermöge dessen die im eigentlichen Sinne menschliche Ordnung sich installiert. (Lacan, Sem.1, S.276)

Der Akt der Symbolisierung, die Zerstörung der Sache durch Benennung ist das, "was die animalische Gesellschaft (...) von der menschlichen Gesellschaft unterscheidet" (Lacan, Sem.1, S.282), insofern dieser Akt Differenzen erzeugt und auferlegt: "(...) das menschliche Tier (wird) <u>fähig</u>, sich als sterblich vorzustellen (...)" (Lacan, SII, S.85).
Lacans Argumentation über das Wesen des Symbols als Ermöglichungsgrund für das individuelle Sein und die Gemeinschaftsordnung des Menschen folgt hauptsächlich den Untersuchungen von Sigmund Freud und Claude Lévi-Strauss.[1] Aus deren Entdeckungen und Vermutungen schließt er, daß die in den Tausch- und Heiratsregeln gültigen und im Inzestverbot erstmals aufgestellten Gesetze auf unbewußten Strukturen menschlichen Denkens basieren und gleich einer Sprache gebaut sind. Er spricht von einem Ur- oder Grundgesetz, "das die Gemeinschaft ordnet, und so die Natur, für die allein das Gesetz der Paarung gilt, dem Reich der Kultur unterstellt (...)".[2] Dieses Grundgesetz ist "mit einer sprachlichen Ordnung identisch" (Lacan, SI, S.118), weil beide, Sprache und Gesetz, sich aufgrund einer Negation konstituieren: im Sinne eines Verbotes oder einer Verneinung, kraft eines Fehlens oder eines Mordes. Hier bezieht sich Lacan auf den von Freud rekonstruierten Mythos vom Urvatermord. Er wird als Akt der Ursymbolisierung verstanden, insofern hier der Name des Vaters an Stelle einer realen, verbietenden Instanz das Gesetz

verkörpert.[3] Der Rückgriff auf die Überlegungen Freuds ermöglicht es Lacan,

> (...) die Erscheinung des Signifikanten des Vaters als Autors des Gesetzes mit dem Tod, ja sogar mit dem Vatermord zu verbinden - damit zeigend, daß, ist dieser Mord das fruchtbare Moment der Schuld, durch die das Subjekt sich auf Lebenszeit mit dem Gesetz verbindet, der Symbolische Vater, sofern er dieses Gesetz bedeutet, wohl der Tote Vater ist. (Lacan, SII, S.89)

Der Tod des Vaters ist also s/Signifikant für die Entstehung der ersten Kulturgesetze, in denen gesellschaftliches Handeln ein Handeln im Namen des Vaters bedeutet. Dieses aber steht in Verbindung mit einer unbewußten Schuld, die der Mensch als sprechendes Wesen, also mit dem Akt der Symbolisierung, auf sich lädt und die sich in jedem Wort offenbart. Denn ein Gesetz kann sich nur auf Dauer etablieren, wenn es in die Sprache eingeht und in ihr fortbesteht. So sind auch die Bedingungen, aufgrund dessen sich dieses Gesetz konstituiert, Teil der symbolischen Ordnung, die das Gesetz des Menschen ausmacht.[4]

> Unser Sprechen will uns jetzt als unendliche Wiederholung dieses Aktes (vom Urvatermord) vorkommen; denn sofern wir sprechen, erscheint immer etwas mit, das sich als Totes, Gemordetes entzieht. Um diesen Urmord zu bewahren, bedurfte es also nur der Sprache als solcher (...). Sobald der Mensch in das Verhältnis zur Sprache geraten ist, sobald er spricht, muß er eine Schuld übernehmen, muß er für eine Schuld bezahlen, von der er glaubt, er habe sie sich nicht zuschulden kommen lassen. (Lang, Die Sprache, S.164)

Der Mythos vom Urvatermord beschreibt also die (unbewußten) Gesetze der Sprache, die dem Subjekt als sprechendem Wesen auferlegt sind. An ihm lassen sich die Grundbedingungen und die Wirkungen der Symbolfunktion ablesen, denen der Mensch im allgemeinen und als Individuum beim Eintritt in die symbolische Ordnung unterliegt, denn er veranschaulicht,

(1.) "daß das Gesetz und die verdrängte Begierde ein und dasselbe sind" (Lacan, SII, S.154), insofern das Verbot an die Stelle des Genusses den Verzicht setzt;

(2.) daß Symbolisierung immer auch die Aufnahme einer unbewußten Schuld bedeutet. Ihr positiver Aspekt liegt darin, daß sie - beispielsweise in den Tauschakten - die Einhaltung der

mündlichen Vereinbarungen garantiert, die mit dem verbindlichen Wort geleistet werden (vgl. Lacan, SI, S.119f.);
(3.) daß die Sprache als Gesetz nicht mit der Übertragung eines Signals, sondern mit dem Verschwinden eines Signifikanten beginnt:

> Damit das von seinem Gebrauch befreite symbolische Objekt zu einem vom hic et nunc befreiten Wort wird, kommt es nicht auf den materiellen, lautlichen Unterschied an, sondern auf sein Verschwinden, in dem erst das Symbol zur Dauer des Begriffs findet. (Lacan, SI, S.116)

Denn das symbolische Objekt allein, das sich von anderen Tauschobjekten dadurch unterscheidet, daß es keinen Gebrauchswert besitzt, garantiert noch kein Fortbestehen einer gesetzmäßigen Übereinkunft über Generationen hinweg. Erst

> durch das, was nur als Spur eines Nichts Gestalt annimmt und dessen Basis sich infolgedessen nicht verändern kann, erzeugt der Begriff, indem er die Dauer (durée) des Vergänglichen bewahrt, die Sache (...). Es ist (...) die Welt der Worte, die die Welt der Dinge schafft - die zuerst im hic et nunc eines werdenden Ganzen ununterscheidbar sind -, indem sie ihrem Wesen konkretes Sein verleiht und ihrem Immerseienden überall seinen Platz zuweist (...). (Lacan, SI, S.117)

Das Wort bedeutet also grundsätzlich Abwesenheit und die Benennung ist Mord an der Sache. Aber dadurch, daß das Wort das Bezeichnete zu einem Element der symbolischen Ordnung macht, konserviert es sozusagen auch: Es verleiht der Sache Dauer, indem es sie von seinem konkreten Dasein trennt.
Für die Stellung des Subjekts in der Sprachordnung bedeutet das, daß es sich selbst als abwesendes erfährt, sobald es sich symbolisch identifiziert (findet). Der Mensch wird im doppelten Sinne des Wortes in der symbolischen Ordnung 'aufgehoben' (vgl. Lacan, SII, S.128): In ihr erhält er seine Stellung als sprechendes und begehrendes Subjekt, zugleich verliert er - seiner eigentlichen Existenz enthoben - die Unmittelbarkeit des reinen Da-Seins.
Diese radikale Abhängigkeit des Menschen von der Ordnung des Andern illustriert Lacan in dem sogenannten L-Schema. Es zeichnet die Entfremdungsbewegung des Subjekts (S) von A (Ort des

Andern) über die imaginäre Dimension a-a' im z-förmigen Winkelzug nach.

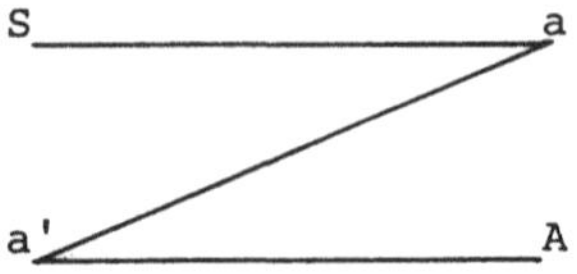

(Lacan, SII, S.81)

Das Subjekt hat an allen vier Ecken dieses Schemas teil,

> namentlich beim S als seiner unaussprechlichen und stupiden Existenz, beim a, seinen Objekten, beim a' als seinem Ich, das heißt bei dem, was sich von seiner Form in seinen Objekten spiegelt, und beim A als dem Ort, von dem aus die Frage nach seiner Existenz sich an es richten kann. (Lacan, SII, S.82)

Es unterliegt der existenziellen Infragestellung vom Ort des Andern, der es sich aber als selbstbewußtes 'moi' über die imaginäre Relation, und das bedeutet in Verkennung seiner selbst, entzieht. Mit dem Ort des Andern tritt das wahre Subjekt ('je') nur über den Diskurs des Unbewußten in Verbindung, der den sprachlich-kulturellen Imperativen 'im Namen des Vaters' untersteht.

Das R-Schema ist eine Erweiterung dieses Modells in Hinsicht auf den Ödipuskomplex: Die Plätze a-a'-A werden mit den Symbolen M,I,P besetzt. M bezeichnet den Ort der Mutter als Primärobjekt, I die Stellung des im Imaginären herausgebildeten Ich-Ideals, und P gibt die "Position in A des Namen-des-Vaters" (Lacan, SII, S.86) an. Es veranschaulicht auch die drei Dimensionen der Subjektkonstitution: die des Symbolischen, des Imaginären und des Realen. Dabei erweist sich letzteres, an der Grenze zwischen den Möglichkeiten imaginärer und symbolischer Identifikation situiert, als das Unmögliche (vgl. Lacan, SII, S.86).

Wie läßt sich nun der symbolische Ort des Subjekts innerhalb der familiären Triade kennzeichnen? Durch die Notwendigkeit der Umwandlung von Bedürfnissen in artikulierte Bitten entsteht eine Öffnung der dualen Beziehung auf einen dritten Ort hin, der der Ort des Andern ist. Dieser wird im Ödipuskomplex durch den Namen-des-Vaters vertreten, auf den die Mutter sich beruft, ohne daß dessen reale Präsenz erforderlich wäre. Es kommt lediglich darauf an, daß ein Dritter auftritt, der das Realitätsgesetz der Unterscheidung (Ich≠Du) verkörpert. Diese Funktion ist bereits durch die notwendige, wenn auch nur zeitweise Abwesenheit der Mutter erfüllt. Den 'Verlust' des Primärobjekts kann das Kleinkind nur überwinden, indem es die Abwesenheit selbst bezeichnet, und das heißt, indem es das Wort verwendet.

> Durch das Wort, das bereits eine Anwesenheit darstellt, die auf Abwesenheit gründet, erhält in einem besonderen Augenblick die Abwesenheit selbst einen Namen. (Lacan, SI, S.116)

Indem also das Kind nach der Mutter ruft, entdeckt es die Logik der symbolischen Kombination aus An- und Abwesenheit, das Spiel der Differenzen, das seine eigene "Beziehung als Subjekt zum Signifikanten markiert" (Lacan, SII, S.128). Als "privilegierte(n) Signifikant dieser Markierung" (ebd.) definiert Lacan den Phallus, weil er das imaginäre Objekt des Begehrens darstellt, das sich immer am Ort des Andern befindet: "Daß der Phallus Signifikant ist, bedeutet, daß das Subjekt Zugang zu ihm findet am Ort des Andern" (Lacan, SII, S.129). Die Funktion dieses primordialen Signifikanten besteht darin, daß er eine Haben-Sein-Relation ausdrückt. Sie bestimmt die Beziehungen innerhalb der familiären Triade, insofern "das Begehren der Mutter der Phallus ist", während "das Kind, um es zu befriedigen, Phallus sein (will)" (ebd.). Das bedeutet, daß das Kind sein eigenes Begehren (nach der unumschränkten Allgegenwart der Mutter) zum Objekt des Begehrens des andern macht, indem es sich mit dem Mangel der Mutter identifiziert. Ihre (notwendige) Abwesenheit aber kann das 'infans' nur dadurch überbrücken, daß es das Begehren der Mutter anerkennt. Die Anerkennung des Begehrens des andern ist das, was Lacan unter den Begriff der symbolischen Kastration faßt. Indem der Vater die Identifikation des Kindes mit der Mutter untersagt, indem er "es vom Phallus (unter)scheidet",[6] versagt er ihm das ursprünglich begehrte Primärobjekt, so daß es fortan auf Ersatzobjekte angewiesen ist. Im Verzicht erlangt das Kind geschlechtliche

Identität, denn an Stelle des Ideal-Ichs tritt jetzt das Ich-Ideal des gleichgeschlechtlichen Elternteils. Auch eine Identität im weitesten Sinne ist durch die Differenz zu allen/m anderen gewährleistet. Der Eintritt des Subjekts in die symbolische Ordnung bedeutet aber gleichermaßen Verzug oder sogar Entzug der Lusterfüllung (vgl. Lacan, SII, S.198) und Verlust des geliebten Objekts als Preis für die Möglichkeit, sich seiner selbst und der Ordnung der Dinge bewußt zu werden.

IV.4. Sprache der Hysterikerin und Sprache des Herrn: Die Vatermetapher

Im zweiten Kapitel des Romans ändern sich nicht nur Ort und Zeit der Handlung, sondern auch die Erzählhaltung der Ich-Figur. Während sie sich im ersten Teil noch gedrängt sah, einer gestörten Erinnerung nachzuspüren, von der allein Malina von vornherein wußte, worin diese besteht (24), heißt es jetzt: "Malina soll nach allem fragen. Ich antworte aber, ungefragt (...)" (181); und noch deutlicher: "Malina soll alles wissen. Aber ich bestimme (...)" (ebd.). Die Ich-Figur evoziert also im Traumkapitel bestimmte Erinnerungen und Vorstellungen, durch die sie nicht nur die Auseinandersetzung mit der Person des Vaters, sondern auch den Dialog mit Malina provoziert. In Übereinstimmung mit Lacans Theorie der vier Diskurse[1] könnte man meinen, daß sie hier den Diskurs der Hysterikerin führt. Dieser zielt darauf, die imaginär vorgestellte "Allmacht des Herrensignifikanten" (Lipowatz, Diskurs, S.198) herauszufordern, um selbst in den Genuß einer Macht in Form von Wissen zu gelangen.[2] Dabei wird die Funktion des anderen, des Gegenübers, darauf reduziert, sich als Ort der Antwort zu gründen:

> Die hysterische Person zwingt den Anderen, ein Wissen zu erzeugen, um ihre Fragen zu beantworten. Sie bringt ihn durch ihre Fragen und Provokationen (...) dazu, seinerseits auf dieses Wissen neu-gierig und begierig zu werden. (Lipowatz, Diskurs, S.189)[3]

Während sich Ivan für eine Auseinandersetzung mit der Ich-Figur aufgrund seines Desinteresses an ihrer Person als unfähig erwies, ist es nun Malina, der diese Rolle zu erfüllen scheint.

Die hysterische Frage ist die "Frage nach dem Verhältnis des Seins zum Denken" (Lipowatz, Diskurs, S.188) und schließt die "Frage nach der Möglichkeit des sexuellen Verhältnisses und der sexuellen Identität" (ebd.) mit ein. Diese ist für das hysterische Subjekt so zentral und bedeutend, weil zunächst noch "die Hoffnung nach einem harmonischen, perfekten Verhältnis der Geschlechter und der Menschen zueinander formuliert (wird)" (ebd.) - genauso also, wie sie auch in den Utopiefragmenten des Romans zum Ausdruck kommt.
Das hysterische Objekt des Begehrens ist der Phallus, "das Symbol des Mangels und der Sprache" (Lipowatz, Diskurs, S.190). Dieses aber "wird verdrängt und kehrt als Wissen, als Entdeckung und Erfindung des Anderen wieder" (Lipowatz, Diskurs, S.198). Die Verdrängung des Objekts des Begehrens ist gleichbedeutend mit der Verdrängung des eigenen Mangels. Sie birgt die Gefahr in sich, daß der Wille zur Macht und dessen gewaltsame Durchsetzung lediglich eine Umkehrung der Verhältnisse mit sich bringt, insofern das hysterische Subjekt mit der 'Machtübernahme' den Diskurs des Herrn reproduziert. Den Diskurs des Herrn führt im Traumkapitel von "Malina" der Vater:

> Der Herr zwingt den Sachen und den Menschen die Ordnung des Symbols einheitlich auf und fixiert sie damit. Individuelle, partikulare und allgemeine Interessen werden als das 'Gesetz', als ob sie Gesetz wären, ausgegeben und auf Kosten des Anderen durchgesetzt. (Lipowatz, Diskurs, S.151)

Der Herr verfügt über die Macht des Wortes, das mit "der Einführung der Einheitlichkeit und Eindeutigkeit in die Sprache als absolute Forderung" (Lipowatz, Diskurs, S. 146) in Form der Aufforderung oder des Befehls an den anderen ergeht. Dieser Macht eigen

> ist die Krankheit der Sprache, sie läßt Stücke der Sprache sterben, austrocknen, sie verdünnt den Sinn, versteinert die Ausdrücke, die sie in großen Mengen reproduziert und in toten Metaphern kodifiziert. Das Sagen der Macht wird in einem toten Sprechen ausgedrückt. Sie manipuliert einen

> Vorrat von Aussagen mit unklaren, ununterscheidbaren Referenten, die so zu universellen Aussagen werden, zu einem Lärm, der Schweigen erzwingt: clichés. (Lipowatz, Diskurs, S.146f.)

Es wird sich zeigen, daß diese Art der Sprachverwendung der Sprachgewalt des Vaters im Traumkapitel sehr ähnlich ist. Im 14. Traum heißt es beispielsweise:

> Was ist das für eine Musik, Schluß mit der Musik! Mein Vater tobt wie noch nie. Und sag sofort, am wievielten hat Columbus Amerika erreicht? Wie viele Grundfarben gibt es? Wie viele Farbtöne? Drei Grundfarben. Ostwald gibt sie mit 500 an. Alle meine Antworten kommen rasch und richtig, aber sehr leise, ich kann nichts dafür, wenn mein Vater sie nicht hört. Er schreit schon wieder, und jedesmal wenn er die Stimme erhebt, fällt ein Stück Mörtel von der Wand (...). Wie kann er bloß fragen, wenn er die Antworten doch nicht hören will. (206f.)

Die Vielstimmigkeit der Musik steht dem väterlichen Willen nach Eindeutigkeit direkt entgegen. Indem er der Tochter ein Wissen aufzwingt, das systematisch abgefragt werden kann, unterwirft er sie der petrifizierenden Macht der Symbole. Er drängt ihr eine tote Sprache auf, in der nicht die Harmonie, sondern nur Lärm und Gewalt zum Ausdruck kommen: ein "Lärm, der Schweigen erzwingt" (Lipowatz, Diskurs, S.147) und der bereits die Lücke öffnet, in der das Ich am Ende des Romans verschwindet.
Dennoch ist es problematisch, die Funktion des Vaters darauf zu reduzieren, daß er den Diskurs des Herrn führt. Der Vater kann nicht als irgendein beliebiges sprechendes Subjekt aufgefaßt werden, das einen bestimmten Diskurs verifiziert. Vielmehr verkörpert er selbst die als Sprachgewalt empfundene Macht der symbolischen Ordnung und verfügt über das Recht, sich aller ihrer Mittel zu bedienen. Der Vater ist wie Don Juans 'Steinerner Gast' "gemacht aus den Pflichtverletzungen und leeren Schwüren, aus den Wortbrüchen und haltlosen Reden, deren Konstellation über dem In-die-Welt-Setzen eines Menschen gestanden hat".[4]
Die Frage nach der Identität des Vaters wird in den Dialogen zwischen dem Ich und Malina wiederholt diskutiert. Die Ich-Figur ist sich von vornherein bewußt, "daß mein Vater nicht mein

Vater ist" (186). Aber erst im letzten Dialog gelingt es ihr, die Vorstellung, die sie sich von ihm macht ("Sagen wir, ich mache mir da eine Vorstellung" (186)), also die Vorstellung eines realen Vaters, von der Bedeutung, die er für sie hat, zu trennen - und zwar, indem sie ihn (anders) benennt: "Ich: Es ist nicht mein Vater. Es ist mein Mörder" (247). An dieser Formulierung läßt sich ablesen, daß die Traumvaterfigur sowohl den realen als auch den symbolischen Vater verkörpert - und das in einer Person. Auffällig an dieser Behauptung, in der es eigentlich 'Er' heißen könnte oder müßte, ist das 'Es'. Es erinnert an das unsagbare Etwas, das 'Es' der Störung und ebenso an das 'Es' in den Träumen, in denen die Ich-Figur wiederholt versucht, dem Vater "das Eine zu sagen" (183). Dieses 'Es' ist hier die undefinierbare Größe, auf die der Vater bezogen wird, insofern er sie repräsentiert. 'Es' ist nicht der reale Vater, 'Es' ist die Personifikation einer uneingeschränkt herrschenden und tötenden Instanz, die die Existenz der Ich-Figur bedroht. Als Malina insistiert: "Warum hast du immer gesagt: mein Vater?" (247), erwidert die Ich-Figur:

> Habe ich das wirklich gesagt? Wie konnte ich das nur sagen? Ich habe es doch nicht sagen wollen, aber man kann doch nur erzählen, was man sieht, und ich habe dir genau erzählt, wie es mir gezeigt worden ist. Ich habe ihm auch noch sagen wollen, was ich längst begriffen habe - daß man hier eben nicht stirbt, hier wird man ermordet. Darum verstehe ich auch, warum er in mein Leben hat treten können. Einer mußte es tun. Er war es. (247)

Einer also mußte in ihr Leben eintreten, so wie Malina sich in ihrem Leben "einstellte" (14), der all das konkret ausübt, was symbolisch als Mord verstanden, empfunden und von ihr so bezeichnet wird. Dadurch kommt es zu der Gleichung: "Er war es" (247).

IV.5. Traumanalyse

In den Träumen, in denen es um die Macht des Vaters geht, das Ich von anderen zu trennen (Isolation und Traumgruppe II), um

es allein seinem Willen zu unterwerfen, findet sich genau das bildlich dargestellt, was Lacan hinsichtlich des Ödipus- und Kastrationskomplexes als "Intervenieren des Mittels der Vatermetapher" (Lacan, Sem.11, S.290) bezeichnet: Im Traum und als Trauma, als Verletzung, erleidet die Tochter Trennungen von verschiedenen ihr nahestehenden Personen. Zuerst erfolgt die Trennung von der Mutter im zwölften Traum.
Hier befindet sich die Ich-Figur an einem paradiesischen Ort unter Wasser, im "Reich der tausend Atolle" (199). Es ist eine Welt, zu der sie sich hingezogen fühlt, in der sie aber nicht verbleiben kann, weil sie den Verfolgungen durch ihren Vater permanent ausgesetzt ist:

> (...) die Schwärme der zauberischsten Fische begegnen mir, und ich möchte mit ihnen ziehen, aber mein Vater ist schon hinter mir her, ich sehe ihn bald seitwärts, bald unter mir, bald über mir (...). (199)

Sie versucht, zu ihrer Mutter zu gelangen, die sich "in dem Korallenriff versteckt" (ebd.) hat, und den Vater gleich einem Hai durch lautes Schreien zu vertreiben:

> Ich weiß, daß es wichtig ist, unter Wasser zu schreien, weil es auch die Haie vertreibt, so muß das Schreien auch meinen Vater vertreiben (...). (199)

Ihr ist bewußt, daß er sie vor den Augen der Mutter "anfallen", "zerfleischen" (ebd.) oder vergewaltigen will, daß er also die Gelegenheit sucht, seine Macht und seinen Anspruch auf die Tochter in Anwesenheit der Mutter zu demonstrieren ("damit meine Mutter es sieht" (199)). Entscheidend ist dabei, daß diese nicht aktiv eingreift, um die Tochter vor dem Vater zu verteidigen oder zu beschützen: "meine Mutter (...) starrt stumm und mahnend auf mich, denn sie weiß, was mit mir geschehen wird" (ebd.). Ähnlich wie im Traum von der Zerstörung der drei Lebensblumen begegnet ihr hier die Autorität des 'großen Anderen' in der Reaktion des anderen. Sie realisiert sich also im Verhalten der Mutter dem Vater gegenüber, in ihrer Passivität und Unterlegenheit: "Der Narzißmus ist im Wesen nur die hilflose Antwort auf die Autorität des großen Anderen, die in der Mutter als 'objet primordial' erstmals begegnet" (Lang, Die Sprache,

S.209). In der narzißtischen Ich-Du-Symbiose sucht die Tochter kurzfristig Zuflucht. Nachdem sie an Stelle der Schreie jetzt eine deutlich artikulierte Drohung an den Vater ausspricht, findet sie in der engsten Umschlungenheit mit der Mutter ihren "Platz" und Schutz. Das beschriebene Bild drückt deutlich eine natürliche Übereinstimmung und Ergänzung, ja fast Verschmelzung aus:

> Bei meiner Mutter finde ich einen Platz, in ihrer verästelten, tausendgliedrigen, zunehmend wachsenden Tiefseestarre, ich hänge bang und furchtsam in ihrer Verästelung, ich hänge an ihr (...). (199f.)

Letzten Endes vermag die Ich-Figur jedoch nicht, den Besitzansprüchen, Angriffen und Tötungsversuchen des Vaters zu entgehen: "(...) aber mein Vater greift nach mir, er greift wieder nach mir (...)" (200). Als sie erkennt, daß nicht <u>ihre</u> Worte es waren, die dem Vater drohten, sondern er es ist, der seine Stimme gegen sie erhebt, wird deutlich, aus welcher Richtung der 'An-Spruch' ergeht und wem er gilt:

> (...) und ich war es also doch nicht, sondern er hat geschrien, es war seine Stimme, nicht die meine: Ich habe mir geschworen, dich zu töten! (200)

Das Sprechen des Ichs erweist sich als Umkehrung, dessen Effekte - ganz im Sinne Lacans - gegen das Subjekt selbst gerichtet sind. Was bleibt, ist der Selbsthaß, der nur noch von dem Haß auf den Vater übertroffen werden kann: "Aber ich habe geschrien: Ich hasse dich mehr als mein Leben!" (200).

In diesem kurzen Traum finden sich also verschiedene Aspekte der Sprachwirkung, wie sie Lacan beschreibt - allerdings ausschließlich unter negativem Vorzeichen -, dargestellt: Die Angewiesenheit auf den Ort des Dritten wird als Zwang und Verfolgung empfunden; die artikulierte Bitte erscheint als Drohung, die letzten Endes gegen das Ich selbst gerichtet ist; die Zerstörung der Ich-Du-Symbiose als Angriff auf ihr eigenes Leben. An Stelle der Möglichkeit von Identitätsfindung steht hier der Identitätsverlust, der sich in Selbsthaß ausdrückt.

Dies wird um so deutlicher, als nicht nur die Beziehung zur Mutter, sondern alle anderen Zweierbeziehungen, die die Ich-Figur eingeht, durch die Gewalt des Vaters verhindert oder zerstört werden.[1] Der Ich-Figur ist es also nicht möglich, im Anschluß an die Auflösung der primären Ich-Du-Symbiose ein entsprechendes Verhältnis zu den sogenannten Ersatzobjekten aufzubauen, was für sie die Anerkennung der eigenen Identität durch den anderen bedeutete. Im Gegenteil: Letzten Endes ist der einzige, den sie immer erreichen kann und auf dessen alleinige Hilfe sie angewiesen bleibt, der Vater. Im Traum von der untergehenden Insel (Traum 4, S.187f.), in dem die Ich-Figur von der Außenwelt "abgeschnitten" (187 u. 188) ist und einen Kontakt zu ihrer Schwester herzustellen versucht, ist die einzig mögliche Verbindung, die sich ergibt, die mit dem Vater. Am anderen Ende des Telefons befindet sich nie jemand anders als er: "Ich möchte ins Telefon schreien: Eleonore! will meine Schwester rufen, aber am anderen Ende kann nur mein Vater sein (...)" (187).[2] Der Vater schaltet sich also in die Beziehungen zu anderen Personen ein, er vermittelt aber nicht, sondern verhindert jede Begegnung.[3] Von einem notwendigen Umweg über die symbolische Ordnung, repräsentiert durch den Vater, kann hier nicht mehr die Rede sein, denn er ist es, der prinzipiell jeden Zutritt (zu anderen) versperrt. So kennt der Vater zwar immer den Ausweg, nimmt diesen aber für sich allein in Anspruch: "Mein Vater ist verschwunden, er hat gewußt, wo die Türe ist und hat sie mir nicht gezeigt (...)" (183).

Der väterlichen Macht unterliegen nicht nur die persönlichen Beziehungen der Ich-Figur, sondern darüber hinaus alle möglichen gesellschaftlichen Bereiche, in denen die Individuen einer bestimmten Ordnung unterworfen sind. Diese Bereiche umfassen Geschäftliches ("Er leitet ein Unternehmen (...), er hat Tochterrechte und Tochtergesellschaften, er gibt dauernd Befehle, spricht über mehrere Telefone (...)" (244)), Politisches (er organisiert beispielsweise die Judentransporte und "Er leitet (...) eine Regierung (...)" (244)) und Soziales (er bringt die

Tochter ins Gefängnis und "er inszeniert an einem Theater" (244)).
Alles unterliegt der Ordnung des Vaters: ganz gleich ob es sich hierbei um die räumliche Anordnung von Gegenständen handelt ("Mein Vater (...) geht mit einem Zollstab auf und ab, mißt die Wände, die Fenster und die Türen, denn er hat wieder etwas Großes vor" (228)), der die Zerstörung der Ordnung anderer vorausgeht ("unlesbar sind alle geworden (die Bücher), das hat ja so kommen müssen, es ist keine Ordnung mehr" (191)), oder um das von ihm geforderte ordentliche Nacheinander von Tatsachen (vgl. S.207). Und immer handelt es sich hierbei um eine dem Ich fremde Ordnung (vgl. S.183). Auch die künstlerischen Inszenierungen finden alle auf An-Ordnung des Vaters und unter seiner alleinigen Regie statt. Wie der primordiale Signifikant führt der Vater Regie über die Auftritte und Rollen der Subjekte:[4] Das Inszenieren einer Oper, das Drehen eines Films und die aufwendige Gestaltung einer Eisschau sind alles Aktiviktäten des Vaters, in denen die Ich-Figur unfreiwilligerweise eine ihr ungemäße Rolle übernehmen muß [5] - zur Belustigung des ständig gegenwärtigen Publikums. Eine Identität ist lediglich als Rollenidentität gewährleistet und nur für den, der sie zu verkörpern in der Lage ist, während eine fraglose Identität unter dem Einfluß des Vaters nicht wieder herzustellen ist.
Unter literaturtheoretischem Aspekt erläutert Ingeborg Bachmann diesen Gedankengang in ihrer Frankfurter Poetik-Vorlesung "Das schreibende Ich". Auch dort ist die Rede von der "Auflösung" einer "Ich-Union" (Bachmann, GW III, S.221), derzufolge "Interferenzen" (ebd.) auftreten, die diese erste und nur im Kindesalter fraglose Ich-Identität verändern. Dort heißt es:

> Wer ist nicht, sechzehnjährig, in einem Buch, in einem Gedicht, einem Ich begegnet, vermeintlich dem Autor selbst, und beinahe war man es selbst, denn Ich war Du und dieses Du Ich, so verwischt waren in der ersten Gläubigkeit und Verzauberung alle Grenzen: es kam nicht einmal zu einem Rollentausch, weil man keine Rolle sah (...). Aber die Invasionen (weiterer Ichs) haben nicht verhindert, daß wir ganz andere Ich wurden und den fremden Ich der Bücher bald entgegentraten, sie schärfer ansahen, uns distanzierten. (Bachmann, GW III, S.221)

Hier ist also auch, wie bei Lacan, von einer Zeit der "ersten Gläubigkeit und Verzauberung" (s.o.) die Rede, in der Ich und Du eine Einheit bilden. Irgendwann im Leben eines Menschen aber kommt es zu einem entscheidenden Einschnitt, zu einem Entwicklungsabschnitt, der mit dem Bewußtsein der Differenz (von Ich und Du) einsetzt.
Aus diesem Zusammenhang heraus wird auch der sechste Traum von der Zerstörung der Bücher verständlicher: Die Verletzungen, die der Vater der Tochter zugefügt hat, der Einschnitt, wird hier bildlich dargestellt und körperlich empfunden als Schnitt-Wunde:

> Mein Vater (...) wirft alle Gläser, er zielt so genau, nur wenige Splitter treffen mich, aber das Blut kommt in kleinen Rinnsalen von der Stirn (...). (190)

Die Wunde erfordert vom Ich eine Distanz, die ihr ursprüngliches Verhältnis zu den anderen Ichs in der Literatur ("denn ich habe sie (die Bücher) gestreichelt jeden Abend vor dem Schlafengehen" (191)) unwiderruflich zerstört: "(...) ich versuche ihnen vom Leib zu bleiben, damit sie keine Blutflecken bekommen" (191f.).

Die symbolische Differenz ist aber nicht nur hinsichtlich der literarischen Entwicklung eines Menschen ent-scheidend. Sie ist - und das wird ja gerade im Traumkapitel deutlich - "die ins Subjekt eingeführte Ursache" (Lacan, SII, S.213), die seiner Existenz als denkendes und sprechendes Wesen vorausgeht. So sieht auch Ingeborg Bachmann grundsätzlich jede individuelle Entwicklung in direkter Abhängigkeit zu den Veränderungen, denen das 'infans' mit dem Eintritt in die Ordnung der Sprache unterworfen ist. In einem Interview von 1961 (Bachmann, GI, S.26) definiert die Bachmann 'Kindheit' wie folgt:

> (...) 'Kinder', ein Plural, ein anonymer, uns allen bekannter Ruf, wir waren ja Kinder einmal, wir haben zu diesem Orden gehört, in dem unsre kleinen Eigenschaften und Merkmale nicht gefragt waren, in der wir keinen Namen hatten, sondern nur eins waren, nämlich 'Kinder' (...).

Ausgehend von dieser Vorstellung einer undifferenzierten Gemeinschaft Gleichaltriger, wie sie auch in "Malina" - allerdings in abschätziger Weise - geäußert wird,[6] beschreibt Ingeborg Bachmann Sprachfindung und Namensgebung als Identitäts- und Unschuldsverlust unter dem Einfluß eines 'anderen':

> Die Kinder - die sind in ein Spiel getreten, das jemand anderer veranstaltet. Das Ich tritt heraus aus dem Spiel, decouvriert das Spiel als Spiel, es hat die Unschuld dieser Bewegung verloren. Es weiß Bescheid. (Bachmann, GI, S.26)

Diese Beschreibung erinnert unwillkürlich an das Spiel der Signifikanten: Das 'infans' wird in deren Struktur hineingeboren und ist zugleich mit der Fähigkeit zu unterscheiden, also indem es "Bescheid" weiß, als ex-zentrisches 'je' davon ausgeschlossen. Interessant ist auch, daß Ingeborg Bachmann diesen Bewußtwerdungsprozeß mit dem Verlust der Unschuld gleichsetzt. Aber ebenso wie die These von der Schuld aller Dinge, die in die Sprache eingehen (98), nicht erläutert wird, so bleibt auch hier der Zusammenhang zwischen Sprache und Schuld offen. Aus dem Traumkapitel jedoch läßt sich erschließen, daß die Macht der symbolischen Ordnung, repräsentiert durch den Vater, nur so groß und allumfassend sein kann, weil sie auf einer den Subjekten unbewußten Schuld gründet. Andererseits existiert sie nur so lange, wie die Subjekte selbst sich schuldig wähnen. Gegenüber der Tochter geht die Allmacht des Vaters so weit, daß er ihr Verhalten über seine 'reale' Anwesenheit hinaus dominiert. Immer wieder befindet sich die Ich-Figur in dem Glauben, ihre Pflicht erfüllen zu müssen (222,224 u.ö.), und sie leidet unter der Vorstellung, daß sie sich in ihrem Handeln, auch dem Vater gegenüber, schuldig macht (vgl. S.209). Die Pflicht und die Schuld sind nach Lacan die zwei imaginären Realitäten des symbolischen Gesetzes, denen sich das Subjekt als mangelndes und zugleich begehrendes unterwirft. Im Diskurs des Herrn, der dem des Traumvaters in verschiedener Hinsicht gleicht, tritt die

> Macht des symbolischen Gesetzes (...) unvermeidlich als Verpflichtung in Erscheinung (...), (und) die Schuld ist die imaginäre Verdopplung einer anderen, der symbolischen Schuld (...). Weil jeder jedem immer 'irgendetwas' aus dem einfachen Grunde schuldet, weil er spricht und begehrt,

> wähnt er, 'schuldig' im imaginären Sinne zu sein. Denn die symbolische Schuld ist nicht lokalisierbar. Sie ist 'überall und nirgendwo' wie die Sprache und das Unbewußte. (Lipowatz, Diskurs, S.144f.)

Überall und nirgendwo - also genau dort, wo das Traumkapitel ansiedelt (181).
Als die Ich-Figur im neunzehnten Traum aus einer unerklärten Angst heraus sogar Malina fortschickt, der gekommen war, um sie vom Vater zu befreien, heißt es:

> (...) ich fange zu weinen an, denn Malina ist gegangen, ich weiß nicht mehr, was ich tun soll, ich muß die Spuren verwischen, ich sammle die Scherben auf der Straße ein, schiebe mit den Händen die Blumen und die Erde zum Rinnstein, ich habe heute nacht Malina verloren und Malina hätte aufs Haar heute nacht sterben müssen, wir beide, Malina und ich, aber es ist stärker als ich und meine Liebe zu Malina, ich werde weiter leugnen (...). (215)

Die Tochter reproduziert also genau das Verhalten der Mutter (vgl. S.189): Sie sieht ihre Pflicht lediglich in der Wiederherstellung der durch den Vater zerstörten Ordnung, so daß sie mit dem Verwischen der Spuren seine Macht noch verstärkt. Weil sie den Mut zur Wahrheit nicht aufbringt ("ich werde weiter leugnen"), macht sie die Schuld des 'Anderen' zu ihrer eigenen Schuld und stellt sich so auf die Seite des Vaters: "(...) ich lege mich neben meinen Vater, in die Verwüstung, denn hier ist mein Platz (...)" (215). Solange 'Es' stärker ist als 'Ich' (s.o.,215), wird dieses Gefühl der Verpflichtung und Schuldigkeit andauern. Allein dadurch, daß sie noch zweifelt, daß ihr immer wieder der "Verdacht" (215) aufkommt, diesem fremden Mann gar nicht verpflichtet zu sein, besteht die Möglichkeit, sich von ihm zu distanzieren und einen eigenen Weg zu finden:

> (...) denn das Böse ist in einem Gesicht, das ich nicht kenne, ich krieche auf einen fremden Mann zu (...). Wie bin ich hierhergeraten, wie in seine Macht, in wessen Macht? (215)

Die Schuld ist also zu begreifen im Sinne einer symbolischen Erbschuld, an die sowohl Menschen als auch Dinge in ihrem Verhältnis zur Sprache gebunden sind. Die immer gleiche Spur einer Schuld wird mit der Verwendung der symbolischen Zeichen übertragen. So abstrakt dieser Gedanke hier auch erscheinen mag, so konkret ist für die Ich-Figur die Sprachschuld der Grund für das Scheitern zwischenmenschlicher Beziehungen. Die mörderischen Auswirkungen der Machtansprüche in unserer Gesellschaft gründen in erster Linie in der mangelnden Kommunikationsfähigkeit und -bereitschaft der Individuen. Wie schwer es für den Einzelnen ist, sich diesen Strategien einer Mordgesellschaft zu entziehen, ohne sich selbst der Machtmittel des 'großen Anderen' zu bedienen, wird an der weiteren Entwicklung der Ich-Figur als Traumtochter deutlich.

Im neunten Traum geht es um die physische und psychische Auseinandersetzung der Tochter mit dem Vater. Sie nutzt die Gelegenheit, sich ihm zu widersetzen und sich von ihm (räumlich) zu distanzieren, indem sie das Zeichen seiner Macht an sich bringt. Die Wüste als Ort dieser Auseinandersetzung weckt entsprechend dem etymologischen Kern des Wortes[8] Vorstellungen von Leere, Unendlichkeit und Verlorenheit. Wie in Ingeborg Bachmanns Romanfragment "Der Fall Franza", in dem direkte Bezüge zu "Malina", insbesondere zu den einzelnen Traumpassagen, vorhanden sind,[9] liegt die Bedeutung dieses Ortes in seiner Bestimmungslosigkeit:

> Alles leer und vorhandener, als was sich für vorhanden ausgibt. Nicht das Nichts, nein die Wüste hat nichts zu tun mit dem erspekulierten Nichts der Lehrstuhlinhaber. Sie entzieht sich der Bestimmung. (Bachmann, GW III, S.415)

Demnach wäre die Wüste der Ort, an dem das Sein Platz hat, an dem sich das wahre Subjekt undifferenziert und unartikuliert ausbreiten kann, der ersehnte "Nirgendworaum" (Bachmann, GW III, S.422). Geht man aber von der Theorie eines gespaltenen Subjekts aus, so kann ein solcher Zustand nur imaginär sein oder könnte, wenn überhaupt, nur in einer Art Bewußtlosigkeit realisiert werden - also unabhängig von einem reflexiven, sich seiner selbst bewußten 'moi'. Aufgrund der Präexistenz der symbolischen Ordnung aber ist jeder vermeintliche Zufluchtsort, ebenso wie die imaginäre Ich-Du-Symbiose, immer auch ein Ort der Unterscheidung oder Auseinandersetzung: "Ich oder Ich. Ich und die

Wüste. Oder Ich und das andere" (Bachmann, GW III, S.418). Mit dieser Formel beschreibt Ingeborg Bachmann in "Der Fall Franza" die zwei Möglichkeiten der Subjektkonstitution[10], die nicht unabhängig voneinander gedacht werden können. Es ist unmöglich, das unbewußte 'je' mit dem reflexiven 'moi' bewußt zur Deckung zu bringen. Der Versuch der Identitätsfindung ist notwendig an eine Auseinandersetzung mit der Ordnung des 'Anderen' gebunden. Deshalb ist die Wüste in "Malina" der Ort, an den der Vater die Tochter "mitgelockt hat" (194) und der als Kampfplatz für den immer neu auszutragenden Krieg zwischen ihm und der Tochter dient.[11] Dieser Kampf setzt damit ein, daß der Vater in den Wüstensand einen Namen zeichnet, daß er also den Leerraum be-zeichnet und so mit seinem Schriftzug sichtbare Differenzen erzeugt:

> Die Sonne scheint grausam auf die Buchstaben, sie liegen wie Schatten im Sand, in der Vertiefung, und meine einzige Hoffnung ist, daß die Schrift rasch überweht sein wird, noch ehe der Abend kommt (...). (194)

Da der eingezeichnete Name nicht der Name der Mutter ist, ist mit dieser Zeichensetzung zugleich der Akt des Durchstreichens verbunden. Der Name einer anderen Frau markiert den Ort der Mutter als Ort der Abwesenheit:

> (...) er hat sich verheiratet, er schreibt in den Sand den Namen dieser Frau, die nicht meine Mutter ist, und ich merke es nicht sofort, erst nach dem ersten Buchstaben. (194)

Durch die Buchstaben realisiert sich also genau das, was Lacan unter dem Spiel der Signifikanten versteht: "Das Register des Signifikanten entsteht dadurch, daß ein Signifikant ein Subjekt für einen anderen Signifikanten repräsentiert" (Lacan, SII, S.219). Auf dem 'Fließband' der Signifikantenkette findet eine ständige Verschiebung statt, in der ein Signifikant den anderen ersetzt (Metonymie), welcher erst in der metaphorischen Substitution auf die Ebene des Signifizierten übergeht. Ebenso wie die Bedeutung nur als Effekt dieser doppelten Bewegung entsteht, so ist auch das Subjekt nur das, "was im Verweisspiel zwischen je zwei Ausdrücken der symbolischen Ordnung als deren

Sinn ins Dasein kommt" (Frank, Neostrukt., S.389).[12] Der Phallus ist derjenige Signifikant, "der bestimmt ist, die Signifikatswirkungen in ihrer Gesamtheit zu bezeichnen" (Lacan, SII, S.126), insofern er genau diese Relation auf die Signifikatebene überträgt. Er ist metaphorisches Objekt, weil er den Mangel repräsentiert, und metonymisches Objekt, weil er Objekt des Begehrens am Ort des anderen ist. Deshalb ist der Phallus ein Zeichen,

> (...) das über das Wesen der Sprache selbst Auskunft gibt (...), - präsentiert doch der Phallus ein Etwas, das nicht da ist und läßt etwas verschwinden, um es als solches zu vergegenwärtigen. (Lang, Die Sprache, S.232)

Für den Traumtext bedeutet das Folgendes: Der Vater führt die Instanz des Buchstaben ein, so daß die Wüste nicht mehr der un-bestimmte, unbezeichnete Ort der Leere oder des reinen Da-seins ist. Gleichzeitig verweist er mit seinem Schrift-Zug[13] auf etwas anderes: auf eine andere Frau, auf sein Ersatzobjekt des Begehrens. Damit 'schreibt' er genau die Struktur des Signifikanten vor: "Der Buchstabe tötet, aber wir erfahren dies durch den Buchstaben selber" (Lacan, SII, S.228). Der Vater besitzt göttliche Macht, denn er verfügt über "das Zeichen der Latenz, mit der alles Bedeutbare geschlagen ist" (Lacan, SII, S.128):

> (...) mein Gott, mein Gott, mein Vater kehrt zurück mit dem großen goldenen, dem mit Edelsteinen besetzten Stab der Wiener Universität (...). (194f.)

Der Stab der Wiener Universität kann also, ebenso wie die Buchstaben, als Phallussymbol im Sinne Lacans definiert werden. Diese Bedeutung ergibt sich auch unmittelbar aus dem Kontext. Denn dieser Stab steht hier für das verbindliche Wort der Ich-Figur, das sie mit ihrem "einzigen und wahrhaftigen" (195) Schwur abgegeben hat und das eine symbolische Verpflichtung und Schuldigkeit bezeugt:

> (...) spondeo, spondeo, und ich will nach bestem Wissen und Gewissen, und mein Wissen niemals und unter keinen Umständen. (195)

Daneben wird in einem späteren Dialog mit Malina deutlich, daß dieser Stab zugleich ein Zeichen des männlichen Rechtes und der männlichen Vorherrschaft ist, auf den sie einst als einzige Frau neben einigen jungen Männern (325) durch ihren Schwur mit fester und lauter Stimme einen Anspruch erhoben hat (vgl. S.324f. u. 256).

Der Name, den der Vater in den Sand schreibt, ist "Melanie" (195). Sie kann als eine Art Projektionsgestalt der väterlichen Begierde und Macht über das 'andere' Geschlecht verstanden werden. Melanie erscheint in den Träumen zum ersten Mal beim "Einzug in den Ballsaal aus Krieg und Frieden" (192), wo sie an der Seite des Vaters sitzend die Stelle der Mutter vertritt. Sie, die als ehemalige Schulkameradin mit der Ich-Figur gleichaltrig ist, nimmt auch bald den Platz der Tochter ein: "Melanie trägt den Ring, den mein Vater mir geschenkt hat (...)" (193). Weil Melanie eine besonders große erotische Anziehungskraft besitzt (192), verkörpert sie das Bild der gefügigen Tochter, die sich dem Vater in jeder Hinsicht unterwirft. Sie widersetzt sich dem Vater nicht, sondern pflichtet ihm bei und steht so beispielhaft für diejenigen Menschen, die mit der ihnen vom Vater vorgeschriebenen Rolle zur Deckung gelangen. Dadurch erreicht sie selbst eine Position, von der aus sie auf andere Personen Macht und Gewalt ausüben kann. An der Seite des Vaters wird sie - ebenso wie die "Gesellen" (190), die "Suchmannschaften" (224f.), der "Totengräber" (182), die "Ärzte" (186) und andere - zur Gegnerin der Tochter.[14]

Wenn der Vater den Namen "Melanie" in den Sand schreibt, erteilt er der Mutter und der Tochter eine Absage und zugleich einen 'Verweis' auf die ihnen zugedachte Rolle. Die Tochter aber widersetzt sich diesem Anspruch. Sie ihrerseits 'sagt' sich vom Vater los. Diese 'Lossagung' artikuliert sich in einer bestimmten Lesart des Namens, also buchstäblich - und damit ganz im Sinne Lacans:

> Mit diesem ehrwürdigen Stab, (...) auf dem noch mein Schwur brennt, schreibt er in den stehengebliebenen Sand wieder den Namen, ich kann ihn diesmal auch lesen, MelaNIE und noch einmal MelaNIE, und ich denke in der Dämmerung: NIE, nie hätte er das tun dürfen. (195)

Sie revoltiert also gegen das ihr 'vorgeschriebene' Gesetz, ohne aber dessen (sprachliche) Grenzen zu überschreiten. Deutlicher wird ihr Widerstand in dem Versuch, die Macht des Vaters, zu der er eigentlich kein Recht hat (der "Stab, der ihm nicht gehört" (195)), zu stürzen: "ihn zu Fall zu bringen" (195). Dabei ist kein gewaltsamer Akt, kein Mord intendiert, sondern lediglich der symbolische Akt des Zu-Fall-Bringens: "nur niederwerfen" will sie ihn, "wegen des Stabes aus Wien" (195). Da die Tochter weiß, daß sie in einem offenen Kampf die Unterlegene wäre ("ich weiß, daß ich schwächer bin" (ebd.)), ist sie gezwungen, ihn überraschend hinterrücks anzugreifen ("ich springe von hinten auf seinen Rücken zu" (ebd.)), um ihn so - wenigstens zeitweise - in Angst zu versetzen. Die Situation kehrt sich nun um: Der Vater fürchtet die Tochter, er fürchtet um seine Macht ("er meint, ich wolle den Stab zerbrechen" (195)) und um sein Leben ("er meint, (...) ich wolle ihn totschlagen damit" (195)). Sie aber kann und will dieselben gewaltsamen Mittel des Vaters gar nicht anwenden:

> (...) nicht einmal weh tun möchte ich ihm, denn mit diesem Stab kann ich ihn nicht schlagen, weil ich geschworen habe (...). (195)

Sie kann ihm nur drohen ("ich stehe da, mit dem erhobenen Stab" (195)) und dadurch ihren Anspruch erheben auf etwas, was ihr kraft der Vatermetapher 'untersagt' ist:

> (...) aber ich halte ihn (den Stab) nur gegen den Himmel und lasse laut werden bis zum Horizont, über das Meer, bis zur Donau hin: Ich bringe dies zurück aus dem heiligen Krieg. Und mit einer Handvoll Sand, die mein Wissen ist, gehe ich über das Wasser, und mein Vater kann mir nicht folgen. (195)

Die Tochter hat also einen Sieg über den Vater errungen, indem sie das Zeichen seiner Macht an sich gebracht hat, ohne den Vater zu vernichten. Dadurch eröffnet sich ihr ein Weg, der nicht den Spuren des Vaters folgt und auf dem sie von diesem nicht verfolgt werden kann.[15] Diesen Weg nimmt die Ich-Figur über das Wasser. Das Wasser ist der Wüste entgegengesetzt, insofern es nicht (vom Vater) bezeichnet ist. Und es eröffnet

tatsächlich einen Freiraum, ohne daß es für denjenigen, der den Weg zu nehmen weiß, zum Ort des Untergangs würde. Mit dem Wissen, das durch den Besitz des Stabes verbunden ist, erlangt die Tochter eine Macht, die ihr neue Perspektiven eröffnet.
Wäre dieser Traum der letzte Traum des zweiten Kapitels, so könnte man darin durchaus einen positiven Aspekt für die weitere Entwicklung der Ich-Figur sehen. Er leitet aber erst eine Gruppe von Widerstandsträumen ein, in denen meist vergebliche Befreiungsversuche der Ich-Figur beschrieben sind (vgl. Schema S.95 der vorliegenden Arbeit). Trotz allem also ist die Macht des Vaters, wie auch das Zeichen seiner Macht, der Stab, ungebrochen. Der Vater kann nur mit seinen eigenen Mitteln wirksam bekämpft werden. So findet die Tochter, die sich bisher den extremen Formen von Gewaltanwendung verweigert hat, zwar einen Weg, dieser aber führt immer wieder in die Nähe des Vaters zurück (vgl. auch Traum 18 und 27). Der Grund dafür liegt darin, daß sie seinen Herrschaftsbereich nicht verläßt, ohne sich zuvor ihm gegenüber symbolisch verpflichtet zu haben: durch die Einhaltung sprachlicher Grenzen oder durch den Besitz des Stabes zum Beispiel. Im übernächsten Traum kommt dies mit anderen Worten noch deutlicher zum Ausdruck:

> (...) heute verflucht er meine Mutter und mich, er verflucht sein Geschlecht und mein Geschlecht, und ich gehe zu dem Weihwasserbecken der Katholiken und benetze meine Stirn, im Namen des Vaters, ich gehe hinaus, bevor die Predigt zu Ende ist. (199)

Die Tochter revoltiert gegen das ihr 'vorgeschriebene' Gesetz, flieht die Wüste und die Predigt - immer aber im Namen des (symbolischen) Vaters. Erst als sie direkt Gewalt gegen den Vater anwendet, als sie mit Mord droht und am Ende auch das Wissen um seine Person steht, ist sie wirklich befreit. Eine andere Frage bleibt offen, nämlich ob diese Befreiung tatsächlich einen Sieg bedeutet.
Der letzte der insgesamt 32 Träume gleicht inhaltlich dem vorangegangenen, übertrifft diesen aber noch in seiner Konsequenz. Hier gelingt der Tochter die gewaltsame Überwindung des Vaters. Ihr Erfolg liegt darin, dem Vater nicht mehr aus dem Weg gehen

zu müssen und trotzdem eine Distanz zu ihm zu gewinnen, weil sie seine Person von seiner Erscheinung zu trennen vermag. Zunächst zeigt sich der Vater der Tochter auch mit dem Gesicht der Mutter. Traum 31 und 32 beginnen beide analog mit dem Satz: "Mein Vater hat diesmal/jetzt auch das Gesicht meiner Mutter" (241/244). Nie weiß die Tochter, "wann er mein Vater und wann er meine Mutter ist" (244), aber nachdem sie "zum dritten Mal" (244) seine Identität angezweifelt hat, bestätigt sich ihr Verdacht, "daß er keiner von beiden ist, sondern etwas Drittes" (244 U.v. S.Sch.). Von nun an erscheint der Vater im fortlaufenden Text fast ausschließlich einfach nur noch als "der Mann" (244f.). Diese sprachliche Entfremdung bewirkt, daß mit dem persönlichen Bezug zu ihm auch das Gefühl der Verpflichtung und Schuldigkeit verlorengeht, die das Wort 'Angehörigkeit' impliziert. Die letzten Träume handeln nicht mehr von Entscheidungen oder Anordnungen des Vaters, sondern hier kämpft die Tochter in einem Saal, der ihr wie ein "Gerichtssaal" (244) erscheint, um ihr Recht auf Leben: "Ich lebe, ich werde leben, ich nehme mir das Recht auf mein Leben" (242). Es geht um eine Entscheidung vor "der höchsten Instanz" (241), von der die Tochter im 30. Traum drei Steine erhielt. Diese verwendet sie nun in Form von drei schweren Gegenständen als Machtmittel gegen den Vater. Diesmal steht dem Vater auch nicht das Publikum zur Seite. Es heißt, daß es "plötzlich den Saal räumen muß" (245) und daß die Leute "nicht auf ihre Kosten gekommen" (245) sind.[16] Es ist eine Art Gegenüberstellung von Angesicht zu Angesicht:

> Ich selber wische ihm das Gesicht sauber, nicht aus Mitleid, sondern um ihn besser zu sehen. Ich sage: Ich werde leben! (245)

Je größer die emotionale Distanz der Tochter zu diesem "Mann" ist, desto größer wird auch ihre körperliche Macht und ihr Mut, ihr Recht mit Gewalt durchzusetzen: "Jetzt weiß er, daß ich kein Gefühl mehr habe für ihn und daß ich ihn töten könnte" (245). Wiederholt und gezielt wirft sie drei schwere Gegenstände in seine Richtung, nicht um ihn zu verletzen, sondern um ihn zur Rede zu stellen: "Mein Vater, du wirst diesmal mit mir sprechen und mir antworten auf meine Fragen!" (244). Durch die gewaltsame Loslösung vom Vater erreicht sie schließlich auch eine räumliche Distanz: "Ich bin mit meinem Vater allein unter dem Himmel, und wir stehen so weit auseinander" (245). Sie erlaubt es ihr, den Vater mit ganz anderen Augen zu sehen. Die Wahrheit aber ist nicht mit Worten zu fassen. An Stelle einer Antwort ("er hat mir nichts mehr zu sagen" (245)) entlarvt sich ihr der Vater hinter all seinen grausamen Masken als das mörderische Prinzip schlechthin:

> Mein Vater legt zuerst die Kleider meiner Mutter ab, (...) er wechselt in einem fort die Kostüme, er trägt den blutbefleckten weißen Schlächterschurz, (...) er trägt den roten Henkersmantel und steigt die Stufen hinauf, er trägt Silber und Schwarz mit schwarzen Stiefeln vor einem elektrisch geladenen Stacheldraht, (...) die Kostüme werden in der untersten Nacht getragen, blutbefleckt und zum Grauen. (246)

Die Demaskierung ist gleichbedeutend mit dem Verlust seiner Herrschaft über die Ich-Figur, nicht aber mit der Zerstörung seiner Allmacht. Die Erkenntnis und das Wissen um seine Person ermöglichen der Tochter die intellektuelle, emotionale und räumliche Loslösung von ihm. Ihre Position ist aber im Grunde nicht mehr als eine 'Negation'. Sie definiert sich nur dadurch, daß die Tochter sich von diesem gewaltsamen Prinzip abzusetzen sucht, ohne daß sie selbst etwas anderes entgegenzusetzen hätte. Ja, ihr Sieg gründet letzten Endes auf einem Gewaltakt - wenn auch nicht mit dem Ziel der Verletzung anderer, so doch zur Durchsetzung des eigenen Rechtes.
Die Frage, wieweit die Tochter den Vater am Ende des Traumkapitels tatsächlich überwunden oder wie sehr sie dessen Prinzipien bereits selbst internalisiert hat, kann nicht eindeutig beantwortet werden - genauso wenig wie die Frage, wer denn nun eigentlich der Mörder ist.

> BACHMANN (...) Und wenn sie fragen: 'Wer ist der Mörder?'
> RUDOLPH 'Der Mörder, den wir alle haben', sagten Sie.
> BACHMANN Ja. Es ist ein so großer Irrtum zu glauben, daß man nur in einem Krieg ermordet wird oder nur in einem Konzentrationslager - man wird mitten im Frieden ermordet.
> RUDOLPH Wodurch?

BACHMANN Ja, dafür sorgen eben die anderen, über das, was ich den Mörder nenne.

(Bachmann, GI, S.89)

IV.6. Die Ordnung des Anderen und die Dimension des Weiblichen

IV.6.1. Re-Präsentation der Gewalt

Das Traumkapitel ist die Geschichte einer Vergewaltigung: der Vergewaltigung der Frau durch den Mann, des Individuums durch die Gesellschaft und des sprechenden Subjekts durch die ihm auferzwungenen Sprach- und Seinsformen.
Die individuelle Entwicklung der Ich-Figur wiederholt den tödlichen Prozeß einer Unterwerfung unter die Ordnung des Anderen, die vom Vater repräsentiert wird. Die Macht dieser Ordnung basiert auf ihrer universalen Herrschaft und Verfügungsgewalt sowie auf einer Sprachgewalt, die die Artikulationsmöglichkeiten der Subjekte einschränkt oder verhindert. Auf der Suche nach dem erlösenden Wort (Es, das Eine) verschlägt es der Ich-Figur die Sprache, sie kann die Worte nicht finden, verliert ihre Stimme oder wird aller Mittel beraubt, mit anderen zu kommunizieren: Der Vater nimmt ihr die Briefe (211), die Bücher (190) und auch das Schreibzeug fort (240). Mit dem Eintritt in die symbolische Ordnung ist die Zerstörung einer ursprünglichen Einheit mit sich selbst, den anderen und der eigenen Stimme verbunden, die durch das Erlangen einer sozialen Identität nicht wieder erreicht werden kann. Die Anpassung an eine gesellschaftlich vorgegebene Rolle erscheint im Traumkapitel als gewaltsames Vernichten des Individuums. Es unterliegt fortan als austauschbares Objekt in seiner jeweiligen Funktion der Willkür eines ihm fremden Gesetzes (vgl. das Ringmotiv). Das Verlassen der sozialen Rolle bedeutet den Tod des Subjekts.
Die einzige Möglichkeit einer Befreiung liegt in der liebevollen Identifizierung mit dem anderen, was aber innerhalb der Grenzen des symbolischen Gesetzes nicht realisierbar ist. So zum Beispiel im zehnten Traum: Am Ende der vom Vater inszenierten Oper fällt hier die Traumtochter aus der Rolle, die nicht

ihre Rolle ist (197). Sie will ihren eigenen Gesang anstimmen und ein Liebesduett singen, in dem ihre Stimme endlich ihr volles Volumen erreicht:

> (...) und in das leere Haus höre ich auch meine Stimme hinausklingen, die die höchsten Höhen und tiefsten Tiefen nimmt (...). (197)

Dieser Versuch einer Befreiung scheitert daran, daß der Geliebte den ergänzenden Part nicht übernehmen kann:

> Der junge Mann geht, ich bin allein auf der Bühne (...). Und ich stürze mit einer großen tönenden Klage (...), immer noch singend (...) in den Orchesterraum, in dem kein Orchester mehr ist. Ich habe die Aufführung gerettet, aber ich liege mit gebrochenem Genick zwischen den verlassenen Pulten und Stühlen. (197)

Das Produkt dieses Dramas ist das Kunstwerk, das Ergebnis der Tod der Ich-Figur.
Immer wieder erscheinen die Musik, die Stimme und der Klang als Ausdruck weiblicher Identität im Spannungsverhältnis zwischen Liebe und Tod, sowie das Kunstwerk als ein Erzeugnis aus Eros und Gewalt. In der Reaktion auf die väterliche Gewalt entsteht das Liebesduett, der Befreiungsgesang sowie auch das "Losungswort" (29) Ivan und seine "Allgegenwart" (235f.).[1] Wie im Leben, wo der "erste Anruf" mit der "erste(n) Erkenntnis des Schmerzes" (22) einhergeht, so begegnen sich auch im künstlerischen Schaffensprozeß die Sprache der Liebe und die Sprache der Gewalt.
Das Verhältnis von Liebe, Leben, Kunst und Gewalt zueinander ist ein sich gegenseitig bedingendes und das Subjekt in seiner Auseinandersetzung mit den Möglichkeiten und Bedingungen von Sprache bestimmendes. Die Sprache ist Ausdruck menschlicher Schuld, und zugleich liegt in ihr die Möglichkeit zur Überwindung dieser Schuld: in der Poesie, in der Liebe zur Sprache und in der Liebessprache. Mit diesem Paradox sprachlicher Verwirklichung[2] korreliert auf der Ebene unmittelbarer zwischenmenschlicher Beziehungen die Verbindung von Gewalt und Harmonie in der Liebe. So gesehen zeugt das Wesen der Sprache von einer Schuld des Menschen, die in seiner Zweigeschlechtlichkeit

gründet.[3] Der liebevollen Vereinigung geht die Gewalt voraus, und diese setzt sich fort durch eine Übertragung der Schuld im Wort.

Für die Traumtochter in "Malina" verbinden sich immer wieder die Liebe zur Sprache und die Liebe zum Mann mit der Angst vor der Vergewaltigung ebenso wie vor der eigenen Gewalt. Und genau das spiegelt sich auch in der Struktur des Romans, in seiner widersprüchlich gestalteten Erzählweise. In diesem Sinne gerät ebenso das Traumkapitel zu einer Art Gewaltkonstruktion: Der Intensität der scheinbar unmittelbar artikulierten Vorstellungen stehen der Wille zur Komposition (Struktur der Träume) und der Zwang zur Reflexion (Dialoge) gegenüber. Der Schaffensprozeß als kreativer, spontan-emotionaler Akt, hier das Zur-Sprache-Kommen unbewußter Inhalte, unterliegt einer formgebenden und damit auch sinnverändernden Struktur. Sie läßt die Identität der Symbole und das sich in ihnen artikulierende Subjekt immer erst nachträglich aufscheinen. In personifizierter Form stehen sich in "Malina" der Wunsch nach "Vereinigung" in der Sprache (30) verbunden mit dem Zwang gewaltsamen Schweigens (47) auf der einen Seite und die Möglichkeit zur unmittelbaren Aussprache auf Kosten eines Mangels an Zärtlichkeit (261, 312 u.ö.) auf der anderen Seite in den Personen Ivan und Malina gegenüber:

> Ivan und ich: die konvergierende Welt.
> Malina und ich, weil wir eins sind: die divergierende Welt. (129)

Der Widerspruch liegt in der Gleichzeitigkeit von Übereinstimmung und Entzweiung: In der symbiotischen Vereinigung mit dem ersehnten Du kann das Ich nur allein zu seinem vollen Sprechen finden (105), als produzierendes, schöpferisches und sich seiner selbst bewußtes Ich aber befindet es sich in einem ständigen Widerstreit mit sich selbst in der Gestalt eines 'Anderen' (343, 354 u.ö.).

Den Zusammenhang zwischen einer Sprache der Gewalt und einer Sprache der Liebe in der Kunst illustriert besonders deutlich der Traum von der Wiener Eisschau. Hier wird die Ich-Figur an der Seite des männlichen Geliebten (Bardos) Opfer einer männlichen Ästhetik von Gewalt:

> Mein Vater erklärt der Zariza, daß auch mein Mitschuldiger sich ausziehen müsse und so lange mit den Wassern aus der Donau und aus der Newa begossen werde, bis wir beide zu Eisstatuen werden. Aber das ist ja entsetzlich, antwortet Melanie affektiert, mein großer Bär, du wirst die Unglücklichen doch früher töten lassen. Nein, meine kleine Bärin, erwidert mein Vater, denn sonst würden den beiden die natürlichen Bewegungen, die nach dem Gesetz der Schönheit unerläßlich sind, fehlen, ich werde sie lebendig begießen lassen, wie könnte ich mich bloß an der Todesangst belustigen! Du bist grausam, sagt Melanie, aber mein Vater verspricht ihr eine Ekstase, er weiß, wie verwandt die Grausamkeit und die Wollust sind. (220f.)

Objekt dieser Ästhetik ist die erfrorene Geste, die in tödlicher Starrheit erreichte Schönheit, welche so zugleich fixiert und vernichtet wird. Es ist dieselbe Starrheit, die die Krankheit der Sprache ausmacht und der - wie im Diskurs des Herrn - die Festlegung und die Wiederholung zu eigen ist.

Diese Form von Ästhetik beherrscht aber auch die gesamte Gestaltung des Traumkapitels, und zwar nicht nur dessen Aufbau, sondern auch den Inhalt. Die einzelnen Figuren verblüffen in ihrer Eindeutigkeit, so daß eine Zuordnung auf die Seiten Gut und Böse nicht schwerfällt: Es gibt keine ambivalenten Charaktere, nur Opfer und Täter. Daneben stellt das Prinzip der Wiederholung selbst die Kohärenz des Textes her. Indiz dafür ist nicht nur die immer wiederkehrende Dreierstruktur, sondern auch, daß die Wiederholung wie ein gewaltsames Element in immer gleichen Satz- und Traumanfängen insistiert ("Mein Vater..."); außerdem die fast wörtliche Wiederholung analog gebildeter Sätze und Satzaussagen sowie die inhaltliche Wiederholung einzelner Traumabschnitte (Traum 31,32).

Die Ich-Figur selbst unterliegt in ihrer Ausdrucksweise einem tödlichen Wiederholungszwang. Dessen Prinzip gründet in der Insistenz der Signifikantenkette und schlägt sich auf der Ebene des Signifizierten als Struktur der Re-präsentation nieder. "Die Wiederholung. Die Stellvertretung"[4] ist also die genaue

Realisation dessen, was dem Sein und dem Handeln des Menschen in seiner Zeitlichkeit von der Struktur der symbolischen Ordnung vorgegeben ist:

> Denn mit dem Eintritt in die Sprache des Signifikanten (...) begibt sich das Subjekt in eine Artikulationsstruktur, in der keine einfache Identifikation mehr möglich ist, sofern das Subjekt sich nie wieder in den Signifikanten finden kann, weil diese ihre Identität nur durch ihren Ort in der Signifikantenkette bekommen, weil sie nur vermöge der Differenz überhaupt 'sind'. Damit beginnt die Spaltung des Subjekts in das <u>Gesagte</u> und das <u>Sagen</u>, Aussage und Äußerung, damit schreibt es sich in eine Struktur der Repräsentation ein, die auf keine Präsenz zurückgeht, sondern erst in der Wiederholung der Repräsentation ihr Medium findet. (Weber, Rückkehr, S.111)

In diesem Sinne ist auch die Kritik der Ich-Figur an der "universellen Prostitution" (289) der Menschen und der Worte zu verstehen[5], vor allem aber auch die Kritik am Mann: "(...) er wiederholt, er hat sich wiederholt, er wird sich wiederholen" (285).

Im Traumkapitel ist die Wiederholung - auch auf inhaltlicher Ebene - immer eine Forderung des Mannes an die Frau:

> Er (mein Vater) sagt: Gleiche Sache, also keine Ausreden, rede dich nicht heraus, her mit der gleichen Sache, wenn es die gleiche Sache ist! Aber wir werden gestört, denn wir sind immer gestört worden, es ist sinnlos, ich kann ihm nicht erklären, daß es mit der Störung zusammenhängt und nie eine gleiche Sache ist, nur mit ihm, denn ich sehe keinen Wert darauf liegen. (198f.)

Der Versuch der Wiederholung, hier des nie zustande gekommenen, aber vom Vater geforderten Geschlechtsaktes, ist Zeichen einer der Frau vom Mann auferzwungenen Regel, die die körperliche Vereinigung und den Sprechakt gleichermaßen betrifft. Für die Frau gibt es kein Ausreden und kein Austreten aus der vom Mann vorgegebenen Ordnung. Das ist, entsprechend dem Abhängigkeitsverhältnis zwischen Sprachbedürftigkeit und Identitätsfindung, eines der zentralen Themen im Traumkapitel. Es finden sich hier eine große Anzahl feministischer Grundanschauungen, wie sie unter anderem Julia Kristeva, Hélène Cixous und Luce Irigaray[6] vertreten, in literarisierter Form dargestellt.

In aller Deutlichkeit ist im Traumkapitel der Ort der Frau gekennzeichnet als ein von der Ordnung des Mannes bestimmter: als Ort der Abwesenheit, des Mangels und der Sprachlosigkeit. In der patriarchalen Ordnung ist das weibliche Subjekt Effekt. Ihr Handeln beschränkt sich auf Reaktionen innerhalb der vom Mann festgelegten Grenzen. Während das männliche Subjekt diese Ordnung repräsentiert, insofern es in ihr herrscht und in ihr fraglos enthalten ist, unterliegt ihr die Frau als das 'Andere des Einen'. Diese Vorstellung, deren Voraussetzungen und Konsequenzen in den Träumen und Dialogen unter verschiedenen Aspekten veranschaulicht sind, deckt sich mit dem Kristevaschen Begriff der Effekt-Frau.[7] Danach besteht die Funktion der Frau im Symbolischen darin, der Ordnung vorausgesetzt zu sein und sie zu stützen, ohne selbst in Erscheinung zu treten. Das Weibliche hat teil an der symbolischen Ordnung, die Frau ist 'eingeschrieben' in diese, aber als Mangel. Sie ist die Negativität, die auf der einen Seite diese Ordnung bedingt und stützt (Melanie), auf der anderen Seite aber von ihr ausgeschlossen ist (Mutter, Entmündigung der Tochter). Ihre Teilhabe an der symbolischen Ordnung beschränkt sich darauf, Objekt zu sein, so wie sie auch zuerst Objekt innerhalb der über ihren Ausschluß (im Tauschgesetz oder im Inzestverbot) gegründeten Gemeinschaftsregeln ist.[8]

Das widerspricht nicht der Auffassung, daß der Tod des Vaters, überliefert im Mythos vom Urvatermord, signifikant für die Entstehung der ersten Kulturgesetze ist. Denn der Mord an ihm oder sein Verschwinden ist ja gleichbedeutend mit der Verewigung seiner Funktion im Signifikanten 'Nom-du-Père'. Der 'Mord' an der Frau aber ist Bedingung für die Tradierung und Aufrechterhaltung dieser ersten Normen im Symbolischen:

> Die Frau gibt es nur als durch die Natur der Dinge, die die Natur der Wörter ist, Ausgeschlossene, und man muß schon sagen, daß, wenn es irgendetwas gibt, über das sie sich im Moment zu genüge beklagen, es eben das ist - sie wissen einfach nicht, was sie sagen: das ist der ganze Unterschied zwischen ihnen und mir,[9]

bestätigt auch Lacan. Die Frau ist also zum Schweigen verurteilt, weil sie nicht 'das Sagen' hat. Sie kann nicht aus sich selbst heraus wissen und sich nur in Abhängigkeit und in bezug auf den Mann definieren. So gesehen beschreibt der Traum von der Begegnung in der Wüste (Traum 9) weniger den Sieg der Traumtochter über den Vater als eine erneute Unterwerfung unter dessen Gesetz.[10] Für die Frau existiert keine Möglichkeit der Selbstbehauptung in ihr eigenen Ausdrucksformen. Die Bedingung ihrer Möglichkeit ist der Bezug auf 'das Eine', das für sie das Uneigene, das Andere ist. So bleibt auch für die Traumtochter die Anrufung "in der hierarchischen Reihenfolge" (185)[11] ohne Resonanz: Das weibliche Subjekt ist angewiesen auf die Bestätigung durch den männlichen anderen, auf die Erwartung des 'Anrufes'.

IV.6.2. Transposition und Deterritorialisierung

Formal gesehen wird die Starrheit des Ausdrucks im Traumkapitel zum Zeugen einer vom Mann erzwungenen und durch den Mann erlittenen Vergewaltigung. So gesehen ist weibliches Schreiben immer auch eine Auseinandersetzung mit der männlichen Ordnung (der Dinge und der Worte) und bewirkt eine Aufspaltung der schreibenden Frau unter dem Zwang zur Reflexion:

> Die Arbeit selbst ordnet ja mit jedem Satz, jedes Zusammentreten von Worten, von Szenen ordnet etwas. Selbst wenn Unordnung gezeigt wird oder gezeigt werden will. Schreiben ist Ordnen (...). (Bachmann, GI, S.49)

Soll die schriftstellerische Tätigkeit überhaupt einen anderen, ein Du erreichen, so erfordert sie eine solide Position, von der aus die Inhalte geordnet ihren Ausdruck finden. Sigrid Weigel bringt diesen Aspekt in Auseinandersetzung mit der von Julia Kristeva entwickelten Theorie der poetischen Praxis auf den Nenner, daß das

> (...) Subjekt der Textpraxis, das von einer soliden Position aus spricht und schreibt (...) ein männliches ist".[1]

Auch und gerade in ihrer Kreativität bleibt die Frau angewiesen auf den Ort des 'Einen', die Ordnung des Mannes - selbst wenn es darum geht, die ihr 'eigenen' Ansichten zu artikulieren. Ingeborg Bachmann beobachtet diese Abhängigkeit und diesen Widerspruch an sich selbst:

> Für mich ist das eine der ältesten, wenn auch fast verschütteten Erinnerungen: daß ich immer gewußt habe, ich muß dieses Buch ("Malina") schreiben (...). Daß ich immerzu nach dieser Hauptperson gesucht habe. Daß ich wußte: sie wird männlich sein. Daß ich nur von einer männlichen Position aus erzählen kann. Aber ich habe mich oft gefragt: warum eigentlich? Ich habe es nicht verstanden, auch in den Erzählungen nicht, warum ich so oft das männliche Ich nehmen mußte. Es war nun für mich wie das Finden meiner Person, nämlich dieses weibliche Ich nicht zu verleugnen und trotzdem das Gewicht auf das männliche Ich zu legen... (Bachmann, GI, S.99f.)

In der Auseinandersetzung mit der Sprache, die vielleicht als einzige Form von Identitätsfindung angesehen wird, nimmt die Schriftstellerin einen doppelten Ort[2] ein. Dort ist sie nicht einfach Frau, sondern "das Männliche und das Weibliche, der Verstand und das Gefühl, die Produktivität und die Selbstzerstörung" (261) in einem. "Bin ich eine Frau oder etwas Dimorphes? Bin ich nicht ganz eine Frau, was bin ich überhaupt?" (292), fragt sich auch die Ich-Figur. Sie beantwortet diese Frage zugleich mit dem von ihr selbst gegebenen 'Namen', mit dem sie unter anderem sämtliche schriftliche Dokumente unterzeichnet: "Eine Unbekannte" (80,109,111,148 u.ö.).
Dennoch bedeutet das alles nicht, daß die Frau schreibend allein dem männlich-strukturierenden Prinzip unterworfen ist, obwohl dieses ihre Ausdrucksformen begrenzt. So liegt beispielsweise in der Nachahmung einer als männlich verstandenen Logik die Möglichkeit, die Form der Darstellung selbst zum Mittel einer positiv nicht zu artikulierenden Wahrheit zu machen. Als spezifisch weibliches Verfahren stellt Julia Kristeva diese Möglichkeit, "von einem Zeichensystem in ein anderes überzugehen, sie auszutauschen und umzustellen"[3], die sogenannte Transposition, den von Lacan beschriebenen primären Prozessen in der Struktur der Signifikantenkette (Metapher und Metonymie) gegenüber. Es handelt sich hierbei um ein Verfahren

> (...) produzierender Nachahmung (...), die es nicht auf ein Abbild abgesehen hat, sondern im diskursiven oder textuellen Nachvollzug den Diskurs, auf den sie sich bezieht, unterläuft, überschreitet oder durchkreuzt, um dabei etwas anderes hervorzubringen oder vorscheinen zu lassen, und sei es auch 'nur' ein Mangel.[4]

Die formale Konstruktion des Traumkapitels kann als Verfahren der Transposition verstanden werden. Auffällig ist in jedem Fall die einseitige Art der Darstellung, das sich ständig Wiederholende und die starre Eindeutigkeit der Figuren. Gerade das ist ja für viele einer der Hauptkritikpunkte am Roman. Aber in der Struktur selbst läßt sich ein bestimmtes Kompositionsprinzip erkennen, das einerseits den Zwang zur Gewalt artikuliert und hinter dem andererseits eine von der Gewaltkonstruktion verdeckte zweite Wahrheit lesbar ist. Erst 'so gesehen' erreicht die Bachmannsche Definition der Bedeutung des Traumkapitels ihren vollen Sinn: "Traumlogik als Mittel der Darstellung" (vgl. S.91 der vorliegenden Arbeit). Das bedeutet aber, daß sich auch inhaltlich, so zum Beispiel über den Charakter der Traumtochter, keine positiven Aussagen machen lassen: Sie ist, wie (fast) alle anderen Frauen, sprach-los, wehr-los und macht-los. Das Handeln der Frauen bleibt Effekt, sie agieren in ihnen fremden und auferzwungenen Rollen, oder sie spielen überhaupt keine Rolle. Dennoch besteht Hoffnung auf eine nicht ausgesprochene und nicht faßbare Wahrheit, auf die der Vater keinen Einfluß hat. Diese erreicht aber als Botschaft direkt weder die Ich-Figur noch den Leser (!):

> Es sind drei harte, leuchtende Steine, die mir zugeworfen worden sind von der höchsten Instanz, auf die auch mein Vater keinen Einfluß hat (...). Der erste rötliche Stein (...) sagt: Staunend leben. Der zweite blaue Stein (...) sagt: Schreiben im Staunen. Und ich halte schon den dritten weißen strahlenden Stein in der Hand (...), aber da wird es so finster in der Zelle, daß die Botschaft von dem dritten Stein nicht laut wird. Der Stein ist nicht mehr zu sehen. Ich werde die letzte Botschaft nach meiner Befreiung erfahren. (241)

In dieser Dunkelheit und Stille bleiben für die Traumtochter nur noch Spuren von einer Tradition und Dimension des Weiblichen erkennbar, die weiter reicht als das Individuum. Es sind

Spuren, die sich durch die Bewegung des Durchstreichens hindurch erhalten haben: hinter dem Schriftzug des Vaters, auf den Gräbern der ermordeten Töchter, am deutlichsten vielleicht "in dem Tempel der Königin Hatschepsut, von der jedes Zeichen und Gesicht getilgt war auf den Wänden". Von ihr heißt es in "Der Fall Franza", "daß an der Stelle, wo er sie getilgt hat, doch sie stehengeblieben ist. Sie ist abzulesen, weil da nichts ist, wo sie sein soll" (Bachmann, GW III, S.436). Was im Fall Franza die Schrift ist, ist in "Malina" die Stimme, in der sich Zeichen des Verdrängten bewahrt haben. Als Malina die Ich-Figur fragt, wer denn eigentlich Eleonore, die Schwester der Traumtochter, sei, antwortet diese:

> Sie ist viel älter als meine Schwester, sie muß in einer anderen Zeit gelebt haben, in einem anderen Jahrhundert sogar, Bilder kenne ich von ihr, aber ich erinnere mich nicht, erinnere mich nicht... Gelesen hat sie auch, einmal hat mir geträumt, sie liest mir vor, mit einer Geisterstimme. Vivere ardendo e non sentire il male. (223)

Mit der als Schwester bezeichneten Dichterin aus einem anderen Jahrhundert ist Gaspara Stampa gemeint, deren lyrische Zeile Ingeborg Bachmann mit "dieses Glühendleben und das Böse nicht fühlen" (Bachmann, GI, S.110) übersetzt. Die traumhafte Begegnung mit ihr verweist auf eine historische Dimension des Weiblichen, die sich in einer Geisterstimme erhalten hat. Diese aber entstammt nicht dem 'wahren' Ort der Frau in der Rede oder in der Schrift, sondern zeugt als kaum hörbare Spur von der Nicht-Identität des Weiblichen im Symbolischen.

Mit dem Verfahren der Transposition hängt noch ein weiterer Aspekt zusammen: Auch inhaltlich kann von einer durch die Darstellung bewirkten zweiten Bewegung gesprochen werden. Es drängt sich nämlich im Vergleich zum ersten und dritten Kapitel von "Malina" die Frage auf, was es mit der einseitigen Beschreibung dieser übermächtigen Vaterfigur im Traumkapitel auf sich hat. Es scheint, als handele es sich um eine Form von Überdeterminierung, durch welche die Bedeutung des Vaters absichtlich ins Absurde gesteigert wird. Gilles Deleuze und Félix Guattari

gehen in ihren Untersuchungen zu der Literatur Kafkas auf diesen Aspekt ein.[5] Mit ihnen und auch in Hinsicht auf die kafkaesken Züge des Traumkapitels könnte oder müßte man fragen: "Ein allzu großer Ödipus?"
Der Vater als Gottheit, der Vater als frauenfressendes Krokodil (234), ja sogar der nie abgeschickte oder angekommene 'Brief an den Vater' (236,240) - all das und vieles mehr kann im Sinne der Theorien von Deleuze/Guattari gelesen werden. Danach handelt es sich um den Versuch, den Vater mittels einer Dramatisierung der individuellen 'Kindheitserinnerung' zu überwinden und gleichzeitig den Ödipuskomplex als Konstrukt in Frage zu stellen. "Das Universum wird ödipalisiert" (Deleuze, Kafka, S.16), folgern Deleuze/Guattari, denn in der Demaskierung dieser übergroßen Vatergestalt entlarvt sich die ödipale Struktur einer ganzen Gesellschaft. Das ist ja genau das Ergebnis in Form eines Wissens, das die Ich-Figur am Ende des Traumkapitels erzielt, wenn sich ihr der Vater in seiner ganzen vielschichtigen Identität zeigt. Dieselbe 'Enthüllungspraxis' schlägt sich auch in der Art der Personendarstellung nieder, denn "je mehr man Ödipus aufbläht, desto klarer läßt diese Vergrößerung unterm Mikroskop den Vater hervortreten als das, was er ist" (Deleuze, Kafka, S.16). Der Vater ist alles und nichts: Als realer Vater ist er nicht mehr als ein Element in einer Kette, deren Ordnung er selbst unterliegt, der "nur darum zur Unterwerfung auffordert, weil er sich selbst einer herrschenden Ordnung (...) unterworfen hat" (Deleuze, Kafka, S.16); als symbolischer Vater aber verkörpert er die Prägung des Subjekts durch die signifikante triadische Struktur, die es selbst nicht erkennen kann, solange es an ihr teil hat, ohne sich distanzieren zu können. Das "maßlos überzeichnete Bild des Vaters" (ebd.) jedoch ermöglicht es, durch eine Art Verdoppelung des Standorts sich der anderen triadischen Systeme bewußt zu werden (justiziär, ökonomisch, politisch, usw. (Deleuze, Kafka, S.18)). Es eröffnet somit einen Ausweg oder eine "Fluchtlinie" (Deleuze, Kafka, S.19) - auch aus der eigenen Abhängigkeit heraus.[6] Der Rückgriff auf Kindheitserfahrungen - sei es in Form realer Erinnerungen oder im literarischen Entwurf - bedeutet dann nicht

Regression, sondern Progression, "Deterritorialisierung" statt "Reterritorialisierung", wie Deleuze/Guattari formulieren (ebd.). Nach ihnen setzt Kafka als Mittel gegen die Unmenschlichkeit der erkannten Verhältnisse die Nicht-Menschlichkeit: Tier werden heißt dann,

> (...) eine Welt aus reinen Intensitäten finden, wo alle Formen sich auflösen, alle Bedeutungen, Signifikanten und Signifikate, um lediglich ungeformte Materie (...) übrig zu lassen. (Deleuze, Kafka, S.20)

Ähnliches praktiziert auch die Ich-Figur in "Malina": Für sie ist die Antwort auf ihre Frage nach einer Identität, in Zusammenhang mit Fragen über die Sprache ("Was ist die Schrift?"), über Recht und Eigentum ("Wer hat die Enteignung zuerst gefordert?") und über die Stellung der Frau oder des Menschen allgemein ("Sind wir von minderer Rasse?" (132)), verbunden mit einer Rückkehr in Träume und der Verwandlung zum Tier:

> In einem tiefen Rausch werde ich meine Fragen ausschlafen. Tiere werde ich anbeten in der Nacht, mich an den heiligsten Bildern vergreifen, mich an alle Lügen halten, vertiert werde ich sein im Traum und mich töten lassen, wie ein Tier. (132)

Das Tierwerden steht für die erzwungene oder freiwillige Unterwerfung, für "ein Denken (...), das zum Sterben führt"[7], aber auch für die Möglichkeit einer Rückkehr in die "animierte Welt einer Halbwilden" (76).
Auf sprachlicher Ebene realisiert sich diese Bewegung im Gleiten des Ausdrucks, im Verschieben von Bedeutungen und in einer polyphonen Sprache, die vor allem das dritte Kapitel von "Malina" beherrscht. Die Fluchtlinie ist die Sprache, die Möglichkeit zur Deterritorialisierung liegt in einem Sich-Verlieren in Wort und Sinn bis hin zum Verschwinden im Text.

V. Das Verschwinden des Subjekts

V.1. Klangbilder: Die Stimme des Ichs zwischen Sprache und Musik

"Le sujet est séparé de Autres, les vrais, par le mur du langage." [1]

Malina - schon der Name ist vielsagend, und zwar gerade deshalb, weil er weder geläufig noch, wie die Person selbst, seiner Herkunft oder Bedeutung nach eindeutig festlegbar ist. Wie bei der Suche nach dem ungewissen 'Es', das stört, werden Leser und Interpret im Unklaren gelassen, denn es ist nicht einmal sicher, ob es sich hier um einen Vor- oder Nachnamen handelt. Jede scheinbar plausible Erklärung bleibt im Grunde immer eine Vermutung und läßt das Geheimnis um die Identität Malinas nur noch größer werden.[2]

Allein die Tatsache, daß der Name weiblich klingt und doch ein männliches Ich bezeichnet, läßt sich nicht leugnen. Malina verkörpert nicht nur das Männliche in der Ich-Figur (vgl. S.144), sondern er selbst ist dem Namen nach eine Zwittergestalt: ein androgynes Wesen, das das Maskuline in der ersten Silbe (male (engl.)='männlich') und das Feminine in der weichen Endung auf -a gleichermaßen in sich trägt.

Franz Kafka formuliert diesen Gedanken bei der Beschreibung des sehr ähnlich lautenden Namens seiner Freundin Milena. Für ihn weckt dieser Name sowohl Assoziationen an die Stärke und Kraft einer männlichen Gestalt als auch an die Zartheit und Hilfsbedürftigkeit einer Frau, "die man auf den Armen trägt, aus der Welt, aus dem Feuer."[3] Und das charakterisiert genau die Ambivalenz der Malina-Gestalt als Beherrscher und Beschützer der Ich-Figur, welche mit und in ihm lebend in allem, was sie tut, dem Feuer zugetan und vom Feuer bedroht ist (96,185,223,338, 342,352 u.ö.). Interessant an der Kafkaschen Beschreibung der Bedeutung des Namens Milena ist auch die Tatsache, daß der Sinn des Namens hier zugunsten diffuser, aber unmittelbarer Assoziationen, ausgehend allein vom Klangbild des Wortes, in den Hintergrund tritt. So werden, wie auch bei "Malina",

Sinnvielfalt und Sinnverdichtung, ja sogar die Gleichzeitigkeit von Gegensätzlichem direkt mit dem Wort erfahrbar. Der Rückgriff auf die Intensität des Lautes, wie er in "Malina" durch den Gebrauch eines asignifikanten Namens realisiert ist, verweist auf die Möglichkeit, die Stimme dem Wort und der Bedeutung den Klang entgegenzusetzen.
Dies ist wichtig, weil in den letzten Dialogen zwischen dem Ich und Malina durch die Verwendung musikalischer Anweisungen der Versuch einer Modulation des Tonfalls und Rhythmisierung der Sprache unternommen wird. Die Verbindung von Sprache und Musik ist für Ingeborg Bachmann ein wichtiger Faktor in der Konzeption ihrer Werke:

> Sie (die Musik) hilft mir, indem sich in ihr für mich das Absolute zeigt, das ich nicht erreicht sehe in der Sprache, also auch nicht in der Literatur (...). (Bachmann, GI, S.85)[4]

Ganz in diesem Sinne ist das Pierrot-Lunaire-Motiv[5] in "Malina" eines der wichtigsten Kompositionsprinzipien: Es soll die der Musik und Dichtung eigene und gleiche rhythmische Gangart des Geistes ausdrücken (vgl. Bachmann, GW IV, S.60). Die Zitate aus dem "Pierrot Lunaire" sind wie die Utopien fragmentarischer Gegenentwurf zu den Ausdrucks- und Darstellungsmöglichkeiten im übrigen Text, die an bestimmte Sprachformen gebunden sind. Ein Vergleich mit den Gedichten Albert Girauds zeigt dieselbe Dreiteilung (3x7 Gedichte), auch inhaltliche Übereinstimmungen[6] und die gleiche Konzeption einer in sich geschlossenen Form, die zu ihrem eigenen Anfang zurückkehrt. Der zerebrale Charakter der atonalen Musik Arnold Schönbergs trifft genau die Grundstimmung im Roman "Malina". Was für Schönberg, besonders in seinem später entwickelten Zwölftonsystem, die Befreiung von der Herrschaft der Tonika war, ist in "Malina" das Spiel mit den Möglichkeiten einer selbstreferentiell verwendeten Sprache bis hin zu Zitat-Collagen. Diese unter anderem auch aus besagter Vorlage entstandenen Passagen erreichen trotz aller Rekonstruktion eine eigene Dynamik im Text (vgl. S.337).
In dem von der Autorin selbst als Partitur bezeichneten

Schlußteil des Romans (Bachmann, GI, S.75,107) ist der Klang integriert in die Schrift: Musikalität realisiert sich als Textur (vgl. die musikalischen Anweisungen in den Dialogen und die Notenbeispiele auf S.12 und 337). Sprache wird so zum Instrument eines akustischen Geschehens; sie wird ihrer zeitlichen Linearität enthoben und von der horizontalen auf die vertikale Dimension ausgeweitet. Die letzten Dialoge ließen sich vermutlich am ehesten begreifen, wenn man sie übereinanderschreiben beziehungsweise -hören und diagonal lesen könnte. Dann vernähme man auch die Tonlosigkeit in ihrer Signifikanz, also die Pausen, die erforderlich sind, um die Harmonie voll erklingen zu lassen. Es entstünde der Zusammenklang einer über dem Einzelwort und -satz gewonnenen Sprache, der durch die temporale Sequenz hindurch hörbar ist.

Ins Inhaltliche gewendet bedeutet die musikalische Konstruktion eine Engführung der Themen auf den Aspekt des Todes und die Dimension der Zeitlichkeit hin. In immer größerer assoziativer Verdichtung und in sich steigerndem Tempo wird der Aus-klang vorbereitet.

Damit stehen die Malina-Dialoge ganz im Gegensatz zu den mit Ivan geführten Gesprächen. Diese stellen - im Zeichen des von ihm geforderten "Exsultate Jubilate" (52)[7] stehend - eine rein formale Symbiose auf der Ebene eines einheitlichen Schrift-Bildes dar. Mozarts Motette für Solosopran dient als Sinnbild für die klassische Tradition einer durch die strenge Form erzielten Einstimmigkeit, mit der Schönberg und so auch die Ich-Figur im dritten Kapitel brechen. Dort findet sie mit Malina zu einem Einklang auf gedanklicher Ebene. Nicht zu übersehen ist, daß der Schluß insgesamt zu einer 'Malinconia', einem unter der Regie Malinas geführten, schwermütigen Tonstück gerät. Denn die Rettung, die für die Ich-Figur in einer voll tönenden Sprache liegt, ist - wie schon im Traumkapitel - immer auch mit der Gefahr des Todes verbunden. Im Traum von der Oper endet sie in einer "großen tönenden Klage" (197), in der sich ihr das Vollkommene eröffnet und die doch ihren tödlichen Sturz bedingt.

So wird auch am Ende des Romans nicht deutlich, ob die Ich-Figur mit Malina zu einer eigenen Harmonie im Sprechen findet, denn es sind ja allein ihre Sätze musikalisch gekennzeichnet, oder ob er es ist, der sie schließlich ihrer Stimme beraubt[8] und sie in die Verstummung treibt:

> Ein Tag wird kommen. Ein Tag wird kommen, und es wird nur noch die trockene heitere gute Stimme von Malina geben, aber kein schönes Wort mehr von mir, in großer Erregung gesagt. (344)

V.2. Malina (und) - Die Wahrheit am Ort des Anderen

Entsprechend der zwei unterschiedlichen Dialogformen in den Beziehungen Ich-Ivan und Ich-Malina sind die Bemühungen der Ich-Figur im dritten Kapitel nicht mehr auf die Fixierung eines Objekts, des Liebesobjekts, ausgerichtet. Das Ich durchläuft jetzt eine eigene Entwicklung, die gekennzeichnet ist von der Suche nach nicht-reflexiver Identität, der Flucht vor sich selbst in allen Erscheinungen und dem Begehren nach dem Irrationalen.

Das dritte Kapitel beginnt mit einem sehr langen Eingangspassus, der im Verhältnis zu dem vorangegangenen Text befremdlich wirkt. Die Ich-Figur reflektiert hier ihre eigene Situation im Zusammenhang mit der problematischen Existenz der Briefträger und ihrer Würde, das Briefgeheimnis zu wahren. Nach Ansicht des Ichs verfügen Postboten über eine intuitive Diskretion ("das Unerlaubte zu begreifen" (225)), die der allgemeinen Öffentlichkeit mangelt. Im Ausnahmefall, wie im Fall Kranewitzer, sind sie deshalb zu der Teilhabe an etwas Höherem befähigt. Einem Prolog gleich steht das Erzählte metaphorisch für die Sehnsucht der Ich-Figur nach etwas Verlorenem und zugleich Hinzuzugewinnendem (vgl. Bachmann, GW IV, S.258), das mit dem Wort, der Schrift und der Rede in Verbindung steht. Mit der Hoffnung auf dieses unaussprechliche Geheimnis ist aber gleichermaßen eine Angst der Ich-Figur verknüpft. Sie fürchtet, daß die Kraft ihrer flammenden Reden und Aufrufe, daß ihre "flammenden Begehren" (257) - wie es heißt - nicht ausreichen, um die Menschen vor dem "Untergang" und die Welt aus ihrer "Apathie" (258) und

Sprachlosigkeit zu retten: "Sie wollen das Wasser, sie wollen das Feuer nicht" (258). Ihr konkretes Handeln beschränkt sich darauf, daß sie diesen Gedanken als Vorstellung aufleben läßt:

> Ich sage dir, was jetzt wirklich passiert: morgen wird Wien, und mit allen Kräften und mit Hilfe des Militärs, an die Donau verlegt werden. Sie wollen Wien an der Donau haben. (258)

Indem sie also eine Welt für sich schafft, die als imaginierte in Gedanken und mit dem Wort veränderbar ist, entsteht für sie die Möglichkeit eines Aufbegehrens. Dieses birgt aber in seiner Gewaltsamkeit die Gefahr der Zerstörung in sich:

> Malina sagt, was ich erwartet habe: Wien brennt! (259)

Die Zerstörung betrifft hier die anderen in der Vorstellung, kehrt sich aber als permanentes Vernichtungsgefühl (129,132, 325 u.ö.) letzten Endes gegen die Ich-Figur selbst. So ist auch ihre Sehnsucht nach dem Absoluten, die sie im Zusammenhang mit dem Briefträgermotiv artikuliert, mit düsteren Vorzeichen verknüpft: Sie erwartet nämlich eine bestimmte Todesanzeige, von der sie weiß, daß sie sie nie erhalten wird, weil sie vermutlich ihren eigenen Tod betrifft (vgl. S.251). Der Tod, der im ersten Kapitel durch die Fiktion einer hier und heute existierenden Ich-Du-Beziehung ausgeschlossen war, wird jetzt vorweggenommen und in der Erwartung anerkannt. Ihr eigenes Begehren führt sie auf einen Leidensweg, auf dem sie sich "in einem ständigen, sanften, schmerzlichen Gekreuzigtsein" (179) nunmehr nicht auf ein fiktives Du, sondern auf das ersehnte Vollkommene hin bewegt. Dieses erweist sich aber bezüglich des Wunsches nach Kommunikation, Identität und literarischer Reflexion immer wieder als das Unmögliche:

> Ich: Verstehst du, meine flammenden Briefe, meine flammenden Aufrufe, meine flammenden Begehren, das ganze Feuer, das ich zu Papier gebracht habe, mit meiner verbrannten Hand - von allem fürchte ich, daß es zu einem verkohlten Stück Papier werden könnte. (257f.)

Die "Passionsgeschichte" (179) der Ich-Figur ist mit dem Bruch der Beziehung zu Ivan noch nicht abgeschlossen. Sie endet erst, als ihr in vollem Umfang bewußt wird, daß ein ungebrochenes

Verhältnis zu sich selbst und zu anderen entweder nicht wieder herzustellen oder überhaupt nie zu erreichen ist. Zu diesem Bewußtsein verhilft ihr Malina, der Konsequente, der keine Ausflüchte und kein scheinbares Leben in Form eines unvollkommenen Überlebens duldet: "Wenn man überlebt hat, ist Überleben dem Erkennen im Wege (...)" (223). Er führt die Ich-Figur zur Selbsterkenntnis und damit ihrem letzten Aus-weg zu. Ingeborg Bachmann umschreibt das Spannungsverhältnis Ich-Malina folgendermaßen:

> Ich würde das nicht sagen, daß Malina sie in den Tod treibt, obwohl es am Ende so aussehen könnte. Denn er macht ihr nur begreiflich, was mit ihr schon geschehen ist. Sie ist ja schon so oft ermordet worden oder an diese äußerste Grenze gekommen. Sie hat nur den letzten Schritt noch nicht getan, nämlich dieses Ich zum Verschwinden zu bringen, das nicht mehr brauchbar ist, weil es zu zerstört ist. (Bachmann, GI, S.93)

Malinas Funktion in diesem Prozeß ist also sehr ambivalent und läßt sich nicht darauf reduzieren, daß der Verstand in Gestalt Malinas am Ende über das Gefühlsleben der Ich-Figur siegt. Am besten läßt sich Malina als die bedingende Instanz im Leben des Ich begreifen: Er dominiert und manipuliert sowohl ihr Handeln als auch den Erzählprozeß im ganzen. Dabei bleibt er meistens passiv, nur vereinzelt greift er fordernd ein und tritt erst am Schluß für die Ich-Figur immer zwingender 'in Erscheinung': "(...) zwingen wird er mich, zwingend wird er sein, bis zuletzt (...)" (321). Als Teil ihres Denkens, als Bewußtseinsgestalt, ist er aber bereits in der Beziehung Ich-Ivan stets präsent und nicht zu leugnen: "Nie habe ich Malina so wenig brauchen können (...)", behauptet die Ich-Figur, aber

> (...) weil Malina stets fest und gefaßt für mich da ist, (...) so bleibt mir in den finstersten Stunden noch bewußt, daß Malina mir nie verlorengehen wird - und ginge ich selber verloren! (129)

Für das Ich ist Malina signifikant in seiner Abwesenheit. In der Funktion des bedingenden Dritten bildet er die Basis, auf der sich das reflektierende Ich dem Du zuwenden kann, so daß es trotz aller Spannungen zwischen ihnen nicht bereit ist, ihn jemals aufzugeben (vgl. auch S.132).

> Was ist also dies andere, an dem ich mehr hänge als an mir, bewegt es mich doch im Innersten meiner Identität mit mir selbst? (Lacan, SII, S.50),

kann man mit Lacan an dieser Stelle treffend fragen. Bei Lacan geht es hier um die Definition des anderen als dem großen Anderen, der in Form des Unbewußten die Dimension der Wahrheit in die Rede des Subjekts einläßt. Damit läßt sich auch die Rolle Malinas als Vermittler in der Beziehung Ich-Ivan charakterisieren:

> Seine Gegenwart ist nur zu begreifen in einem zweiten Grad der Andersheit, der es selbst in eine Vermittlungsposition bringt in bezug auf meine eigene Verdoppelung mit mir selbst als mit einem Meinesgleichen. (Lacan, SII, S.50f.)

Malina, der 'Andere' des anderen, ist so gesehen jemand, der die imaginäre Beziehung zwar bedingt und erhält, der aber zugleich die Gefahr projektiver Täuschung verhindert. Denn er fungiert in dieser Beziehung als Realitätsprinzip und führt in diese den 'Zwei-fel', die Ungewißheit bei zweifacher Möglichkeit[1], ein. Das erklärt vielleicht auch die "furchtbare Spannung" (132), die die Ich-Figur schon am Anfang ihrer Beziehung zu Ivan "im Gedanken an Malina" (132) empfindet. Sie spricht von einem guten, klaren Mißverständnis, das zwischen ihnen dreien herrscht: "ja, es herrscht, es regiert uns" (132), weil jeder vom anderen weiß und ihn doch leugnet. Malina wird von Ivan nicht erwähnt, so "wie man nicht über einen Sträfling oder einen Geisteskranken in der Familie spricht" (132). Seinerseits scheint er den Geliebten der Ich-Figur zu ignorieren (87 u. 88), während er doch alles bemerkt, verfolgt und erfährt (299,309). Der narzißtischen Bindung obliegt also bereits die signifikante (Dreier-)Struktur, in der Malina, der stille Beobachter, als Matrix im Prozeß der 'moi'-Bildung fungiert:

> Dieser andere als Augenzeuge ist als Differenzialität weniger Person als deren Schatten und fungiert als Träger einer Ordnung, die durch radikale Heterogenität ausgezeichnet ist: Der Ordnung der Signifikanten.[2]

Als signifikanter Dritter erfüllt Malina seine Funktion auch im Reflexionsprozeß der Ich-Figur. Hier ist er das Ich ('je'), das nur indirekt auf sein anderes Ich einwirkt, insofern es für dessen Denken und Handeln zwar unabdingbar, von diesem zugleich aber auch ausgeschlossen ist. Malina wäre dann, wie das unfaßbare 'je', der selbst nicht signifikante Grund für die Signifikanz der Signifikanten (vgl. Frank, Neostrukt. S.388); oder anders gesagt: das Nichts, vor dem das Sein und das Wort sich abzeichnen und ausbreiten. Auffällig ist, daß er in seiner Funktion für das Ich Gestalt annimmt, denn

> (...) die Gegenwart des Signifikanten im Andern ist nämlich tatsächlich eine für gewöhnlich dem Subjekt verschlossene Gegenwart, denn für gewöhnlich befindet sie sich dort in verdrängtem Zustand und insistiert von dort aus (...). (Lacan, SII, S.90)[3]

Genau so charakterisiert die Ich-Figur Malina im Verhältnis zu anderen Personen und zu deren Sprechen:

> An den Abenden, wo Malina ohne mich bei Leuten ist, weiß ich, daß Malina dort wenig sagt. Er wird schweigen, zuhören, jemand zum Reden bringen und jedem am Ende das Gefühl geben, einmal etwas gesagt zu haben (...). (315)

Weil Malina Distanz hält, ja "ganz Distanz ist" (315), verkörpert er das Prinzip der Differenz, das etwas erzeugt, ohne selbst in Erscheinung zu treten: "Malina verschweigt auch wirklich nichts, denn er hat, im besten Sinn, nichts zu sagen" (315). Die Ich-Figur beschreibt Sprache in diesem Zusammenhang als ein Gewebe, das sich - bedingt durch Malinas Zurückhaltung - vor dem Hintergrund einer Abwesenheit organisiert:

> Er (Malina) webt nicht an dem großen Text mit, an der Textur des Verbreitbaren, das ganze Wiener Gewebe hat ein paar kleine Löcher, die nur durch Malina entstanden sind. (315)

Deshalb ist Malina als 'namentlich' nicht signifikanter Signifikant "die äußerste Negation des Anstoßens, des Verursachens, des Ausbreitens (...)" (315).[4]
Im Verhältnis zur Ich-Figur ist Malina keine dem Subjekt verschlossene Gegenwart (Lacan, SII, S.90), denn das Ich ist sich dessen Existenz und seiner Abhängigkeit von ihm gleichermaßen

bewußt. Malina ist der Ausgangspunkt im Reflexionsprozeß, den der Roman als Ganzes darstellt. Das Sprechen der Ich-Figur setzt ein in Auseinandersetzung mit ihm (24), der den Erzählvorgang provoziert, evoziert (20), dirigiert und ordnet (282). Er allein ist es, der immer im voraus weiß (24,187 u.ö.) und alles überblickt, so daß sie sich schon "von Anfang an unter ihn gestellt" (14) fühlt. Ihr Erzählen wird so zu einem passiven Akt: Sich artikulierend erfährt sie einen Umkehreffekt, wird selbst zu einer Form, durch die Es spricht[5] und in der sie als Subjekt unter dem Signifikanten (hier: Malina) verschwindet. Diese Bewegung versiegelt die ursprüngliche Spaltung des Subjekts,

> (...) indem sie dem Subjekt des Begehrens verwehrt, sich als Wirkung des Sprechens zu wissen, das heißt, zu wissen, was es ist, indem es nichts anderes ist als das Begehren des Andern. (Lacan, SII, S.214)

In ihrem Erzähl- und Erkenntnisprozeß unterliegt die Ich-Figur einem 'Anderen', auf den sie angewiesen ist und der sie doch zugleich daran hindert, je zu sich selbst in Form eines unabhängigen (Selbst-)Bewußtseins zu gelangen. Deshalb ist sie durch die Existenz Malinas zugleich abgesichert und bedroht. In ihrem Verhältnis zueinander entsteht eine Spannung, wie sie auch in der narzißtischen Beziehung als erotische Aggressivität auftreten kann - allerdings mit dem Unterschied, daß Malina in seiner Funktion als bedingender Dritter keine dauerhafte Festlegung vom Ort des begehrenden Ichs aus erfahren kann. Dennoch ist das Verhalten der Ich-Figur Malina gegenüber geprägt von dem Wunsch nach einer imaginären Überwindung der Ich-Spaltung (308,312). Ihr Ziel ist nicht die Anerkennung, sondern die Integration des Anderen in ihr (144):

> In der Verhaftung, der es (das Ich) von seiner imaginären Natur her unterliegt, maskiert es sein Doppelwesen, die Tatsache nämlich, das das Bewußtsein, worin es sich einer unleugbaren Existenz vergewissert (...), ihm in keiner Weise immanent ist, sehr wohl aber transzendent (...). Dadurch wird selbst das Transzendentale Ego relativiert, da es ja mit einbegriffen ist in der Verkennung, in der sich die Identifikationen des Ich herstellen. (Lacan, SII, S.184)

Die Ich-Figur erkennt zwar Malinas Überlegenheit, aufgrund deren sie ihn oft sogar haßt. Zugleich leugnet sie aber ihre eigene Minderwerigkeit, indem sie ihn beispielsweise zu einer Größe aufsteigen läßt, die ihn lächerlich machen soll:

> Ich: (forte) Herr von Malina, Euer Gnaden, Magnifizenz! (crescendo) Eure Herrlichkeit und Allmächtigkeit, ich hasse Sie! (...) Ich habe dich nie gehaßt. (...)
> Ich: (dolente) Verlaß mich nicht! (350)

In ihrer Beziehung zu Malina, die sich als eine Art Haßliebe gestaltet, unterliegt die Ich-Figur einer existentiellen Bedrohung in zweifacher Hinsicht. Einerseits begibt sie sich, der Verkennungsfunktion unterworfen, mit ihm in den narzißtischen Zirkel aus Faszination und Aggression - in dem Gefühl des gleichzeitigen Begehrens nach dem anderen und der Angst vor der totalen Vereinnahmung durch ihn. Andererseits ist sie trotz ihrer Abhängigkeit nicht bereit, ihn als ihr transzendentales Ego anzuerkennen. So entsteht eine Form von Rivalität, in der es letzten Endes um die Frage nach der Herrschaft (351) über die Person Ich geht sowie um die Entscheidung, ob das Ich als Ich oder in der Gestalt Malinas überlebt:

> Wer von uns beiden wird summa cum laude bestehen?
> Ich, das ist ein Irrtum für mich gewesen. (349)

V.3. An der Sprachmauer: Die letzte Verlautbarung

> Es ist nicht mehr ganz furchtbar, nur unser Auseinandergeraten ist furchtbarer als jedes Aneinandergeraten. Ich habe in Ivan gelebt und ich sterbe in Malina. (354)

Im letzten Teil des dritten Kapitels werden die Spannungen und Feindseligkeiten (349) im Verhältnis der Ich-Figur zu Malina immer deutlicher und schärfer. Dabei kann man zwischen zwei Phasen dieser Entwicklung unterscheiden: einem Aneinandergeraten und einem Auseinandergeraten (354) von Ich und Malina.
Die erste Phase ist beherrscht von dem narzißtischen Begehren der Ich-Figur, ihr transzendentales Ego Malina in der imaginären Identifikation zu relativieren, um ihn auf diese Weise ganz

für sich vereinnahmen zu können. Dieser Versuch scheitert an der wachsenden Überlegenheit Malinas und dem immer größer werdenden Minderwertigkeitsgefühl der Ich-Figur. Anstatt nun ihre Abhängigkeit anzuerkennen, glaubt sie, sich des Anderen in ihr (144) im fiktiven Entwurf entledigen zu können: Sie konfrontiert Malina mit einem von ihr verfaßten Text, in dem sie ihm drei Todesarten 'zugeschrieben' hat (303f.). In den darauffolgenden Diskussionen über dieses Schriftstück (303-314) geht es um die Glaubhaftigkeit der vom Ich angeblich erinnerten Vorstellungen, mittels derer es dem Wunsch nach Malinas Tod Ausdruck verschafft. Malina reagiert ganz gegen seine Art mit Wut, Gewalt und Ungeduld. Er bestreitet und bezweifelt den vermutlichen Wahrheitsgehalt dieser Geschichte, als gelte es, die Möglichkeit seines eigenen Todes grundsätzlich in Frage zu stellen (304f.). Die Dialoge sind voll von Widersprüchen, bis Malina schließlich versehentlich zu erkennen gibt, daß er sich tatsächlich einmal in diesen drei Todesgefahren befunden haben muß (311). Dies geschieht aber erst, nachdem die Ich-Figur bereits ihre Aussagen widerrufen hat und als sie erklärt, daß nicht Malina, sondern sie selbst die Todesarten erlitten habe:

> Ich bin zermalmt worden, du ja nicht! (305);
> Ich bin beinahe ertrunken, doch nicht du. (306)

Inhaltlich stehen die Vorstellungen des Zermalmt-Werdens, des Ertrinkens und des Erleidens eines elektrischen Schlages in enger Verbindung mit drei im Traumkapitel beschriebenen, zusammengehörigen Todesarten (255 (die Lawine), 235 (das Schwarze Meer), 229 (der geladene Stacheldraht)).
Es handelt sich also um eine Projektion eigener, traumhaft erlebter Ereignisse auf die Lebensgeschichte Malinas, um sich selbst von unbewältigten Angstvorstellungen befreien zu können. Zugleich artikuliert sich im schriftstellerischen 'Todesarten'-Entwurf der Ich-Figur der Wunsch, unabhängig von Malina existieren zu können. Sie will sich der Bedrohung, die von ihm für sie ausgeht, durch einen fiktiven Mordversuch entziehen. Es zeigt sich hier aber einmal mehr, daß das von der Ich-Figur Produzierte sich letzten Endes wieder gegen sie selbst richtet

und daß auch Malina als literarische Projektionsgestalt diese (Todes-)Gefahr vom Ich nicht abwenden kann. Darüber hinaus wird deutlich, in welch hoffnungslosem Zirkel aus Rivalität und Aggressivität sich das Ich begibt, solange es der imaginären Verkennungsfunktion unterliegt. Denn in der narzißtischen Beziehung kann der Tod des anderen keine Rettung, sondern nur den Tod des Subjekts bedeuten. Dadurch, daß der andere als Form identitätsbildend ist, zerstört das reflexive Ich in seiner Angst vor einer Vereinnahmung am Ende sich selbst:

> (...) Narziß ist sich sein eigener Rivale. Im Tod des Anderen stirbt er selbst, denn der Andere ist nicht nur 'das Andere', sondern auch er selbst, insofern die Identifikation mit ihm 'sein Wesen' war. (Lang, Die Sprache, S.54)

Die zweite Phase im Kampf um die Herrschaft über das Ich, das Auseinandergeraten, wird von Malina beherrscht und bestimmt. Malina ist ja nicht nur narzißtisches Objekt der Ich-Figur, sondern entsprechend seiner Funktion als signifikanter Dritter ihr transzendentales Ego, das sie in ihrem Denken und Handeln bedingt. Mit dem 'großen' Anderen, der den Ort der Entfaltung des Sprechens bildet, ist

> (...) eine völlig andere Funktion gemeint als die primäre Identifikation, (...) denn nicht darum geht es, daß das Subjekt die Insignien des andern übernehme, sondern darum, daß das Subjekt die für sein Begehren konstitutive Struktur in eben dem Aufklaffen finden muß, das sich auftut durch den Effekt des Signifikanten (...). (Lacan, SI, S.220)

Malina übernimmt in dieser zweiten Phase die Funktion, dem Ich die Spaltung, der es aufgrund der Sprachwirkung unterliegt, bewußt zu machen und es zu der Anerkennung seiner eigenen Unzulänglichkeit zu zwingen. Seine Gegenwart illustriert das Paradox menschlichen Seins, insofern das Andere zugleich Ursache des Mangels <u>und</u> des Begehrens des Subjekts ist. Man könnte sagen, Malina ist der, nach dem das Ich begehrt, indem es ihn verkennt. Aufgrund dieser Verkennung erscheint Malina immer zwingender in seiner Forderung an die Ich-Figur, die imaginäre

Dimension ihres Handelns, wie sie sich in ihrem Denken, Sprechen und Schreiben manifestiert, und die ihres Seins, also im Verhältnis zu anderen, aufzugeben. Wiederholt verlangt er als Stimme in ihr, daß sie Ivan töte (321f.,332,334). Die Aufgabe Ivans oder vielmehr der Tod seines Bildes in ihr bedeutet für die Ich-Figur die Preisgabe ihrer in der Liebesbeziehung erkämpften, wenn auch nur scheinbaren (Selbst-)Sicherheit zugunsten des 'großen' Anderen. Dieser drängt sie jetzt immer mehr in den Hintergrund:

> Ich: (...) Aber dann verstehe ich gar nichts mehr... Ich müßte mich ja selber beseitigen!
> Malina: Weil du dir nur nützen kannst, indem du dir schadest. Das ist der Anfang und das Ende aller Kämpfe. Du hast dir jetzt genug geschadet. Es wird dir sehr nützen. Aber nicht dir, wie du denkst.
> Ich: (tutto il clavicembalo) Ach! Ich bin eine Andere, du willst sagen, ich werde noch eine ganz Andere sein!
> Malina: Nein. Wie unsinnig. Du bist ganz gewiß du, das änderst du auch nicht mehr. Aber ein Ich ist ergriffen, und ein Ich handelt. Du aber wirst nicht mehr handeln. (328f.)

Malina trennt ganz klar zwischen sich als einem in Zukunft handelnden und der Ich-Figur als einem ergriffenen Ich. Diese Definition impliziert Malinas alleinige Herrschaft. Aber 'ergriffen sein' heißt ja auch 'von etwas bewegt sein'. Es bedeutet also eine Eigenschaft, welche die Ich-Figur sehr gut charakterisiert, während Malina sich gerade dadurch auszeichnet, daß er vollkommen bewegungslos ist.[1] Die für den künstlerischen Schaffensprozeß notwendige Vorstellungs- und Einbildungskraft der Ich-Figur könnte also diesem zukünftigen Ich erhalten bleiben.

Malina sieht in der Selbstzerstörung, in der Aufgabe der imaginären Identität, die Lösung und Erlösung für die Ich-Figur. Sie hat sich in ihren verzweifelten Bemühungen um ein fiktives Du, also auch schreibend, geschadet, weil dieses Du kein wirkliches Gegenüber meint, sondern sich nach ihrem Bild gestaltet. Malinas Kritik gilt dieser Form von Selbstbespiegelung, in der das Ich einerseits abhängig vom anderen, andererseits rückwirkend immer nur auf sich selbst bezogen ist. Die Einflüsse, denen die Ich-Figur so unterliegt, bleiben auch ihr nicht verborgen: "Am Ende war ich eine einzige Fälschung, kenntlich darunter

vielleicht nur noch für dich" (313), erklärt sie vor Malina; einer Veränderung aber steht sie sich als reflexives 'moi' bildlich selbst im Wege.
Während sie einerseits darauf hofft, sich "langsam herausdenken" (327) zu können, verfällt sie schon im nächsten Augenblick wieder der fast zwanghaften Vorstellung einer unumschränkten Verfügungsgewalt über sich selbst in allen Erscheinungen: "Ich werde noch über dich verfügen. Auch über dich" (327), behauptet sie Malina gegenüber. Identität in seinem Sinne beinhaltet aber weder den "Kunstgriff" (330), über den sich die Ich-Figur ein fiktives Du erschafft, noch die "Gewalt" (330), mit der sie den anderen als Rivalen zu vernichten sucht. Es geht um die Anerkennung der realen Urspaltung des Subjekts als Bedingung seiner Möglichkeit (vgl. Frank, Neostrukt., S.382) und damit um die Überwindung der vergeblichen Identifikations-Illusionen:

> Malina: Es heißt immer noch: siegen. Es wird dir ohne einen einzigen Kunstgriff gelingen und ohne Gewalt. Du wirst aber auch nicht mit deinem Ich siegen, sondern -
> Ich: (allegro) Sondern - siehst du?
> Malina: Du wirst es nicht mit deinem Ich tun.
> Ich: (forte) Was ist an meinem Ich schlechter als an anderen?
> Malina: Nichts. Alles.Denn du kannst nur Vergebliches tun. Das ist das Unverzeihliche. (330)

Am Ende des Romans inszeniert die Ich-Figur ihr eigenes Verschwinden. Sie ordnet und versteckt "ihre Briefe" (351f.) von Ivan,[2] sie wendet sich an den Anwalt Dr. Richter (345-347), um ein Testament zu machen, und bedenkt genau, wie sie sowohl Ivan als auch Malina von einem Verdacht des Mordes am Ich freisprechen könnte (344,354). Vieles weist daraufhin, daß die Ich-Figur jetzt fähig und bereit ist, die Spaltung anzuerkennen. Symbolisch dafür steht das immer genauere Erkennen eines Risses in der Wand, den es schon lange gegeben haben muß (348). Als sie schließlich in diesen Riß eingeht und in der Wand verschwindet, gibt es buchstäblich im Text kein Ich mehr. Bewußt wird in den letzten Abschnitten jede Formulierung vermieden, die auf das Da-sein dieses Ichs verweisen könnte (vgl.: "Nie gedankt dem

Absender (...)"(S.354)). Deshalb ist der letzte Teil im Anschluß an das Verschwinden des Ichs formal notwendig. Inhaltlich bestätigt das darin geführte Telefongespräch zwischen Ivan und Malina, daß dieses Ich nicht mehr existiert, ja, daß es es vielleicht nie gegeben hat. Malinas Formulierung Ivan gegenüber erinnert an das irrtümliche Ich, von dem die Erzählerin zuvor gesprochen hatte (349):

> Wie bitte?
> Nein?
> Dann habe ich mich nicht richtig ausgedrückt.
> Es muß ein Irrtum sein. (...)
> Nein, gibt es nicht.
> Hier ist keine Frau.
> Ich sage doch, hier war nie jemand dieses Namens.
> Es gibt sonst niemand hier. (...)
> Mein Name?
> Malina. (355f.)

Der letzte Satz lautet: "Es war Mord" (356). Für diesen Mord gibt es außer dem Leser keinen Zeugen, und es erfolgen auf ihn keine Reaktionen (vgl. S.356). Es ist jedoch sicher, daß dieser Satz auf das Verschwinden des Ichs bezogen ist.[3]
Der Tempuswechsel ins Präteritum bezeugt, daß hier am Schluß des Romans das Heute, das in der Einleitung als selbstmörderischer Zeitpunkt definiert wurde, seine End-Gültigkeit erhält: Die Ich-Figur hat ihre eigene Geschichte zu einem Ende gebracht. Rückblickend ist nicht das Ergebnis, der Tod, entscheidend, sondern die Art des Sterbens. Die Bezeichnung "Mord" meint den Prozeß der Selbstentfremdung, dem die Ich-Figur durch den Einfluß anderer auf verschiedene Arten unterlegen ist: als Geliebte dem formenden Willen des Partners, als Tochter den sprachlichen Vergewaltigungen und als gesellschaftliches Individuum den ihr auferzwungenen und ihr selbst fremden Denkweisen (vgl. S.313). Jedes innere Absterben und jede einzelne 'erlittene' Todesart sind Ausdruck dessen, daß die Ich-Figur in ihrer Entwicklung mit Eigenschaften, Sprache und Geschichten versehen (264) und so langsam ermordet wurde:

> "Die Gesellschaft ist der allergrößte Mordschauplatz."(290)

Es ist vor allem die Sprache der Gesellschaft, die das Ich um

das Geheimnis seiner Identität beraubt, weil sie es daran hindert, zu dem Ausdruck zu finden, mit dem es zu sich selbst kommen kann.
Dem gegenüber steht einzig der von Ingeborg Bachmann als "asozial" (Bachmann, GW IV, S.294) bezeichnete Akt des Schreibens. Hier entfernt sich das Wort nicht als gesprochenes vom Subjekt, sondern kehrt in der Schrift gleichsam vom Ort des anderen zum Ich zurück. Für die Ich-Figur ist dieses Zurückkommen gleichbedeutend mit einem Zurückbekommen ihrer selbst. Symbolisch dafür stehen ihre zahllosen unabgeschickten Briefe, deren Verfassen und Einbehalten für sie eine geradezu magische Bedeutung besitzt (vgl. S.255). Unter diesem Aspekt kann das Verschwinden des Ichs am Ende des Romans auch durchaus positiv verstanden werden. Einerseits bedeutet es für die Ich-Figur eine Befreiung von den ihr auferlegten Denk- und Seinsweisen, andererseits realisiert sich mit dem Eingehen in den Text das, was die Ich-Figur schon im ersten Kapitel für sich erhoffte:

> Vor ihm (Ivan) nicht, aber inwendig werde ich eines Tages das Du vollenden. Es wird das Vollkommene sein. (130)

Mit der Aufgabe ihres narzißtischen Begehrens findet die Ich-Figur zu einer Identität mit ihrer eigenen Geschichte in Gestalt des Textes. Der Widerspruch zwischen dem Sagen und dem Sein ist aufgelöst, ohne daß man hier von einer Einheit im Sinne eines autonom denkenden und handelnden Subjekts sprechen könnte. Denn dieses Verschwinden des Ichs ist wie das "fading" (Lacan, SII, S.214) des wahren Subjekts verbunden mit dem buchstäblichen Eingehen in die Zweideutigkeit.
Der Riß in der Wand ist die Objektivierung der Ich-Spaltung <u>und</u> der Sprachlücke, in die das Ich eingeht. Im letzten Satz vor dem Verschwinden heißt es:

> Es ist ein 'Holla' zu hören vom anderen Hoffenster herüber. (354)

Genau dieses 'Holla', das einzige Wort neben 'Hallo', über das ein Kind im Hoffenster gegenüber verfügt (262), verkörpert den Ort der artikulatorischen Differenz, von dem aus das Sprechen seinen Sinn hat. Die Wahrheit liegt in der Zweideutigkeit, im

Anklingen-Lassen eines Ungesagten, genau in der Schnittstelle zwischen Signifikat und Signifikant: dort, wo die Bedeutung ihren nicht-manifesten Ursprung hat. Das heißt, das Ich gelangt an einen Ort, an dem nicht das Wort mit dem Sinn, sondern der Körper mit der Sprache verbunden ist. So kommt das Ich mit der Sprache zur Deckung, während sein 'Anderes' weiterlebt als die dominierende Person, die den gesamten "Todesarten"-Zyklus durchläuft (Bachmann, GI, S.96,127).
Die Spaltung ist mit der Ich-Malina-Symbiose im Text nicht aufgehoben, sondern anerkannt. Das Ich steht in Beziehung zu seinem 'Anderen' in Form eines 'Überganges', der sowohl die Zerstörung (die Gewalt (330)) als auch die Selbstreflexivität (den Kunstgriff (330)) ausschließt. Das äußert sich unter anderem darin, daß das Ich zwar verschwunden, nicht aber gänzlich verstummt ist: "(...) aber es schreit doch: Ivan!" (355). Ein Teil der imaginären Dimension bleibt also im Text inbegriffen und eingeschlossen, so daß sich das metaphorische mit dem metonymischen Sprechen zu einer einzigen Bewegung zusammenschließt.
In gewissem Sinne handelt es sich damit auch um eine Umkehrung der Funktionen von Ich und Malina. Das Ich wird jetzt zum 'je', das dem Sprechen vorausgeht und es bedingt, während es selbst nicht mehr in Erscheinung tritt; Malina übernimmt von der Ich-Figur die Geschichten (350) und stellt zugleich selbst das Ergebnis ihres Reflexionsprozesses dar: Übrig bleibt <u>ein</u> Ich, und das ist und heißt "Malina" - die Gestalt und das Produkt des Romans "Malina".
Die Ambivalenz des Seins und des Schreibens wird noch im Schluß aufrechterhalten, in dem sich zwei Todesarten, das Verschwinden des Subjekts und das gewaltsame Beenden des Romans ("Es war Mord"), überschneiden. Schreiben wird damit zugleich als abtötender, buchstäblich versteinernder Prozeß dargestellt (356), während andererseits das sprachliche Kunstwerk als selbständiges Produkt eine Aufwertung erfährt: Schrift und Körper vereinigen sich zum lebend-lebendigen Text.
Auch wenn es am Ende heißt, daß aus dieser Wand "nie mehr etwas laut werden kann" (356), so bleibt doch die Hoffnung auf dieses

Ich '<u>in</u>' Malina.

> Denn es gibt keine letzte Verlautbarung. Es ist das Wunder des Ich, daß es, wo immer es spricht, lebt; es kann nicht sterben - ob es geschlagen ist oder im Zweifel, ohne Glaubwürdigkeit und verstümmelt - dieses Ich ohne Gewähr! (Bachmann, GW IV, S.237)

VI. Schluß

Literaturrezeption im strukturalistischen Sinne wird als eine Art Reproduktionsprozeß begriffen, der das ästhetische Werk immer neu realisiert. Sie ist prinzipiell unabschließbar, ja, mehr noch, sie garantiert eigentlich erst die Existenz des literarischen Produktes.[1]
In diesem Sinne ist die vorliegende Arbeit keine 'Übersetzung'[2], sondern bildet das Modell einer Erfahrung mit dem Text, das zum Weiterdenken und vielleicht auch zu weiterführenden Untersuchungen auf diesem Gebiet anregen soll.
Die besondere Bedeutung des Romans "Malina" zu betonen, ist nicht notwendig. Der Abwertung, die dieses Werk kurz nach seinem Erscheinen erfahren hat, steht heute ein stärkeres Interesse an der genauen Analyse einzelner Aspekte sowie an der literaturtheoretischen Einordnung des Textes gegenüber.[3] Ja, man könnte - nunmehr fast zwanzig Jahre nach der Erstveröffentlichung - geradezu von einer neuen "Malina"-Welle sprechen. 1987 wurde dieses Werk im 'Weißen Programm' des Suhrkamp-Verlages als einer der "bedeutendsten 'Frauenromane' unserer Tage"[4] neu aufgelegt.
Es stellt sich also die Frage, was diesen Roman zeitlos macht oder - um es vorsichtig zu formulieren - was er dem heutigen Leser bedeuten kann.
In der vorliegenden Arbeit wurde versucht, mit der Theorie Lacans den Zusammenhang zwischen der Identitätsproblematik und den sprachlich-kulturellen Gesetzen unserer Gesellschaft herauszustellen. Dabei ging es weniger um die Auswirkungen des Sozialisationsprozesses auf die Entwicklung des Individuums als vielmehr um die Darstellung der Ursachen für die Spaltung des Subjekts und seinen Mangel an Kommunikationsmöglichkeiten.

In "Malina" steht der Wunsch nach Identität in Einheit mit dem Begehren nach einer ausdrucksvollen Sprache. Sprachlosigkeit wird im Sinne einer unbedachten, inhaltslosen Verwendung vorgefundener Phrasen als Strafe für die Menschheit und als Bedingung für die herrschenden Verhältnisse erkannt: "(...) es sind die Sprachlosen, die zu allen Zeiten regieren" (98). Für den Schriftsteller sind die Möglichkeiten unmittelbaren Eingreifens in das politische Geschehen begrenzt. Ingeborg Bachmann war immer engagiert[5] und doch nie ohne Zweifel, was die Wirksamkeit ihrer "flammenden Rede(n)" und "Aufrufe" (257) betrifft. Der Vorwurf, daß der Roman die Behandlung des aktuellen Weltgeschehens ausspare, geht an der Intention der Autorin vorbei. Ihr Handeln reduziert sich nicht auf die Beschreibung, sondern gerade dadurch, daß ihre Kritik grundlegend ist, erschöpft sie sich nicht in der Bekämpfung von Zeitsymptomen. Auch der Vater in "Malina" ist ja nicht der große Mörder, weil er allein die Grausamkeit einer bestimmten politischen Bewegung, des Nationalsozialismus in Deutschland, repräsentiert, sondern weil er das faschistische Prinzip schlechthin verkörpert - Alltagsfaschismus, könnte man sagen.

> Und man hat mich jetzt, seit mein Buch ("Malina") in Italien herausgekommen ist, gefragt, ob ich das zweite Kapitel meines Romans auf diesen Faschismus hin geschrieben hätte. Und da hab' ich gesagt, nein, ich hab' es vorher geschrieben, ich habe schon vorher darüber nachgedacht, wo fängt der Faschismus an. Er fängt nicht an mit den ersten Bomben, die geworfen werden, er fängt nicht an mit dem Terror, über den man schreiben kann, in jeder Zeitung. Er fängt an in den Beziehungen zwischen Menschen. (Bachmann, GI, S.143f.)

Die Demaskierung des Vaters ist gleichbedeutend mit dem Wunsch der Autorin, den Lesern die Augen zu öffnen, damit sie nicht länger "geflissentlich wegsehen, um nicht zu erschrecken" (100). Dabei geht es ihr sowohl um eine Kritik an der Gesellschaft als auch am Einzelnen, der sich unbedacht zum Regierten machen läßt und so die Verhältnisse, an denen er (vielleicht) zu Grunde geht, selber stützt.

> Für mich wäre es wichtiger, daß beschrieben wird, wie aus dem Schwarzen Markt der Nachkriegsjahre der wirkliche Schwarze Markt geworden ist (...). Denn auf diese andere Weise trifft man die universelle Prostitution, die Prostituierung des Menschen in allen Zusammenhängen (...). (Bachmann, GI, S.99)

In diesem Sinne ist auch die Ich-Figur in "Malina" keineswegs nur positiv gekennzeichnet: Auf der einen Seite entlarvt sie

das gesellschaftliche Umfeld als "Mordschauplatz" (29), andererseits sind auch ihre eigenen Reaktionen sowie ihr Begehren nach dem Absoluten nicht frei von jeder Gewalt.[6]
Auch die Sprache im Roman dokumentiert einerseits ein hohes Maß von Anpassung an ein fremdbestimmendes symbolisches Gesetz, dem die Ich-Figur und die Autorin unterworfen sind. Andererseits bilden die musikalische Konstruktion insgesamt sowie die Verwendung einer mehrdeutigen, vielsagenden Sprache, die oft schwer verständlich erscheint, den Versuch, das Sprachgefühl des Lesers zu sensibilisieren, damit sich ihm ein kritisches Verständnis der Worte und der Welt eröffnet.

> (...) ein Schriftsteller (kann) sich nicht der vorgefundenen Sprache, also der Phrasen, bedienen, sondern er muß sie zerschreiben. Und die Sprache, die wir sprechen und fast alle sprechen, ist eine Sprache aus Phrasen. Und da erscheint so vielen etwas, was sie lesen, also was für mich wirklich geschrieben ist, als schwer verständlich oder rätselhaft. So rätselhaft ist das gar nicht; mir kommt es oft sehr viel rätselhafter vor, was zusammengeredet wird aus diesen vorfabrizierten Sätzen. (Bachmann, GI, S.84)

Für Ingeborg Bachmann liegt die Aufgabe des Schriftstellers darin, den Leser mit Gegensätzen zu konfrontieren: mit dem Gegensatz zwischen einer vorgefundenen Sprache aus Phrasen und einer vielschichtigen, privaten und unkonventionellen Form, die vom 'Anspruch' zum Aussagen führt. Der Roman "Malina" liegt abseits der Aktualitäten, von denen man sich tagtäglich korrumpieren läßt (vgl. Bachmann, GI, S.92). Er handelt nicht von den Scheinproblemen, für die umgekehrt das Identitätsproblem gehalten wird, weil er, mit zeitlosen Inhalten besetzt und in zeitloser Form gehalten, nicht bei der Ansicht stehen bleibt, sondern zur Erfahrung führt:

> Und wenn man überhaupt fragt, welche Aufgaben ein Schriftsteller hat - das sind meistens sehr rhetorische Fragen -, dann würde ich immer sagen, die Menschen dorthin zu bringen oder mitzureißen, in die Erfahrungen, die die Schriftsteller machen und die ihnen durch diese gefährliche Entwicklung dieser modernen Welt weggenommen werden. (Bachmann, GI, S.140)

Anmerkungen

Das Motto ist ein Zitat aus: Bachmann, GW 1, S.12.

I. Einleitung
I.1. Skizze eines Problemfeldes: Ich ohne Gewähr

1 Ingeborg Bachmann: Werke. Hrsg. v. Christine Koschel, Inge von Weidenbaum u. Clemens Münster. 4 Bde. München, Zürich 1978, Bd 4, S.218. (Künftig zitiert: Bachmann, GW 1-4)
2 Obwohl es sich um ein weibliches Ich handelt, wird das grammatikalisch richtige Personalpronomen 'es' anstelle von 'sie' benutzt.
3 S. Anm. 1.
4 Ingeborg Bachmann: Wir müssen wahre Sätze finden. Gespräche und Interviews. Hrsg. v. Christine Koschel und Inge von Weidenbaum. München 1983, S.114. (Künftig zitiert: Bachmann, GI)
5 Roland Barthes: Die Lust am Text. Ffm 1974, S.94. Auf die Intertextualität zwischen Roland Barthes und Ingeborg Bachmann geht Sigrid Weigel in Kap. 2 ihres Aufsatzes "'Ein Ende mit der Schrift. Ein anderer Anfang.' Zur Entwicklung von Ingeborg Bachmanns Schreibweise" ausführlich ein. In: Text + Kritik Sonderband. Ingeborg Bachmann. Hrsg. v. Heinz Ludwig Arnold. München 1984, S. 64-69.
6 Michel Foucault: Das unendliche Sprechen. In: M. F.: Schriften zur Literatur. Übersetzt von Karin von Hofer. München 1974, S. 90-103.
7 Vgl. Georges Schlocker: Vergebliche Suche nach Identität. In: 'Die Welt'. Hamburg, 1.4.1971, S. 4.
8 Ingeborg Bachmann: Malina. Roman. Zitiert wird nach der Taschenbuchausgabe Ffm 1980. Die einem Zitat in runden Klammern nachgestellten Ziffern bezeichnen die Seitenzahlen der Taschenbuchausgabe. Zitate, die in meine eigenen Gedankengänge innerhalb eines Satzes eingebaut sind, werden der Übersichtlichkeit halber nicht gesondert als gekürzt gekennzeichnet.
9 Vgl. Jacques Lacan: Schriften II. Ausgewählt u.hrsg. v. Norbert Haas. Weinheim, Berlin 1986, S. 214. (Künftig zitiert: Lacan, S II)

I.2. Spiegelbewußtsein: Jacques Lacans Theorie des Subjekts

1 Jacques Lacan: Das Spiegelstadium als Bildner der Ichfunktion, wie sie uns in der psychoanalytischen Erfahrung erscheint (Bericht für den 16. Internationalen Kongreß für Psychoanalyse in Zürich am 17. Juli 1949). In: J. L.: Schriften I. In deutscher Sprache hrsg. v. Norbert Haas und Hans-Joachim Metzger. Olten 1973, S. 61-70. (Künftig zitiert: Lacan, S I; Unterstreichungen geben Kursivdruck wieder, ein * bedeutet: Deutsch im Original)
2 Vgl. dazu Samuel M. Weber: Rückkehr zu Freud: Jacques Lacans Ent-stellung der Psychoanalyse. Ffm, Berlin, Wien 1978, S. 5. (Künftig zitiert: Weber, Rückkehr)
3 Helga Gallas: Das Textbegehren des 'Michael Kohlhaas'. Die Sprache des Unbewußten und der Sinn der Literatur. Reinbek bei Hamburg 1981, S. 76.
4 Manfred Frank: Was ist Neostrukturalismus? Ffm 1984, S. 383 f. (Künftig zitiert: Frank, Neostrukt.) M. Frank weist hier auch auf die Doppelbedeutung des lateinischen Wortes 'infans' (= Kind und Wesen ohne Sprache) hin.
5 Lacan nutzt die sich im Französischen bietende Möglichkeit des Gebrauchs der Personalpronomen der ersten Person Singular zur begrifflichen Unterschei-

dung der zwei Seinsweisen des Ichs ('je' und 'moi').
6 Lacan unterscheidet den 'ander(e)n' (kleingeschrieben) im Sinne eines narzißtischen Identifikationsobjekts vom sogenannten 'großen Ander(e)n', verstanden als Repräsentant der symbolischen Ordnung. Diese Unterscheidung wird jedoch nicht konsequent durchgeführt, so daß die Bedeutung des a/Ander(e)n bei Lacan jeweils dem unmittelbaren Kontext entnommen werden muß.
7 Vgl. auch: Frank, Neostrukt., S.386-388.

I.3. Zum Beispiel: Die Spiegelszene in "Malina"

1 Die Utopien, u. a. auch die in der Spiegelszene, nicht aber die Legende, können als Teile des zu schreibenden "schönen Buchs" (53, 82, 105 u. a.) verstanden werden.
2 Paul Celan: Mohn und Gedächtnis. Ffm 1975. In dem Gedicht "Corona" (S. 33) heißt es: "Im Spiegel ist Sonntag,/ im Traum wird geschlafen,/ der Mund redet wahr/". Auch Verse aus anderen Gedichten dieses Bandes werden zum Teil wörtlich, zum Teil leicht variiert in den Legendentext übernommen. Vgl. hierzu u. a.: Anette Klaubert: Symbolische Strukturen bei Ingeborg Bachmann. Malina im Kontext der Kurzgeschichten. Bern 1983, S. 132 f. Robert Steiger: "Malina". Versuch einer Interpretation des Romans von Ingeborg Bachmann. Heidelberg 1978, S. 111 f.
3 Der Eintritt in den Spiegel und das Verschwinden im Riß einer Wand sind dann durchaus gleichzusetzen, während das Schneewittchen-Motiv ("es wird in den Spiegel gefragt, an der Wand", S. 140) auch eine Parallele zu der Legende der märchenhaften Prinzessin herstellt.
4 Vgl. zum Blendungsmotiv auch das Gedicht "An die Sonne" (Bachmann, GW 1, S. 136 f.). Dort heißt es: " Schönes Licht, (...)/ Daß ich wieder sehe und daß ich dich wiederseh!", und am Ende: "Sondern deinetwegen (...) Klage führen über den unabwendbaren Verlust meiner Augen". Einzelne Verse und Motive dieses Gedichts werden auch im Traumkapitel wieder aufgenommen.
5 Auch dieser Gedankengang ist wieder unmittelbar mit der 'Erinnerung' an die legendäre Vergangenheit als Prinzessin verbunden (vgl. S. 353).
6 Kurz nach der Spiegelszene behauptet die Ich-Figur vor Ivan die Existenz eines "Anderen" in ihr: "(...) und es ist ein Anderer in mir, der nie einverstanden war und der sich nie Antworten abzwingen ließ auf aufgezwungene Fragen./ Soll es nicht heißen, die Andere in dir?/ Nein, der Andere, ich bringe das nicht durcheinander. Wenn ich sage, der Andere, dann mußt du mir schon glauben" (144). Vgl. auch die Bedeutung des Stadtparks im Zusammenhang mit Malina, von dessen bedrohlicher Nähe direkt im Anschluß an die Spiegelszene die Rede ist (140).
7 Vgl. Jacques Lacan: Das Seminar, Buch XI. Die vier Grundbegriffe der Psychoanalyse. Nach dem von Jacques-Alain Miller hergestellten französischen Text, übersetzt von Norbert Haas. In deutscher Sprache hrsg. v. N. Haas. Olten, Freiburg 1978, S. 175. (Künftig zitiert: Lacan, Sem. 11)

I.4. Selbstreflexion als Fiktion: Entwürfe des Ich
4.1. Die Erzählkonstruktion

1 Vgl. z. B.: "Obwohl es einmal alle wußten, (...) werde ich einen Grund dafür verraten" (30). Siehe hierzu: Robert Steiger: "Malina". Heidelberg 1978, S.15 f.
2 Vgl. auch die Einleitung zum Traumkapitel (181).
3 Lacan spricht von der "Shifterfunktion"des Subjekts (Lacan, S II, S. 67)

in seiner Abhandlung "Über eine Frage, die jeder möglichen Behandlung der Psychose vorausgeht" (S II, S. 63-117).
4 Jacques Lacan: Vorlesung über E. A. Poes "Der gestohlene Brief". Aus dem Französischen von Rudolphe Gasché. In: Helga Gallas (Hrsg.): Strukturalismus als interpretatives Verfahren. Darmstadt und Neuwied 1972, S. 225.
5 S. Anm. 4, S. 226.
6 Diese "unterste Nacht" wird im Roman nur noch einmal erwähnt, und zwar am Ende des Traumkapitels (vgl. S. 246).
7 Auffällig ist hier die Verwendung des Possessivpronomens. Natürlich handelt es sich nicht um 'ihre' eigenen Mörder, sondern sie kennt drei Personen, von denen sie weiß, daß sie Mörder sind. In ihrer Absicht aber, darüber eine Geschichte schreiben zu wollen (vgl. S. 52), liegt zugleich ein Hinweis auf den 'großen' Mörder des Traumkapitels - den Mörder, "den wir alle haben" (Bachmann, GI, S. 89).

I.4.2. Die Figurenkonstellation

1 Vgl. hierzu die ausführliche Arbeit von Ellen Summerfield: Ingeborg Bachmann. Die Auflösung der Figur in ihrem Roman "Malina". Bonn 1976.
2 Vgl. auch S. 13: "(...) ich sollte vielmehr in mir nach meiner Verklammerung mit der Ungargasse suchen, weil sie nur in mir ihren Bogen macht, bis zu Nummer 9 und Nummer 6, und ich müßte mich fragen, warum ich immer in ihrem Magnetfeld bin (...)."
3 Auffällig ist auch im Verlauf der Romanhandlung die Art und Weise, mit der Details geschildert werden, um Malinas tatsächliche Existenz glaubhaft zu machen: Malinas Freundeskreis, das Telegramm, Malinas Zimmer, Rasierspiegel etc. Dadurch tritt er gleichzeitig als Lebenspartner der Ich-Figur auf, die er nicht nur seelisch stützt, sondern zum Beispiel auch finanziell unterstützt.
4 Dies wird in der Sekundärliteratur oft als entscheidender Abschnitt in der Entwicklung der Ich-Figur gewertet. Vgl. u. a.: Robert Steiger: "Malina". Heidelberg 1978, S. 136 ff.
5 Deshalb auch die Übernahme einzelner Vornamen und des Namens "Altenwyl" aus H. v. Hofmannsthals Lustspiel "Der Schwierige" (Hugo von Hofmannsthal: Der Schwierige. Lustspiel in drei Akten. Ffm 1956). Die Beschreibung der Verhältnisse am Wolfgangsee (156-179) läßt literarische Gestalten als Prototypen im Text wieder aufleben.
6 Der Name Ivan stammt aus dem Russischen und heißt zu deutsch Hans. Die Namen Hans oder Jan und Johannes tauchen im Gesamtwerk Ingeborg Bachmanns oft auf. In der Erzählung "Undine geht" (Bachmann, GW 2, S. 253-263) heißt es: "Ihr Ungeheuer mit dem Namen Hans! Mit diesem Namen, den ich nie vergessen kann (...). Ja, diese Logik habe ich gelernt, daß einer Hans heißen muß, daß ihr alle so heißt, einer wie der andere, aber doch nur einer." (ebd., S. 253)
7 Insofern können einige Vorwürfe, die Eigensinnig-, Eigensüchtig- und Selbstgefälligkeit der Darstellungsweise betreffend, dem Roman gar nicht gerecht werden, noch weniger aber der Autorin als Rechenfehler ausgelegt werden (Sibylle Wirsing: Malina. In: Neue Deutsche Hefte. Berlin 1971, Jg. 18, H. 2, S. 142). S. Wirsing bemängelt, daß Ivan in seinem "Namen wie ein Muschelwesen eingeschlossen" (ebd., S. 143) bleibt und "als die männliche Du-Figur nur schematische Funktionen und abstrakte Rechte erhält" (ebd.) sowie daß die Beschreibung der Beziehung lediglich "viele Teilstükke des altüberkommenen Bildes von der 'großen Liebe'" (ebd., S. 144) reproduziert. Aber anstatt zu kritisieren, daß hier "die Fiktion einer Ich-Du-

Beziehung vorgetäuscht" (ebd., S. 143 f.) wird, sollte vielmehr gefragt werden, warum die Ich-Du-Beziehung als Fiktion dargestellt ist. Ingeborg Bachmann scheint insofern eine perfekte Täuschung gelungen zu sein, als viele Interpreten nicht von der Liebesgeschichte abstrahieren, diese meistens sogar als eigentliche Romanhandlung sehen und somit einen Großteil der Aussagen, die dem direkt entgegenstehen (335), unbeachtet lassen. Der Neigung, den Roman auf eine Geschichte reduzieren zu wollen, widerspricht aber die vieldeutige Struktur des Textes: " In 'Malina' gibt es eben keine Geschichte: nicht die des Ich, die des Doppelgängers, die Ivans..." (Bachmann, GI, S. 73). "Wenn man so will, ist es ein geistiger Prozeß, der stattfindet, aber auch noch ein ganz anderer" (ebd., S. 71). Es wird nicht bezweifelt, daß der Roman, aufgefaßt als Liebesroman, eine aufschlußreiche Interpretation erfahren kann. Ihn darauf aber zu reduzieren und infolgedessen zu kritisieren, hieße, daß der Interpret in Ivan-ähnlichem Denken befangen bleibt: "Ivan (...) denkt, auch ich hätte eine Geschichte hinter mir, die übliche, in der zumindest ein Mann vorzukommen hat und eine gehörige Enttäuschung (...)" (294). Vgl. auch Bachmann, GI, S. 104.

A. Kompositionsprinzipien des Romans

II. Das unendliche Sprechen
II.1. Das Ich und 'ihre' Geschichte(n)

1 Robert Musil: Der Mann ohne Eigenschaften. Roman. Reinbek 1972.
2 Ebd., S. 650.
3 Ebd.
4 Ebd.

II.2. Der Tod als Grenze im Roman

1 Michel Foucault: Das unendliche Sprechen. In: M. F.: Schriften zur Literatur. Übersetzt von Karin von Hofer. München 1974, S. 91. (Künftig zitiert: Foucault, Schr.) Sehr treffend in bezug auf den Roman "Malina" ist hier die Formulierung "gegen die schwarze Wand des Todes". Sie weckt Assoziationen an das Verschwinden des Ichs am Ende des Romans in einer Wand, "aus der nie mehr etwas laut werden kann" (356).
2 Vgl. S. 8: "Nur die Zeitangabe mußte ich mir lange überlegen" und S. 10: "Wenn ich also wenig zufällig, sondern unter einem furchtbaren Zwang zu dieser Einheit der Zeit gekommen bin"; sowie das Erwähnen von Ivans Kindern im Personenverzeichnis zu einem Zeitpunkt, an dem die Ich-Figur sie noch gar nicht kennt.
3 Auch bei diesem kleinen Nebensatz ("das ich nie sehen werde") handelt es sich also um eine Vorwegnahme des tatsächlichen späteren Handlungsablaufs aus einer allwissenden Perspektive heraus.
4 Vgl. auch S. 171: "Ich höre immerzu auch eine Musik: Und träum hinaus in selge Weiten..., ich bin in Venedig (...)." Zur Musikalität siehe Kap. V.1. der vorliegenden Arbeit.
5 Zu "Glücklich mit Ivan" vgl. S. 58: "(...)das soll nie aufhören, noch lange dauern, einen Film lang, der noch nie gelaufen ist, aber in dem ich jetzt Wunder über Wunder sehe, weil er den Titel hat MIT IVAN NACH WIEN FAHREN, weil er den Titel hat GLÜCKLICH, GLÜCKLICH MIT IVAN und GLÜCKLICH IN WIEN (...)."
6 "Der dritte Mann" ist der Titel eines Films nach dem gleichnamigen Roman

von Graham Greene.
7 Vgl. Ingeborg Bachmann in ihrer Frankfurter Poetik-Vorlesung "Das schreibende Ich" (GW 4, S. 235 f.). An diesen Formulierungen wird auch die Nähe zu Foucaults Schriften sehr deutlich.

II.3. Transformationen im Text: Die Geheimnisse der Prinzessin von Kagran

1 Vgl. Andreas Hapkemeyer: Die Sprachthematik in der Prosa Ingeborg Bachmanns: Todesarten und Sprachformen. Ffm, Bern 1982, S. 17.
2 Vgl. ebd. Hapkemeyers Zusammenfassung des Legendenstoffes ist repräsentativ dafür, wie der Inhalt und die sich daran orientierende Auslegung der Legende auf einige wenige Faktoren reduziert werden, so daß in der Legende insgesamt ein positiver Gegenentwurf zu der dunklen Geschichte der Ich-Figur gesehen wird.
3 "Kagran" erinnert an franz. 'chagrin' (Kummer) oder 'chagre' (Klage), ist aber einfach ein Stadtteil von Wien. Der etymologische Ursprung des Wortes 'Legende' (mlat.: 'die zu lesenden Stücke') kommt dem metaphorisch-spiegelnden Charakter des Textes nahe.
4 So z.B. steht das Verbergen des Gesichtes (64) für Ivans Willen, sich vor niemandem preiszugeben. Einen direkten Hinweis auf die Verkörperung Ivans im Fremden gibt die Ich-Erzählerin in der Einleitung zur Kagran-Legende (61). Die lateinische Jahreszahl MDXXLI (1531) bezieht sich auf die 15 Monate und 31 Tage ihrer Bekanntschaft mit Ivan.
5 Die Übereinstimmungen mit der Person Ivans überwiegen jedoch. Anette Klaubert geht in ihrer Interpretation ausführlich der Frage nach, warum es sich bei dem Fremden nicht um Ivan handeln kann (Anette Klaubert: Symbolische Strukturen bei Ingeborg Bachmann. Bern, Ffm, New York 1983, S. 128 ff). Ihrer Argumentation stehen aber einige Textstellen direkt entgegen. So behauptet sie z.B., Ivan sei zu positiv gekennzeichnet, um im Märchen auf einmal als Mörder aufzutauchen, und er würde im Gegensatz zu dem Fremden stets mit Licht assoziiert (ebd., S. 129). Vgl. hierzu aber in "Malina" S. 294: "Ich weiß nicht, seit wann Ivan mein Leben kürzt" und S. 60: "Ivan sagt: (...) Ich lösche dir aber einmal alle Lichter aus". Ebenso durchlässig ist Klauberts Argumentation hinsichtlich der These, der Fremde könne niemand anders sein als Malina.
6 Obwohl es zu Beginn des Traumkapitels heißt: "Der Ort ist diesmal nicht Wien" (181), sind die einzelnen Traumszenen durch eine gewisse Wien-Nähe gekennzeichnet (die Donau, die Wiener Universität, die Wiener Eisschau, das Wiener Publikum etc.). Dennoch siedeln sie in einer Art raumloser Welt an, in einer unterhalb der örtlichen Wirklichkeit liegenden Szenerie.
7 Wie treffend auch in dieser Hinsicht der Titel des zweiten Kapitels ist, beweist folgender Auszug aus einem Artikel der Zeitschrift 'Stern' vom 9.7. 1987 mit der Überschrift "Wien und die Angst vor dem Gestern": "Ich weiß nicht wieso, aber mir gehen immer die Filmbilder vom 'Dritten Mann' im Kopf herum, wenn ich mit Wiener Juden spreche. Bilder von Orson Welles auf der Flucht." (Verfasser: Gerhard Krug)
8 Vgl. auch S. 236: "(...) denn mit einer Stimme, die noch nie jemand gehabt hat, mit der Sternstimme, der siderischen Stimme, erzeuge ich den Namen Ivan und seine Allgegenwart."
9 Es handelt sich nicht um einen der letzten Träume, wie Ingrid Riedel postuliert und wodurch der Eindruck erweckt wird, der Traum hätte aufgrund seiner Stellung eine zusammenfassende Funktion (Ingrid Riedel: Traum und Legende in Ingeborg Bachmanns "Malina". In: Psychoanalytische und psycho-

pathologische Literaturinterpretation. Hrsg. v. Bernd Urban und Winfried Kudszus. Darmstadt 1981, S. 178-207).
10 Die phonetische Nähe zwischen "siderisch" und "sibirisch" kann als Kennzeichen für die Verbindung Künstler-Außenseiter verstanden werden.
11 Vgl. hierzu Ingrid Riedel (s. Anm. 9), S. 183 f.
12 Auch hierin liegt wieder ein Hinweis auf die allwissende Erzählperspektive: Das Mißverständnis kann eigentlich nur im nachhinein bewußt werden. Vgl. auch Ingrid Riedel (s. Anm. 9), S. 206.
13 Vgl. dagegen S. 200, wo die Tochter dem Vater zuruft: "Ich hasse dich mehr als mein Leben!"
14 Vgl. das 'Spieglein Spieglein an der Wand'-Motiv in der Spiegelszene (140).
15 Vgl. den Titel einer Veröffentlichung von H. Cixous (Hélène Cixous: Die unendliche Zirkulation des Begehrens. Weiblichkeit in der Schrift. Aus dem Französischen übersetzt von Eva Meyer u. Jutta Kranz. Berlin 1977).

II.4. Schreibweisen des Begehrens: Der Diskurs des Unbewußten

1 Die metaphorische 'Sinnzuweisung' ist als eine Art Zwischenschritt zu verstehen: Die Substitution des Signifikanten durch einen anderen Signifikanten erzeugt zwar einen Bedeutungseffekt (Lacan, S II, S. 41), markiert aber erst die Stelle, von der aus ein Übergang von Signifikanten ins Signifizierte möglich ist. Die metaphorische Substitution operiert also ebenfalls auf der Ebene der Signifikantenkette, von der Subjekt und Sinn noch ausgeschlossen sind (Lacan, S II, S. 43).
2 Angelika Mechtel stellt in ihrer Interpretation die Frage nach dem eigentlichen Sinn des Gesagten in den Vordergrund. Gerade daran, daß sie keine eindeutige These findet, wird die beständige Aufhebung und Verschiebung von Bedeutung als Kennzeichen des Romans deutlich. Angelika Mechtel: Vor fünfzig Jahren oder in fünfzig Jahren. "Malina" - Der erste Roman von Ingeborg Bachmann. In: Frankfurter Allgemeine Nr 75 vom 30.3.1971.
3 Jacques Lacan: Le mythe individuel du névrosé ou 'poésie et vérité' dans la névrosé. Raubdruck, Paris o.J., S. 2f. Zitiert nach: Friedrich A. Kittler: 'Das Phantom unseres Ichs' und die Literaturpsychologie: E. T. A. Hoffmann - Freud - Lacan. In: F.K. (Hrsg.): Urszenen. Literaturwissenschaft als Diskursanalyse und Diskurskritik. Ffm 1977, S. 166.
4 Vgl. auch Ingeborg Bachmann: Unter Mördern und Irren. (GW 2, S. 177)
5 Vgl. S. 53 (Todesarten, Die ägyptische Finsternis), S.79 (Der Tod wird kommen), S. 131 u. 165 (Fanny Goldmann) u. v. a.
6 Man beachte die doppeldeutige Verwendung des Verbs 'sich verschreiben'. Vgl. hierzu auch Bachmann, GI, S. 98: "Sich verschreiben - das ist ein schönes Wort."
7 Vgl. Bachmann, GI, S. 110: "In der Zeit, in der ich das Buch schrieb, habe ich sehr wenig von dem gelesen, was heute erscheint, aber ich hatte das Gefühl, daß ich gegen etwas schreibe. Gegen einen andauernden Terror."

B. Das Subjekt und der andere

III. Imaginäre Identifizierung
III.1. Noch einmal Lacan: Imaginäre Leidenschaft und grenzenlose Liebe

1 Jacques Lacan: Ecrits. Paris 1966, S.178. Zitiert nach der Übersetzung von Hermann Lang: Die Sprache und das Unbewußte. Jacques Lacans Grundlegung der Psychoanalyse. Ffm 1973, S. 50f., Anm. 5. (Künftig zitiert: Lang, Die Sprache)

2 Jacques Lacan: Das Seminar, Buch I. Freuds technische Schriften. Nach dem von Jacques-Alain Miller hergestellten französischen Text, übersetzt von Werner Hamacher. In deutscher Sprache hrsg. v. Norbert Haas. Olten, Freiburg 1978, S. 99. (Künftig zitiert: Lacan, Sem. 1)'Sem. 11' dient, wie bereits ausgewiesen, als Sigle für: Jacques Lacan: Das Seminar, Buch XI. Die vier Grundbegriffe der Psychoanalyse. Nach dem von Jacques-Alain Miller hergestellten französischen Text, übersetzt von Norbert Haas. In deutscher Sprache hrsg. v. Norbert Haas. Olten, Freiburg 1978.
3 Frank, Neostrukt., S. 385.
4 Ein offensichtlicher Widerspruch erschwert das Verständnis der Lacanschen Unterscheidung. In: Lacan, Sem. 1, S. 346 heißt es: "Die aktive Gabe der Liebe visiert den anderen, nicht in seiner Spezifität, sondern in seinem Sein", dagegen S. 347: "Die Liebe, nicht mehr als Leidenschaft, sondern als aktive Gabe, visiert immer, jenseits der imaginären Verhaftung, das Sein des geliebten Subjekts, seine Besonderheit" (Unterstreichungen von S. Sch.). Vielleicht handelt es sich hier um einen Übersetzungsfehler.

III.2. Sprechen mit Ivan - zwischen Poesie und Wirklichkeit

1 Ingeborg Bachmann: Das schreibende Ich. Frankfurter Poetik-Vorlesungen, 3. In: Bachmann, GW 4, S. 217-237.
2 Vgl. S. 35: "Ein Autohupen hätte einfallen können in den ersten Satz, (...) ein Passant hätte gröhlend zwischen uns torkeln können, (...) durch die Sirene eines Rotkreuzwagens abgelenkt (hätte ich) auf die Straße blicken können (...)."
3 Vgl. Ingeborg Bachmann: Literatur als Utopie. Frankfurter Poetik-Vorlesungen,5. In: Bachmann, GW 4, S. 270.
4 In der Taschenbuchausgabe von 1980 heißt es fälschlicherweise "Azurrite" anstatt "Azurite".
5 Vgl.: Ellen Summerfield: Ingeborg Bachmann. Die Auflösung der Figur in ihrem Roman "Malina". Bonn 1976, S. 9f.
6 Vgl. hierzu Lacans Formel: "Die menschliche Sprache konstituiert eine Kommunikation, in welcher der Sender seine eigene Nachricht vom Empfänger in inverser Form erhält." Jacques Lacan: Ecrits. Paris 1966, S. 894. Zitiert nach Lang, Die Sprache, S. 99, Anm. 57.
7 Vgl. Lang, Die Sprache, S. 103.
8 Auf eine Verbindung zwischen den Regeln der Sprache und denen des Schachspiels verweist auch Ferdinand de Saussure: "Unter allen Vergleichen, die sich ausdenken lassen, ist am schlagendsten der zwischen dem Spiel der Sprache (langue) und einer Partie Schach. Hier wie dort hat man vor sich ein System von Werten und man ist bei ihren Modifikationen zugegen. Eine Partie Schach ist gleichsam die künstliche Verwirklichung dessen, was die Sprache in ihrer natürlichen Form darstellt." Ferdinand de Saussure: Grundfragen der allgemeinen Sprachwissenschaft. Berlin 1967, S. 104 f.
9 Vgl. im Gegensatz dazu S. 63: "Die Prinzessin brauchte die Worte nicht zu verstehen." Weitere Unterschiede werden deutlich bei einem Vergleich der Seiten 31 u. 63, 31 u. 64, 341 u. 69.
10 Ivans Liebeserklärung ergeht in einer anderen Sprache und richtet sich nicht an die Ich-Figur, sondern an seine Kinder (58). Vgl.: Manfred Jurgensen: Ingeborg Bachmann. In: Deutsche Frauenautoren der Gegenwart. Bern 1983, S. 39.
11 Vgl.: Robert Steiger: "Malina". Heidelberg 1978, S. 158.
12 Vgl. Bachmann, GI, S. 26: "(...) die Worte sind, was sie sind, sie sind schon gut, aber wie wir sie stellen, verwenden, das ist selten gut. Wenn es

schlecht ist, wird es uns umbringen."
13 Ähnliches formuliert Ingeborg Bachmann in "Ein Schritt nach Gomorrha": "Immer hatte sie diese Sprache verabscheut, jeden Stempel, der ihr aufgedrückt wurde und den sie jemandem aufdrücken mußte - den Mordversuch an der Wirklichkeit." (Bachmann, GW 2, S. 208)
14 Vgl. zu dieser Thematik auch das frühe Gedicht "(Es könnte viel bedeuten)" (Bachmann, GW 1, S. 12; s.: Motto der vorliegenden Arbeit). Insbesondere die drei letzten Zeilen des Gedichts erinnern an Lacans linguistische Argumentation und die durch die Sprachwirkung hervorgerufene Spaltung des Subjekts.

IV. Das Gesetz des Vaters
IV.1. Einführung in das Traumkapitel

1 Der zwanzigste Traum von der Wiener Eisschau gliedert sich in vier Abschnitte (219-222).
2 Ingeborg Bachmann in einem Gespräch mit Andrea Schiffner (Andrea Schiffner: Legende einer Frau, die es nie gegeben hat. Ingeborg Bachmann und ihr Roman "Malina". In: Deutsche Post vom 5.6.1972, Jg.24, Nr 11, S. 315).
3 Vgl. Robert Steiger: "Malina". Heidelberg 1978, S. 138-144. R. Steiger geht davon aus, daß die Auseinandersetzung der Ich-Figur mit ihren Ivan-Erfahrungen eines der zentralen Motive des Traumkapitels bildet (S. 138). Anette Klaubert behauptet, der Vater verkörpere allein "den bedrohlichen negativen Aspekt Malinas" (117). Anette Klaubert: Symbolische Strukturen bei Ingeborg Bachmann. Bern 1983, S. 104-121.
4 Vgl. z. B. Manfred Jurgensen: Ingeborg Bachmann. In: Deutsche Frauenautoren der Gegenwart. Bern 1983, S. 34-52.
5 So z. B. Günther Blöcker: Auf der Suche nach dem Vater. In: Merkur, Jg.25, Stuttgart 1971, S. 395-398. Dort heißt es: "Hinzu kommt als besondere Fatalität der bereits erwähnte halluzinatorische Mittelteil mit seiner, das gesamte psychoanalytische Repertoire vom Krokodil bis zu den ausgefallenen Zähnen durchspielenden Traumsymbolik." (S. 398)
6 Vgl. u. a. Ellen Summerfield: Ingeborg Bachmann. Die Auflösung der Figur in ihrem Roman "Malina". Bonn 1978. Auf S. 24 heißt es: "Die Logik (der Träume) scheint freilich auf schlimme Erfahrungen mit dem persönlichen Vater zurückzuführen." Ähnlich argumentiert Lore Toman, die in diesem Zusammenhang auf Max Frisch als Vaterfigur in I. Bachmanns Leben verweist (Lore Toman: Bachmanns "Malina" und Frischs "Gantenbein". In: Literatur und Kritik, 1977, S. 274). Susanne Bothner weist ebenfalls im Werkzusammenhang darauf hin, daß I. Bachmann ein halbes Jahr nach dem Tod ihres Vaters gestorben ist (Susanne Bothner: Ingeborg Bachmann. Der janusköpfige Tod. Ffm 1986, S. 360. Vgl. insbesondere das Kapitel 2.VI. unter dem Titel: "Die letzte Todesart. Der ungelöste Vaterkomplex" (S. 352-356)).
7 Vgl. Geno Hartlaub: "Diese Traumprotokolle scheinen einer psychoanalytischen Behandlung zu entstammen (...)" (Geno Hartlaub: Das Schizoid der Welt. Ingeborg Bachmann: "Malina". In: Frankfurter Hefte, 7, Jg.26, Ffm 1971, S. 561 f.). Hilde Spiel spricht von "(...) Schreckensvisionen, die sowohl an Krankheitsgeschichten der Schizophrenen wie auch an die Schilderungen böser Drogenräusche gemahnen" (Hilde Spiel: Ingeborg Bachmann. Malina. In: Literatur und Kritik, 1972, H. 66 f., S. 437). Susanne Bothner (s. Anm. 6) widmet ein ganzes Kapitel der Drogenabhängigkeit Ingeborg Bachmanns (S. 333-360).
8 Charlotte v. Praag: Malina von Ingeborg Bachmann. Ein verkannter Roman. In: Neophilologus 66, 1982, S. 111-125; Anette Klaubert: Symbolische Strukturen bei Ingeborg Bachmann. Bern 1983; Susanne Bothner: Ingeborg Bachmann.

Der januskköpfige Tod. Ffm 1986 (insbesondere Kap. III.2.). Alle drei Interpretinnen beziehen sich in mehr oder weniger ausführlicher Weise auf C. G. Jungs Theorie von den Archetypen und der Animus-Projektion.
9 Manfred Jurgensen: Ingeborg Bachmann. Die neue Sprache. Bern, Ffm, Las Vegas 1981. Andreas Hapkemeyer: Die Sprachthematik in der Prosa Ingeborg Bachmanns. Todesarten und Sprachformen. Ffm 1982.
10 Vgl. Manfred Jurgensen (s. Anm. 9), S. 80.
11 Vgl.: "Die sprachlich-literarischen Konsequenzen, die Bachmann (...) in ihren 'Todesarten'-Zyklus einbringt, lesen sich heute wie vorweggenommene Konkretisierungen poststrukturalistischer Thesen (...)" (Sigrid Weigel: Die andere Ingeborg Bachmann. In: Text + Kritik Sonderband. Ingeborg Bachmann. Hrsg. v. Heinz Ludwig Arnold. München 1984, S.6). Von S. Weigel stammt auch der Hinweis darauf, daß Ingeborg Bachmann die Theorien Lacans höchstwahrscheinlich gekannt hat (ebd., S.73).
12 Jacques Lacan: Vorlesung über E. A. Poes 'Der gestohlene Brief'. In: Helga Gallas (Hrsg.): Strukturalismus als interpretatives Verfahren. Darmstadt und Neuwied 1972 (S. 201-273), S.202.

IV.2. Struktur und Thematik der Träume

1 Henrik Ibsen: Wenn wir Toten erwachen. In: Schauspiele in einem Band. Hamburg 1968, S. 1023-1078.
2 Vgl. auch S. 181: "Mein Vater ist zum Theater gegangen. Gott ist eine Vorstellung."
3 Vgl.: "Mit silbernen Sohlen stieg ich die dornigen Stufen hinab und ich trat ins kalkgetünchte Gemach, (...) und es warf die Erde einen kindlichen Leichnam aus, ein mondenes Gebilde, das langsam aus meinem Schatten trat, mit zerbrochenen Armen steinerne Stürze hinabsank, flockiger Schnee" (Georg Trakl: Werke - Entwürfe - Briefe. Hrsg. v. Hans-Georg Kemper und Frank Rainer Max. Stuttgart 1984, S. 115). Vgl. auch die Bedeutung des Schnees in Traum 22 (S. 225) und Traum 21 (S. 224) sowie die Bedeutung Trakls für Ingeborg Bachmann (Bachmann, GI, S. 45).

IV.3. Zum letzten Mal Lacan: Die ödipale Struktur des Unbewußten

1 Sigmund Freud: Totem und Tabu. Gesammelte Werke XVI. Ffm 1962; Claude Lévi-Strauss: Strukturale Anthropologie. Ffm 1967. Vgl. zu den Parallelen in den Theorien von Lacan, Freud und Strauss: Lang, Die Sprache, S. 166 ff.
2 Jacques Lacan: Ecrits. Paris 1966, S. 277. Zitiert nach der Übersetzung von Lang, Die Sprache, S. 204.
3 Vgl.: "Ein gewalttätiger Vater, der alle Frauen für sich behält und die heranwachsenden Söhne eifersüchtig vertreibt, wird eines Tages von diesen erschlagen, um an seiner Stelle in den 'Genuß' der Frauen zu kommen. Doch die ursprüngliche Ambivalenz der Vater-Sohn-Beziehung ließ nun ein so mächtiges Schuldbewußtsein erstehen, daß in einem Akt von 'nachträglichem Gehorsam' auf die Früchte der Vatertötung verzichtet und somit das Inzestverbot errichtet wurde" (Lang, Die Sprache, S. 160).
4 Vgl. Lacan: "(...) weil das Gesetz des Menschen das Gesetz der Sprache ist (...)" (Lacan, S I, S. 112).
5 Lacan bezieht sich hier auf die Untersuchungen Freuds zum kindlichen Fort-Da-Spiel.
6 Helga Gallas: Das Textbegehren des 'Michael Kohlhaas'. Die Sprache des Unbewußten und der Sinn der Literatur. Reinbek bei Hamburg 1981, S. 76.

IV.4. Sprache der Hysterikerin und Sprache des Herrn: Die Vatermetapher

1 Lacans Diskurstheorie wurde noch nicht ins Deutsche übersetzt (Jacques Lacan: Séminaire XVII: L'envers de la psychoanalyse (1969 f.). Manuskript, hrsg. v. M. Chollet, o.O., o.J.). Ich beziehe mich im folgenden auf die Untersuchung von: Athanasios Lipowatz: Diskurs und Macht. Jacques Lacans Begriff des Diskurses. Marburg/Lahn 1982, S. 122-227. (Künftig zitiert: Lipowatz, Diskurs)
2 Vgl. Lipowatz, Diskurs, S. 197: "Im Diskurs der Hysterie wendet sich das Subjekt der Autorität zu, indem es diese herausfordert, sich zur Herrschaft zu transformieren", sowie S. 189: "(...) im Diskurs der Hysterie (ist) das Wissen als Produkt am Platz des Lusterlebens."
3 A. Lipowatz unterscheidet nicht im Sinne Lacans zwischen dem anderen, kleingeschrieben, und dem 'großen' Anderen.
4 Jacques Lacan: Ecrits. Paris 1966, S. 433. Zitiert nach der Übersetzung von Friedrich A. Kittler: 'Das Phantom unseres Ichs' und die Literaturpsychologie: E. T. A. Hoffmann - Freud - Lacan. In: F. K. (Hrsg.): Urszenen. Literaturwissenschaft als Diskursanalyse und Diskurskritik. Ffm 1977, S.159.

IV.5. Traumanalyse

1 Vgl.: Traum 13 (Ich-Ivan), S. 201-204; Traum 19 (Ich-Malina), S. 212-215; Traum 28 (Ich-Animus), S. 236-238; Traum 4 u. 20 (Ich-Eleonore), S. 183-186 u. 219-222; Traum 24 (Ich-Lina), S. 227-229 (hier ist die Namensgebung entscheidend. Der Vater benennt Lina in Rita um, damit in der Wohnung nichts mehr an die Tochter erinnert, S. 228).
2 Auffällig ist hier die dreimalige Wiederholung des Wortes 'abgeschnitten' (187 f.). Es erinnert an die Lacansche Theorie von der symbolischen Kastration.
3 Exemplarisch dafür steht, wie auch schon in der Beziehung Ich-Ivan, das Telefon als Sinnbild für den unterbrochenen Kontakt im Verhältnis zweier Menschen.
4 Vgl. Jacques Lacan: Vorlesung über E. A. Poes 'Der gestohlene Brief'. In: Helga Gallas (Hrsg.): Strukturalismus als interpretatives Verfahren. Darmstadt und Neuwied 1972, S. 226.
5 Das Ich bekommt diese Rollen geradezu verpaßt; vgl. S. 196: "Der Intendant zwängt mich in ein Kostüm (...), (das) für jemand andren gemacht war (...)."
6 Vgl. S. 92. Die Ich-Figur spricht hier, ebenfalls in einem Interview, von einer "Anhäufung von Kindern", die in einem "Kinderhaufen" lebend Kinderprobleme, -krankheiten und "meinetwegen eine Entwicklung" miteinander teilen müssen.
7 Vgl. auch S. 145 in der Erzählung "Alles" (Bachmann, GW 2).
8 Vgl. 'wüst' von lat.: vastus = leer, öde; idg.: 'mangeln'. Siehe auch: 'wahn'. Der große Duden, Bd 7, Etymologie. Mannheim 1963.
9 Vgl.: Ingeborg Bachmann: Der Fall Franza. In: Bachmann, GW 3; S. 412 (das Friedhofsmotiv), S. 407 (der Gaskammertraum), S.476 (die Vaterfigur als Mörder). Unter anderem ist die Wüste hier auch eine mystische Welt (481), die Welt Gottes (425) und der Ort einer Gottesbegegnung (445 f.).
10 "Ich oder Ich" interpretiert als 'je' (die Wüste) oder 'moi' (das andere).
11 Vgl. Lacan, S I, S. 67: "Entsprechend symbolisiert sich die Ich-Bildung in Träumen als ein befestigtes Lager, als ein Stadion, das - quer durch die innere Arena bis zur äußeren Umgrenzung, einem Gürtel aus Schutt und Sumpf-

land - geteilt ist in zwei gegenüberliegende Kampffelder (...)."
12 Vgl. Lacan, S II, S.218: "Ein Subjekt taucht erst dann zwingend auf, wenn es in der Welt Signifikanten gibt, die nichts sagen wollen und die entziffert werden müssen."
13 Lacan bezeichnet einen Signifikanten "dieser ganz und gar potentiellen Macht" als den "einzigen Zug", der das Subjekt entfremdet und das Merkmal seiner Spaltung zugleich zuschüttet (Lacan, S II, S. 183).
14 Melanie ist die fremde Frau, die die Tochter in Gefangenschaft hält (212), sie ist die "Masseuse", die das Kind 'Animus' tötet (238), und auch das kleine Krokodil (234) an der Seite des Vaters.
15 Vgl. auch Gilles Deleuze und Félix Guattari: Kafka. Für eine kleine Literatur. Ffm 1976, S. 16: "Die Vaterfrage heißt nicht, wie man sich vom Vater befreien kann (Ödipusfrage), sondern wie man dort einen Weg findet, wo er keinen gefunden hat."
16 Vgl. im Gegensatz dazu S. 197: "Singen soll ich nur, damit das Geld hereinkommt (...)". Die Tochter ist dem Vater auch finanziell verschuldet, da sie die Kosten der Krankenhausaufenthalte, die sie infolge der Verletzungen durch den Vater verbringen muß, nicht tragen kann (198).

IV.6. Die Ordnung des Anderen und die Dimension des Weiblichen
6.1. Re-Präsentation der Gewalt

1 Ingeborg Bachmann spricht in ihrem Proust-Essay von der "Idee der Liebe, die zwar reine Illusion und Selbstbetrug ist, aber zugleich befähigt, die besten Kräfte freizumachen. Ohne die Leiden, selbst die erniedrigendsten, wären wir unmenschlich in unserer Selbstgerechtigkeit, und wir wären geistlos, weil nur der Schmerz uns instand setzt, andere zu verstehen und zu erkennen, zu unterscheiden und Kunst zu machen." Ingeborg Bachmann: Die Welt Marcel Prousts - Einblicke in ein Pandämonium. In: GW 4, S. 166 f.
2 Vgl. I. Bachmann: (Rede zur Verleihung des Anton-Wildgans-Preises). In: GW 4, S. 297: "Die kristallinischen Worte (...) sind das Einmalige, das Unwiederholbare, sie stehen hin und wieder auf einer Seite Prosa oder in einem Gedicht. Es sind für mich (...) zu den getreuesten (?) geworden: Die Sprache ist die Strafe. Und trotzdem auch eine Endzeile: Kein Sterbenswort, ihr Worte." Hier formuliert Ingeborg Bachmann wie in ihrem Roman "Malina" (98) die Erkenntnis einer Schuldübernahme durch Sprache und zugleich die Aufhebung dieser Einsicht in der Tautologie. Die lyrische Zeile, auch und gerade als Selbstzitat (Bachmann, GW 1, S. 163), straft das, was sie selbst besagt, mit ihren eigenen Worten Lüge. Das Paradox sprachlicher Verwirklichung liegt darin, daß diese nicht nur in der Erkenntnis, sondern auch noch in der Absage der Worte bedarf.
3 Vgl. I.Bachmanns Erzählung "Alles" (GW 2, S. 138-158), insbesondere S. 153, sowie die Interpretation von M. Jurgensen, in der dieser Aspekt für seine Argumentation zentral ist (Manfred Jurgensen: Ingeborg Bachmann. Die neue Sprache. Bern, Ffm, Las Vegas 1981, S. 37 ff.).
4 Ingeborg Bachmann: Der Fall Franza. In: GW 3, S. 467.
5 S. dazu die Kritik der Ich-Figur an der Sprache der Medien (265, 267-270, 275-277 u.a.). Vgl. auch Roland Barthes: "Die enkratische Sprache jedoch (die Sprache, die unter dem Schutz der Macht entsteht und sich ausbreitet) ist ihrem Status nach eine Wiederholungssprache; alle offiziellen Sprachinstitutionen sind Wiederkäumaschinen: die Schule, der Sport, die Werbung, die Massenware, der Schlager, die Nachrichten sagen immer die gleiche Struktur, den gleichen Sinn, oft die gleichen Wörter: die Stereotypie ist ein politisches Faktum, die Hauptfigur der Ideologie." (Roland Barthes: Die

Lust am Text. Ffm 1974, S. 62)
6 Julia Kristeva: Die Revolution der poetischen Sprache. Ffm 1978; Hélène Cixous: Die unendliche Zirkulation des Begehrens. Berlin 1977; Luce Irigaray: Das Geschlecht, das nicht eins ist. Berlin 1979.
7 Julia Kristeva: Die Revolution der poetischen Sprache. Ffm 1978, S. 60.
8 Luce Irigaray spricht von einer praktischen Realisierung des Meta-physischen, die ihren Gründungsakt in der Aneignung des Frauenkörpers durch den Vater oder seinen Statthalter hat. Sie schreibt: "Kennzeichen wäre ihre Unterwerfung unter ein System eines allgemeinen Äquivalenten: den Eigennamen, den Repräsentanten des väterlichen Machtmonopols. Durch diese Eichung empfingen die Frauen ihren Wert: indem sie vom Naturzustand in den des gesellschaftlichen Objekts übergingen. Diese Umbildung des Frauenkörpers in Gebrauchs- und Tauschwert inauguriert die symbolische Ordnung." (Luce Irigaray: Das Geschlecht, das nicht eins ist. Berlin 1979, S. 196).
9 Jacques Lacan: Encore. Le Séminaire XX. Paris 1975, S. 68. Zitiert nach Luce Irigaray: Das Geschlecht, das nicht eins ist. Berlin 1979, S. 90.
10 Wenn die Traumtochter das Zeichen der männlichen Macht an sich bringt, bestätigt sie diese zugleich, weil sie sich dem männlichen 'Phallogozentrismus' unterstellt. Diesen definiert S. Weigel wie folgt: "Die männliche Ordnung ist als Phallogozentrismus zu verstehen, weil der Phallus als Zentrum der symbolischen Ordnung fungiert, weil das männliche Subjekt Mittelpunkt der Sprache ist und die Logik aus der Perspektive des männlichen, mit der symbolischen Macht des Phallus ausgestatteten Subjekts funktioniert." (Sigrid Weigel: Frau und 'Weiblichkeit'. Theoretische Überlegungen zur feministischen Literaturkritik. In: Feministische Literaturwissenschaft. Hrsg. v. Inge Stephan und Sigrid Weigel. Berlin 1984, S. 107)
11 Es handelt sich um eine rein matriarchale Hierarchie: "Ich rufe meine Mutter und meine Schwester Eleonore, ich halte die Reihenfolge genau ein, also zuerst meine Mutter, und mit dem ersten Kosenamen aus der Kinderzeit, dann meine Schwester, dann - (Beim Aufwachen fällt mir ein, daß ich nicht nach meinem Vater gerufen habe.)" (185).

IV.6.2. Transposition und Deterritorialisierung

1 Sigrid Weigel: Das Weibliche als Metapher des Metonymischen. In: Frauensprache - Frauenliteratur? Für und Wider einer Psychoanalyse literarischer Werke. Hrsg. v. Inge Stephan u. Carl Pietzcker. Tübingen 1986, S. 114.
2 Sigrid Weigel: Der schielende Blick. Thesen zur Geschichte weiblicher Schreibpraxis. In: Die verborgene Frau. Sechs Beiträge zu einer feministischen Literaturwissenschaft. Berlin 1985, S. 83-137.
3 Julia Kristeva: Die Revolution der poetischen Sprache. Ffm 1978, S. 70. Vgl. auch Roland Barthes' Thesen zur exzessiven Form der Wiederholung. (Roland Barthes: Die Lust am Text. Ffm 1974, S. 63)
4 Sigrid Weigel: Das Weibliche als Metapher des Metonymischen. (S. Anm. 1) S. 111.
5 Gilles Deleuze und Félix Guattari: Kafka. Für eine kleine Literatur. Ffm 1976, S. 15. (Künftig zitiert: Deleuze, Kafka) Auf Kafka-Reminiszenzen im Traumkapitel verweisen u. a. Manfred Jurgensen: Ingeborg Bachmann. Die neue Sprache. Bern, Ffm, Las Vegas 1981, S. 79; Ellen Summerfield: Ingeborg Bachmann. Die Auflösung der Figur in ihrem Roman "Malina". Bonn 1976, S. 19 f.; Anette Klaubert: Symbolische Strukturen bei Ingeborg Bachmann. Bern 1983, S. 112.
6 Vgl. S. 123: "(...) es werden alle Menschen frei sein, auch von der Freiheit, die sie gemeint haben."

7 Ingeborg Bachmann unterscheidet in ihrer Vorrede zu "Der Fall Franza" zwischen einem Denken, das zum Verbrechen führt, und dem, das zum Sterben führt (GW 3, S. 342). Zur Opferproblematik vgl. auch die Erzählung "Unter Mördern und Irren" (GW 2, S. 159-186, insbesondere S. 176 f.).

V. Das Verschwinden des Subjekts
V.1. Klangbilder: Die Stimme des Ichs zwischen Sprache und Musik

1 Jacques Lacan: Le Séminaire, livre II. Le moi dans la théorie de Freud et dans la technique de la psychoanalyse. Paris 1978, S. 286. Zitiert nach Frank, Neostrukt., S. 390.
2 So verhält es sich beispielsweise mit der Möglichkeit, den Namen Malina, als Anagramm gelesen, zu entschlüsseln. Hier eröffnet sich die ganze Spannweite von Bedeutungen, die den Worten um 'anima', 'animal', 'animus' im Lateinischen zukommt: Atem, Hauch, Lebenskraft, Denkkraft (anima); Lebewesen, Geschöpf, Tier (animal); Seele, Geist, Leben (animus); vgl. auch die Theorie der Animus-Projektion nach C. G. Jung und die Nähe 'Malinas' zu dem Wort 'malignitas'. Siehe u. a.: Rainer Nägele: Die Arbeit des Textes: Notizen zur experimentellen Literatur. In: Deutsche Literatur in der Bundesrepublik seit 1965. Untersuchungen und Berichte. Hrsg. v. P. M. Lützeler u. E. Schwarz. Königstein/Ts. 1980, S. 38. Ich vermute, daß in dem russischen Wort 'Malina' (dt. = die Himbeere) ein Hinweis auf eines der wenigen Pseudomorpheme des Deutschen zu sehen ist, aufgrund dessen sich die Funktion der Person näher bestimmen läßt. Denn mit der Person Malina verhält es sich ähnlich wie mit der Bedeutung der Pseudomorpheme: Diese bestehen aus Einheiten, die formal mit Morphemen identisch sind, aber nur in einer einzigen Kombination auftreten und sich nur innerhalb eines Paradigmas festlegen lassen. So auch Malina, der trotz seiner Einzigartigkeit allein mit dem Ich eine Einheit bildet, während er " in einem Zusammenhang mit anderen Frauen nicht zu denken ist" (18).
3 Franz Kafka: Briefe an Milena. Hrsg. v. Willy Haas. Ffm u. Hamburg 1952. Dort heißt es auf S. 41: "(...) Milena (was für ein reicher, schwerer Name, vor Fülle kaum zu heben und gefiel mir anfangs nicht sehr, schien mir ein Grieche oder ein Römer, nach Böhmen verirrt, tschechisch vergewaltigt, in der Betonung betrogen und ist doch wunderbar in Farbe und Gestalt eine Frau, die man auf den Armen trägt aus der Welt, aus dem Feuer, ich weiß nicht, und sie drückt sich willig und vertrauend dir in die Arme, nur der starke Ton auf dem 'i' ist arg, springt dir der Name nicht wieder fort? Oder ist das vielleicht nur der Glückssprung, den du selbst machst mit deiner Last?): (...)" Auch der Name Malina wird auf der ersten Silbe betont (wenn man sich nach der Sprechweise Ingeborg Bachmanns in verschiedenen Interviews richtet).
4 Vgl. auch die Essays: "Die wunderliche Musik" und "Musik und Dichtung". (Bachmann, GW 4, S. 45-62)
5 Arnold Schönberg: Pierrot Lunaire, Op. 21. Melodram. Text: Albert Giraud.
6 Vgl. zu "Glücklich mit Ivan" Strophe 1-7, insbesondere: 1. Mondestrunken (der "Wein, den man mit Augen trinkt"); 2. Columbine (die "Suche am dunklen Strome" und "dürst ich so märchenheimlich" vgl. mit der Kagran-Legende; 3. Der Dandy (vgl. die Spiegelszene); 7. Der kranke Mond (vgl. "An unstillbarem Liebesleid/Stirbst du, an Sehnsucht tief erstickt" mit dem Bruch der Beziehung Ich-Ivan. Vgl. zu "Der dritte Mann": 8. Nacht, 10. Raub (vgl. das Friedhofsmotiv), 13. Enthauptung, 14. Die Kreuze. Vgl. zu "Von letzten Dingen" Strophe 15-21, insbesondere: 15. Heimweh, 20. Heimfahrt u. 21. O alter Duft (alles zusammen als Collage in "Malina" auf S. 337).

7 Vgl. Karin Achberger: Der Fall Schönberg. In: Text + Kritik Sonderband. Ingeborg Bachmann. Hrsg. v. Heinz Ludwig Arnold. München 1984, S. 120-131.
8 Vgl. das symbolische Zerbrechen der Schallplatte (355).

V.2. Malina (und) - Die Wahrheit am Ort des Anderen

1 Der große Duden, Bd 7: Etymologie. Mannheim 1963.
2 August Ruhs: Die Schrift der Seele. Einführung in die Psychoanalyse nach Jacques Lacan. In: Psyche. Zeitschrift für Psychoanalyse und ihre Anwendungen. Hrsg. v. Alexander Mitscherlich. H. 10 (Okt. 80), S. 901. Dieses Zitat belegt genau, daß Malina ganz im Lacanschen Sinne als Repräsentant der symbolischen Ordnung zu verstehen ist, während er zugleich als Doppelperson, als deren Schatten, mit der Ich-Figur identisch ist.
3 Vgl. S. 299: "Malina: (...) und einmal wirst du ja wissen, ob es gut war, mich zu vergessen, oder ob es nicht besser ist, mich wieder wahrzunehmen. Nur wirst du wahrscheinlich keine Wahl haben, du hast schon jetzt keine mehr."
4 Aus dieser Formulierung geht nicht hervor, ob Malina das Gerede negiert oder durch seine Negation inspiriert. Beides deckt sich aber mit dem Effekt des Signifikanten, der selbst nichts bedeuten will.
5 Dieses 'Es spricht' ist vielleicht parallel zu der Wendung 'Es träumt mir' am besten zu verstehen.

V.3. An der Sprachmauer: Die letzte Verlautbarung

1 Vgl. Malinas Studium, das es ihm ermöglicht, im Österreichischen Heeresmuseum "einen günstigen Platz einzunehmen, auf dem er vorrückt, ohne sich zu bewegen" (7); sowie S. 261: "Daß Malina sich allem leidenschaftslos zuwendet (...), charakterisiert ihn am besten (...). Dieses Gleichgewicht, dieser Gleichmut, der in ihm ist, wird mich noch zur Verzweiflung treiben, weil ich in allen Situationen reagiere, mich an jedem Gefühlsaufruhr beteiligen lasse und die Verluste erleide, die Malina unbeteiligt zur Kenntnis nimmt."
2 Es ist denkbar, daß diese Briefe nicht von Ivan, sondern vom Ich selbst stammen (vgl. S. 351 f.).
3 In manchen Interpretationen wird vom symbolischen Tod Ivans ausgegangen. Vgl. u. a. Manfred Jurgensen: Ingeborg Bachmann. In: Deutsche Frauenautoren der Gegenwart. Bern 1983, S. 34 f.

VI. Schluß

1 Vgl. Roland Barthes: Die Kritik. In: Günther Schiwy: Der französische Strukturalismus. Mode - Methode - Ideologie. Reinbek bei Hamburg 1969, S. 172-177.
2 S. Anm. 1, S. 172.
3 Vgl. hierzu die einzelnen Aufsätze im Text + Kritik Sonderband. Ingeborg Bachmann. Hrsg. v. Heinz Ludwig Arnold. München 1984.
4 Ankündigung des Suhrkamp-Verlages zu: Ingeborg Bachmann: Malina. Roman. Ffm 1987. (= Weißes Programm: Im Jahrhundert der Frau.)
5 Vgl. Ingeborg Bachmann: Bilder aus ihrem Leben. Mit Texten aus ihrem Werk. Hrsg. v. Andreas Hapkemeyer. München 1983. 1954 schrieb I. Bachmann politische Beiträge als Italien-Korrespondentin der "Westdeutschen Allgemeinen" (ebd., S. 156); 1958 trat sie dem 'Komitee gegen die Atomrüstung' bei (ebd., S. 157); 1963 schloß sie sich der Klage gegen den CDU-Politiker J.-H.

Dufhues an (ebd., S. 157); 1965 unterschrieb sie eine Erklärung über den Vietnamkrieg (ebd., S. 121); 1973 reiste sie nach Polen und besuchte das Konzentrationslager Ausschwitz (vgl. Bachmann, GI, S. 142).
6 Vgl. S. 126 und 148 f. der vorliegenden Arbeit.

Verzeichnis der Siglen

Bachmann, GI = Bachmann,Ingeborg: Wir müssen wahre Sätze finden. Gespräche und Interviews. Hrsg. v. Christine Koschel und Inge v. Weidenbaum. München 1983.

Bachmann, GW 1-4 = Bachmann, Ingeborg: Werke. 4 Bde. Hrsg. v. Christine Koschel, Inge v. Weidenbaum u. Clemens Münster. München, Zürich 1978.

Deleuze, Kafka = Deleuze, Gilles und Félix Guattari: Kafka. Für eine kleine Literatur. Ffm 1976.

Foucault, Schr. = Foucault, Michel: Das unendliche Sprechen. In: M. F.: Schriften zur Literatur. Übersetzt von Karin v. Hofer. München 1974, S. 90-103.

Frank, Neostrukt. = Frank, Manfred: Was ist Neostrukturalismus? Ffm 1984.

Lacan, S I = Lacan, Jacques: Schriften I. In deutscher Sprache hrsg. v. Norbert Haas und Hans-Joachim Metzger. Olten 1973. (Ein * innerhalb der Lacan-Zitate bedeutet: Deutsch im Original, Unterstreichungen zeigen Kursivdruck an.)

Lacan, S II = Lacan, Jacques: Schriften II. Ausgewählt und hrsg. v. Norbert Haas. Weinheim, Berlin 1986.

Lacan, Sem. 1 = Lacan, Jacques: Das Seminar, Buch I. Freuds technische Schriften. Nach dem von Jacques-Alain Miller hergestellten französischen Text, übersetzt von Werner Hamacher. In deutscher Sprache hrsg. v. Norbert Haas. Olten, Freiburg 1978.

Lacan, Sem. 11 = Lacan, Jacques: Das Seminar, Buch XI. Die vier Grundbegriffe der Psychoanalyse. Nach dem von Jacques-Alain Miller hergestellten französischen Text, übersetzt von Norbert Haas. In deutscher Sprache hrsg. v. Norbert Haas. Olten, Freiburg 1978.

Lang, Die Sprache = Lang, Hermann: Die Sprache und das Unbewußte. Jacques Lacans Grundlegung der Psychoanalyse. Ffm 1973.

Lipowatz, Diskurs = Lipowatz, Athanasios: Diskurs und Macht. Jacques Lacans Begriff des Diskurses. Marburg/Lahn 1982.

Weber, Rückkehr = Weber, Samuel M.: Rückkehr zu Freud: Jacques Lacans Ent-stellung der Psychoanalyse. Ffm, Berlin, Wien 1978.

Literatur

Gliederung

1. Das Werk Jacques Lacans

(Zum Gesamtwerk und den Erstveröffentlichungsdaten vgl. die Bibliographie von Hans-Jürgen Heinrichs in: Psyche. Zeitschrift für Psychoanalyse und ihre Anwendungen. Hrsg. v. Alexander Mitscherlich. H. 10 (Okt. 80), S. 958-973.)

Lacan, Jacques:

- Schriften I. In deutscher Sprache hrsg. v. Norbert Haas und Hans-Joachim Metzger. Olten 1973.
- Schriften II. Ausgewählt und hrsg. v. Norbert Haas. Weinheim, Berlin 1986.
- Das Seminar, Buch I. Freuds technische Schriften. Nach dem von Jacques-Alain Miller hergestellten französischen Text, übersetzt von Werner Hamacher. In deutscher Sprache hrsg. v. Norbert Haas. Olten, Freiburg 1978.
- Das Seminar, Buch XI. Die vier Grundbegriffe der Psychoanalyse. Nach dem von Jacques-Alain Miller hergestellten französischen Text, übersetzt von Norbert Haas. In deutscher Sprache hrsg. v. Norbert Haas. Olten, Freiburg 1978.
- Vorlesung über E. A. Poes 'Der gestohlene Brief'. Aus dem Französischen von Rudolphe Gasché. In: Helga Gallas (Hrsg.): Strukturalismus als interpretatives Verfahren. Darmstadt, Neuwied 1972, S. 201-273.

2. Sekundärliteratur zum Werk Jacques Lacans

(Die in runden Klammern angeführten Beiträge aus Sammelbänden sind eine Auswahl repräsentativer Aufsätze im Rahmen des Untersuchungsgegenstandes der vorliegenden Arbeit.)

Althusser, Louis: Freud und Lacan. Berlin 1976.

Hombach, Dieter (Hrsg.): ZETA 02/Mit Lacan. Berlin 1982. (Mit Beiträgen von J. Baudrillard, J.-L. Nancy, B. Kirchhoff, N. Haas, S. Weber, E. Meyer, W. Seitter, F. Kittler u. a.)

Lang, Hermann: Die Sprache und das Unbewußte. Jacques Lacans Grundlegung der Psychoanalyse. Ffm 1973.

Lipowatz, Athanasios: Diskurs und Macht. Jacques Lacans Begriff des Diskurses. Marburg/Lahn 1982.

Mitscherlich, Alexander (Hrsg.): Psyche. Zeitschrift für Psychoanalyse und ihre Anwendungen. H. 10 (Okt. 80). (Mit Beiträgen von Hermann Lang: Freud - ein Strukturalist? S. 865-884; August Ruhs: Die Schrift der Seele, S. 885-909; Robert Heim: Lorenzer und/oder Lacan, S. 910-944.)

Seitter, Walter: Jacques Lacan und. Berlin 1984.

Wahl, Francois: Die Struktur, das Subjekt, die Spur oder über zwei Philosophen jenseits des Strukturalismus: Jacques Lacan und Jacques Derrida. In: Einführung in den Strukturalismus. Hrsg. v. Francois Wahl. Ffm 1973, S. 409-479.

Weber, Samuel M.: Rückkehr zu Freud. Jacques Lacans Ent-stellung der Psychoanalyse. Ffm, Berlin, Wien 1978.

3. Theorien des Strukturalismus und Feminismus und ihre Darstellung in der Sekundärliteratur

Barthes, Roland: Die Lust am Text. Aus dem Französischen von Traugott König. Ffm 1974.

Barthes Roland: Am Nullpunkt der Literatur. Aus dem Französischen von Helmut Scheffel. Ffm 1982.

Berger, Renate (Hrsg.): Frauen - Weiblichkeit - Schrift. Berlin 1985. (= Literatur im historischen Prozeß, Neue Folge, Bd 14.) (Mit Beiträgen von Gisela Ecker: Poststrukturalismus und feministische Wissenschaft, S. 8-20; Marlene Müller: Das Begehren der Sprache, S. 68-78.)

Cixous, Hélène: Die unendliche Zirkulation des Begehrens. Weiblichkeit in der Schrift. Aus dem Französischen von Eva Meyer und Jutta Kranz. Berlin 1977.

Deleuze, Gilles und Félix Guattari: Kafka. Für eine kleine Literatur. Ffm 1976.

Deleuze, Gilles und Félix Guattari: Rhizom. Berlin 1977.

Derrida, Jacques: Die différance. In: J. D.: Randgänge der Philosophie. Ffm, Berlin, Wien 1976, S. 6-37.

Foucault, Michel: Schriften zur Literatur. Übersetzt von Karin v. Hofer. München 1974.

Frank, Manfred: Das Sagbare und das Unsagbare. Studien zur

neuesten französischen Hermeneutik und Texttheorie. Ffm 1980.

Frank, Manfred: Was ist Neostrukturalismus? Ffm 1984.

Gallas, Helga: Strukturalismus in der Literaturwissenschaft. In: Grundzüge der Literatur- und Sprachwissenschaft, I: Literaturwissenschaft. München 1978, S.374-388.

Gallas, Helga: Das Textbegehren des 'Michael Kohlhaas'. Die Sprache des Unbewußten und der Sinn der Literatur. Reinbek bei Hamburg 1981.

Hart Nibbrig, Christiaan L.: Die Auferstehung des Körpers im Text. Ffm 1985.

Irigaray, Luce: Das Geschlecht, das nicht eins ist. Berlin 1979.

Irigaray, Luce: Speculum. Spiegel des anderen Geschlechts. Ffm 1980.

Kittler, Friedrich A.: Über Aufschreibesysteme. In: Mitteilungen des Deutschen Germanistenverbandes. Hrsg. v. Norbert Oellers und Jürgen Wolff. Jg. 33 v. 3.9.1983, S.3-8.

Kittler, Friedrich A. und Horst Turk: Diskursanalyse oder Diskurskritik. In: F. K.(Hrsg.): Urszenen. Literaturwissenschaft als Diskursanalyse und Diskurskritik. Ffm 1977. S. 7-43.

Kittler, Friedrich A.: 'Das Phantom unseres Ichs' und die Literaturpsychologie: E. T. A. Hoffmann - Freud - Lacan. In: F. K. (Hrsg.): Urszenen. Literaturwissenschaft als Diskursanalyse und Diskurskritik. Ffm 1977. S. 139-166.

Kristeva, Julia: Die Revolution der poetischen Sprache. Ffm 1978.

Lachmann, Renate (Hrsg.): Dialogizität. München 1982. (= Theorie und Geschichte der Literatur und der schönen Künste. Texte und Abhandlungen. Reihe A, Hermeneutik - Semiotik - Rhetorik, Bd 1.) (Mit Beiträgen von Renate Lachmann: Dialogizität und poetische Sprache, S. 51-62; Gabriele Schwab: Die Subjektgenese, das Imaginäre und die poetische Sprache, S. 63-84)

Lévi-Strauss, Claude: Strukturale Anthropologie. Ffm 1971.

Lévi-Strauss, Claude u. a.: Mythos ohne Illusion. Aus dem Französischen von Ulrike Bokelmann. Ffm 1974.

Lévi-Strauss, Claude: Traurige Tropen. Köln 1960.

Lühe, Irmela von der (Hrsg.): Entwürfe von Frauen in der Literatur des 20. Jahrhunderts. Berlin 1982. (=Literatur im historischen Prozeß, Neue Folge, Bd 5.) (Mit Beiträgen von Irmela von der Lühe: 'Ich ohne Gewähr', S. 106-131; Jutta Kolkenbrock-Netz und Marianne Schuller: Frau im Spiegel, S. 154-174.)

Pech, Klaus-Ulrich: Kritik der psychoanalytischen Literatur- und Kunsttheorie. Ffm 1980. (= Europäische Hochschulschriften, Reihe I: Deutsche Literatur und Germanistik, Bd 334.)

Saussure, Ferdinand de: Grundfragen der allgemeinen Sprachwissenschaft. Berlin 1967.

Schiwy, Günther: Der französische Strukturalismus. Mode - Methode - Ideologie. Mit einem Anhang mit Texten von de Saussure, Lévi-Strauss, Barthes, Goldmann, Sebag, Lacan, Althusser, Foucault, Sartre, Ricœr, H. Friedrich. Reinbek bei Hamburg 1969.

Stephan, Inge und Sigrid Weigel: Die verborgene Frau. Sechs Beiträge zu einer feministischen Literaturwissenschaft. Berlin 1983. (= Literatur im historischen Prozeß, Neue Folge, Bd 6.)

Stephan, Inge und Carl Pietzcker (Hrsg.): Frauensprache - Frauenliteratur? Für und Wider einer Psychoanalyse literarischer Werke. Tübingen 1986. (Mit Beiträgen von Sigrid Weigel: 'Das Weibliche als Metapher des Metonymischen', S. 108-118; Helga Gallas: Kleists 'Penthesilea' und Lacans vier Diskurse, S. 203-212; Elisabeth Wright: Lacan und Literaturanalyse, S. 213-219.)

Stephan, Inge und Sigrid Weigel (Hrsg.): Feministische Literaturwissenschaft. Berlin 1984. (= Literatur im historischen Prozeß, Neue Folge, Bd 11.) (Mit Beiträgen von Sigrid Weigel: Frau und 'Weiblichkeit', S. 103-113; Irmela von der Lühe: Schreiben und Leben: Der Fall Bachmann, S. 43-53.)

Urban, Bernd und Winfried Kudszus (Hrsg.): Psychoanalytische und Psychopathologische Literaturinterpretation. Darmstadt 1981. (= Ars Interpretandi, Bd 10.) (Mit Beiträgen von Ginette Michaux: Das Feld des Blicks und die verfehlte Begegnung, S. 371-397; Peter Henninger: Der Text als Kompromiß, S. 398-420; Friedrich A. Kittler: Die Irrwege des Eros und die 'Absolute Familie', S. 421-470.)

Zima, Peter V. (Hrsg.): Textsemiotik als Ideologiekritik. Ffm 1977. (Mit Beiträgen von Julia Kristeva: Semiologie - Kritische Wissenschaft und/oder Wissenschaftskritik, S.35-53; Julia Kristeva: Der geschlossene Text, S.194-229; Jurij M. Lotmann: Zur Distinktion des linguistischen und des literaturwissenschaftlichen Strukturbegriffs, S. 131-148; Jurij M. Lotmann: Text und Funktion, S. 149-164; Peter V. Zima: Diskurs als Ideologie, S. 7-32.)

4. Das Werk Ingeborg Bachmanns

(Zum Gesamtwerk vgl. Otto Bareiss (und) Frauke Ohloff: Ingeborg Bachmann. Eine Bibliographie. München, Zürich 1978; sowie: Otto Bareiss: Ingeborg-Bachmann-Bibliographie 1977/78-1981/82. Nachträge und Ergänzungen. In: Jahrbuch der Grillparzer-Gesllschaft, Folge 3, Bd 15. Wien 1983, S. 173-217.)

Bachmann, Ingeborg:

- Die kritische Aufnahme der Existentialphilosophie Martin Heideggers (Diss.). Hrsg. v. Robert Pichl. München, Zürich 1985.
- Bilder aus ihrem Leben. Mit Texten aus ihrem Werk. Hrsg. v. Andreas Hapkemeyer. München, Zürich 1983.
- Malina. Roman. Ffm 1971.
- Daß noch tausend und ein Morgen wird. Auswahl und Einführung von Christine Koschel und Inge von Weidenbaum. München, Zürich 1986.
- Wir müssen wahre Sätze finden. Gespräche und Interviews. Hrsg. v. Christine Koschel und Inge von Weidenbaum. München 1983.
- Werke. 4 Bde. Hrsg. v. Christine Koschel, Inge von Weidenbaum und Clemens Münster. München, Zürich 1978.

5. Literatur zu Leben und Werk Ingeborg Bachmanns

5.1. Selbständige Veröffentlichungen und Sammelbände

(Die in runden Klammern angeführten Beiträge aus Sammelbänden sind eine Auswahl repräsentativer Aufsätze im Rahmen des Untersuchungsgegenstandes der vorliegenden Arbeit.)

Arnold, Heinz Ludwig (Hrsg.): Text + Kritik Sonderband. Ingeborg Bachmann. München 1984. (Mit Beiträgen von Karen Achberger, Otto Bareiss, Christa Bürger, Helga Meise, Sara Lennox, Irmela von der Lühe, Marianne Schuller, Rita Svandrlik, Birgit Vanderbeke und Sigrid Weigel.)

Bothner, Susanne: Ingeborg Bachmann. Der januskopfige Tod. Versuch einer literaturpsychologischen Deutung eines Grenzgebietes der Lyrik unter Einbeziehung des Nachlasses. Ffm 1986. (= Europäische Hochschulschriften, Reihe I: Deutsche Sprache und Literatur, Bd 906.)

Hapkemeyer, Andreas: Die Sprachthematik in der Prosa Ingeborg Bachmanns. Todesarten und Sprachformen. Ffm, Bern 1982. (= Europäische Hochschulschriften. Reihe I: Deutsche Sprache Und Literatur, Bd 496.)

Johnson, Uwe: Eine Reise nach Klagenfurt. Ffm 1974.

Jurgensen, Manfred: Ingeborg Bachmann. Die neue Sprache. Bern, Ffm, Las Vegas 1981.

Klaubert, Anette: Symbolische Strukturen bei Ingeborg Bachmann. Malina im Kontext der Kurzgeschichten. Bern, Ffm, New York 1983. (= Europäische Hochschulschriften. Reihe I: Deutsche Sprache und Literatur, Bd 662.)

Steiger, Robert: "Malina". Versuch einer Interpretation des Romans von Ingeborg Bachmann. Heidelberg 1978. (= Beiträge zur neueren Literaturgeschichte, Folge 3, Bd 41.)

Summerfield, Ellen: Ingeborg Bachmann. Die Auflösung der Figur in ihrem Roman "Malina". Bonn 1976. (= Studien zur Germanistik, Anglistik und Komparatistik, Bd 40.)

Thau, Bärbel: Gesellschaftsbild und Utopie im Spätwerk Ingeborg Bachmanns: Untersuchungen zum "Todesarten-Zyklus" und zu "Simultan". Ffm, Bern, New York 1986. (= Europäische Hochschulschriften. Reihe I: Deutsche Sprache und Literatur, Bd 893.)

5.2. Einzelaufsätze und Rezensionen

Bartsch, Kurt: 'Schichtwechsel'? Zur Opposition von feminin-emotionalen Ansprüchen und maskulin-rationalem Realitätsdenken bei Ingeborg Bachmann. In: Manfred Jurgensen (Hrsg.): Frauenliteratur: Autorinnen - Perspektiven - Konzepte. Bern, Ffm 1983, S. 85-100.

Batt, Kurt: Die Exekution des Erzählers. Westdeutsche Romane zwischen 1968 und 1972. Ffm 1974, S. 7-19, 33-49.

Beckmann, Heinz: Der andere dritte Mann. Das dreifache Ich in Ingeborg Bachmanns erstem Roman. In: Rheinischer Merkur, Jg.26, Nr 14. Koblenz, 2.4.1971, S. 33.

Bernhard, Thomas: In Rom. In: T. B.: Der Stimmenimitator. Ffm 1978, S. 167 f.

Blöcker, Günther: Auf der Suche nach dem Vater. In: Merkur, Jg. 25, H. 4. Stuttgart, April 1971, S. 395-398.

Böll, Heinrich: "Ich denke an sie wie an ein Mädchen". In: H. B.: Einmischung erwünscht. Schriften zur Zeit. Köln 1977, S. 47-49.

Domin, Hilde: Gruß an Ingeborg Bachmann. In: H. D.: Aber die Hoffnung. Autobiographisches. Aus und über Deutschland. München, Zürich 1982, S. 127 f.

Endres, Ria: Erklär mir, Liebe. Ekstasen der Unmöglichkeit. Zur Dichtung Ingeborg Bachmanns. In: Die Zeit, Jg. 36, Nr 41. Hamburg, 2.10.1981, S. 50 f.

G(ünther), J(oachim): Chronik. Ingeborg Bachmann. In: Neue

Deutsche Hefte, Jg. 20, H. 4. Berlin 1973, S. 212, 214 f.

Hanke, Wolf: Malina - Utopie als Hoffnung. Zu Ingeborg Bachmanns erstem Roman. In: Publik. Ffm, 2.4.1971.

Hartlaub, Geno: Das Schizoid der Welt. Ingeborg Bachmann: "Malina". In: Frankfurter Hefte, Jg. 26, H. 7. Ffm 7.7.1971, S. 561 f.

Hartlaub, Geno: Radikale Selbstverwirklichung. Ingeborg Bachmanns erster Roman "Malina". In: Deutsches Allgemeines Sonntagsblatt, Jg. 24, Nr 17. Hamburg 25.4.1971, S. 22.

Hartung, Rudolf: Dokument einer Lebenskrise. Ingeborg Bachmanns erster Roman "Malina". In: Die Zeit, Jg. 26, Nr 15. Hamburg 9.4.1971, S. LIT 4.

Heißenbüttel, Helmut: Im Namen der Liebe. Ingeborg Bachmann weicht ins 19. Jahrhundert zurück. In: Deutsche Zeitung/ Christ und Welt, Jg. 24, Nr 15. Stuttgart 9.4.1971, S. 23.

Henisch, Peter: Erfahrung mit Leben, Liebe und Tod. In: Wort und Wahrheit, Jg. 26, H. 5. Freiburg i. Br., Wien Sept./ Okt. 1971, S. 474.

Hoche, Karl: Liebesarten. Ingeborg Bachmann, parodiert von Karl Hoche. In: Die Zeit. Hamburg 10.12.1971.

Jaccottet, Philippe: Ingeborg Bachmann. In: Ensemble. Lyrik, Prosa, Essay, Bd 6. München 1975, S.58-60.

Jurgensen, Manfred: Ingeborg Bachmann. In: M. J.: Deutsche Frauenautoren der Gegenwart. Bern 1983, S. 23-52.

Kaiser, Joachim: Liebe und Tod einer Prinzessin. Ingeborg Bachmanns neuer Roman. In: Süddeutsche Zeitung, Jg. 27, Nr 72. München 25.3.1971, Beilage "Buch und Zeit", S.1 f.

Krolow, Karl: Liebe als mörderisches Risiko. Ingeborg Bachmanns Bekenntnis zur Radikalität des Gefühls: "Malina", ihr erster Roman. In: Der Tagesspiegel. Berlin 21.3.1971, S. 5.

Mayer, Hans: Malina oder der große Gott von Wien. In: Die Weltwoche, Jg. 39, Nr 17. Zürich 30.4.1971, S. 35.

Mechtel, Angelika: Vor fünfzig Jahren oder in fünfzig Jahren. "Malina" - Der erste Roman von Ingeborg Bachmann. In: Frankfurter Allgemeine, Nr 75 v. 30.3.1971.

Nägele, Rainer: Die Arbeit des Textes. Notizen zur experimentellen Literatur. In: Deutsche Literatur in der Bundesrepublik seit 1965. Untersuchungen und Berichte. Hrsg. v. P. M. Lützeler und E. Schwarz. Königstein/Ts. 1980.

Praag, Charlotte van: "Malina" von Ingeborg Bachmann. Ein verkannter Roman. In: Neophilologus, Vol. 66, Nr. 1. Groningen 1982, S. 111-125.

Riedel, Ingrid: Traum und Legende in Ingeborg Bachmanns "Malina". In: Psychoanalytische und psychopathologische Literaturinterpretation. Hrsg. v. Bernd Urban u. Winfried Kudszus. Darmstadt 1981, S. 178-207.

Schlocker, Georges: Vergebliche Suche nach Identität. In: Die Welt, Jg. 8, Nr 7. Hamburg 1.4.1971, S. 4.

Spiel, Hilde: Ingeborg Bachmann. Malina. In: Literatur und Kritik, Jg. 7, H. 66 f. Salzburg 1972, S. 437-438.

Tank, Kurt Lothar: Der erste Bachmann-Roman: staunend leben und schreiben. In: Welt am Sonntag, Nr 11. Hamburg 14.3.1971, S. 25.

Toman, Lore: Bachmanns "Malina" und Frischs "Gantenbein". Zwei Seiten des gleichen Lebens. In: Die Tat, Nr 197. Zürich 24.8.1974, S. 21.

Winnet, Susan und Bernd Witte: Ästhetische Innovationen. In: Hiltrud Gnüg u. Renate Möhrmann (Hrsg.): Frauen - Literatur - Geschichte: schreibende Frauen vom Mittelalter bis zur Gegenwart. Stuttgart 1985, S. 334-337.

Wirsing, Sibylle: Ingeborg Bachmann: Malina. In: Neue Deutsche Hefte, Jg. 18, H. 2. Berlin 1971, S. 141-146.

Witte Bernd: Ingeborg Bachmann. In: Kritisches Lexikon zur deutschsprachigen Gegenwartsliteratur (KLG). Hrsg. v. Heinz Ludwig Arnold. Bd 1. München 1978-1980, Loseblattausgabe.

Witte, Bernd: Ingeborg Bachmann. In: Heinz Puknus (Hrsg.): Neue Literatur der Frauen. München 1980, S. 33-43.

Wohmann, Gabriele: Nachtwald voller Fragen. Über Ingeborg Bachmann: "Malina". In: Der Spiegel, Jg. 25, Nr 14. Hamburg 29.3.1971, S. 163 f.

Wolf, Christa: Voraussetzungen einer Erzählung: Kassandra. Frankfurter Poetik-Vorlesungen. Darmstadt, Neuwied 1983, S. 149-154.

Wolf, Christa: Die zumutbare Wahrheit. Prosa der Ingeborg Bachmann. In: Frankfurter Hefte, Jg. 27, H. 10. Ffm Okt. 1972, S. 744-750.

Zahorsky-Suchodolski, A. M.: Anti-Mythos in der österreichischen Literatur: Ingeborg Bachmann. In: Literatur und Kritik, Jg. 10, Nr 99. Salzburg Okt. 1975, S. 523-528.

6. Ergänzende Literatur

Celan, Paul: Mohn und Gedächtnis. Ffm 1975.

Freud, Sigmund: Abriss der Psychoanalyse. Das Unbehagen in der Kultur. Ffm, Hamburg 1956.

Freud, Sigmund: Konstruktionen in der Analyse (1937). In: S. F.: Schriften zur Behandlungstechnik. Studienausgabe, Ergänzungsband. Hrsg. v. Alexander Mitscherlich u. a. Ffm 1975, S. 393-406.

Freud, Sigmund: Totem und Tabu. Gesammelte Werke XVI. Ffm 1962.

Frisch, Max: Montauk. Eine Erzählung. Ffm 1975.

Frisch, Max: Mein Name sei Gantenbein. Roman. Ffm 1964.

Hofmannsthal, Hugo von: Der Schwierige. Lustspiel in drei Akten. Ffm 1956.

Ibsen, Henrik: Schauspiele in einem Band. Hamburg 1968.

Jung, Carl Gustav: Bewußtes und Unbewußtes. Beiträge zur Psychologie. Ffm 1970.

Kafka, Franz: Brief an den Vater. Nachwort von Wilhelm Emrich. München 1960.

Kafka, Franz: Briefe an Milena. Hrsg. v. Willy Haas. Ffm, Hamburg 1966.

Musil, Robert: Der Mann ohne Eigenschaften. Roman. Reinbek bei Hamburg 1972.

Schnitzler, Arthur: Reigen. In: Das dramatische Werk, Bd 2. Ffm 1978. S. 68-132.

Schönberg, Arnold: Pierrot Lunaire. Op. 21, Melodram. Text: Albert Giraud, deutsche Übersetzung von Otto Erich Hartleben (veröffentlicht als Beilage zu "Columbia Records 'Masterworks'", USA 1963).

Trakl, Georg: Werke - Entwürfe - Briefe. Hrsg. v. Hans-Georg Kemper u. Frank Rainer Max. Stuttgart 1984.

Wittgenstein, Ludwig: Tractatus logico-philosophicus. Logisch-philosophische Abhandlung. Ffm 1960.

Wittgenstein, Ludwig: Philosophische Untersuchungen. Ffm 1977.

Andreas Hapkemeyer

Die Sprachthematik in der Prosa Ingeborg Bachmanns
Todesarten und Sprachformen

Frankfurt/M., Bern, 1982. 131 S.
Europäische Hochschulschriften: Reihe 1, Deutsche Sprache und Literatur. Bd. 496
ISBN 3-8204-5771-2 br. DM 40.--/sFr. 33.--

Die Arbeit untersucht Ingeborg Bachmanns nach 1971 erschienenen Texte: "Malina", "Simultan" und die nachgelassenen Romanfragmente. Es wird nach dem Zusammenhang von Todesart und Sprache gefragt. Die unlösbare Beziehung von Persönlichkeitszerfall und Sprachzerfall, von Sterben und Sprachverlust kann gezeigt werden. Dabei wird die gesellschafts- und zivilisationskritische Stoßrichtung der Bachmannschen Texte deutlich.

Aus dem Inhalt: "Malina" – Untergang einer Sprach- und Seinsform; "Der Fall Franza" – Sterben am Sprachverlust; "Simultan" – Sprachlosigkeit und Isolation.

Verlag Peter Lang Frankfurt a.M. · Bern · New York · Paris
Auslieferung: Verlag Peter Lang AG, Jupiterstr. 15, CH-3000 Bern 15
Telefon (004131) 321122, Telex pela ch 912 651, Telefax (004131) 321131
- Preisänderungen vorbehalten -

FSC
www.fsc.org
MIX
Papier | Fördert
gute Waldnutzung
FSC® C083411

Kolibri 360 GmbH
Ferdinand-Jühlke-Straße 7
99095 Erfurt, Deutschland
produktsicherheit@kolibri360.de

Druck:
CPI Druckdienstleistungen GmbH
im Auftrag der
Kolibri 360 GmbH
Ferdinand-Jühlke-Str. 7
99095 Erfurt